Russisch –

die treffende Wortwahl

von
Ulf Borgwardt
Rima Breitsprecher

Langenscheidt
Berlin · München · Wien · Zürich · New York

Von
Ulf Borgwardt, Rima Breitsprecher

Redaktion: H. Wüstholz
Zeichnungen: Tom Gefken

Auflage:	4.	3.	2.	1.	letzte Zahl
Jahr:	2002	2001	2000	1999	maßgeblich

Dieses Werk folgt der reformierten Rechtschreibung
entsprechend den amtlichen Richtlinien.

Gesamtherstellung: Druckhaus „Thomas Müntzer“ GmbH,
Bad Langensalza / Thüringen
Printed in Germany · ISBN 3-468-49023-2

Inhalt

Vorwort

Wie oft haben Sie sich eigentlich schon gefragt, welches Wort einen bestimmten Sachverhalt wohl am treffendsten wiederzugeben vermag? Von der richtigen Wortwahl hängt es gelegentlich ab, ob Sie verstanden werden, ob sich der Angesprochene Ihrem Anliegen zuwendet, ob Sie Ihre Redeabsicht verwirklichen können. Besonders schwer fällt die richtige Wortwahl dann, wenn Sie zwischen bedeutungsähnlichen Wörtern zu wählen haben. Das ist schon in der Muttersprache nicht so ganz einfach. In der Fremdsprache wird diese Entscheidung noch viel häufiger zu einem Problem, denn auch Lehrwerke und Wörterbücher grenzen bedeutungsähnliche Wörter in ihren feinen Bedeutungsunterschieden relativ oft gar nicht oder aber eben nur unzureichend voneinander ab. So manche Frage zum richtigen Gebrauch speziell dieser Wörter bleibt dann unbeantwortet.

Das vorliegende Lern- und Nachschlagewerk bietet Ihnen in Ihrem Bemühen um eine treffsichere Ausdrucksweise im Russischen eine zusätzliche Hilfe. Die Verfasser haben sich darin auf solche Gruppen russischer Wörter mit ähnlicher Bedeutung konzentriert, deren Gebrauch für **deutschsprachige Benutzer** eine häufige Fehlerquelle darstellt, bei der Kommunikation oft zu Missverständnissen und Verwechslungen führt. Mit diesem Buch verfügen Sie über ein **praktisches Arbeitsmittel für den Unterricht und Selbstunterricht** auf mittlerer bis fortgeschrittener Lernstufe. Es erleichtert Ihnen den richtigen Gebrauch bedeutungsähnlicher russischer Wörter u.a. durch Orientierungshilfen, Beispiele und vielfältige Übungsangebote.

Bei der **Wortauswahl** haben sich die Autoren weitgehend auf sog. Zweifelsfälle im richtigen Gebrauch beschränkt. Da sich dieses Buch insbesondere an deutschsprachige Benutzer wendet, werden **deutschen Wörtern russische mit jeweils mehreren ähnlichen Bedeutungen gegenübergestellt**. Diese gehören zum **Grund**wortschatz für die Zielgruppen **Schule** und Erwachsenenbildung. Sie sind für die eigene **Wortwahl** von hohem kommunikativen Wert. Sie werden wegen ihrer Bedeutungsähnlichkeit bzw. wegen fehlender Unterscheidung im Deutschen von Russischlernenden oft **verwechselt**. **Ausgeschlossen** wurden in der Regel beliebig gegeneinander austauschbare Synonyme und jene Gruppen, von denen nur ein Wort zum Grund- oder Aufbauwortschatz, die anderen hingegen nicht dazu gezählt werden. Am Ende des Buches wird darüber hinaus eine kleine Auswahl der sog. „reinen“ Synonyme in einer Übersicht zusammengefasst.

Die Erfahrung zeigt, dass insbesondere größere einsprachige Wörterbücher zwar eine Fülle russischsprachiger Informationen zum Wortgebrauch enthalten. Sie lassen den weniger geübten Benutzer dennoch nicht selten im Zweifel über die zu treffende oder getroffene Wortwahl. Das ist einerseits bedingt durch die Schwierigkeit einer eindeutigen Abgrenzung der Bedeutungsnuancen dieser Wörter und andererseits durch die oft komplizierten Erläuterungen in der Fremdsprache. Die Verfasser führen Sie deshalb in wichtige russische Wortgruppen mit ähnlicher Bedeutung ein und machen deren richtige Wahl zum Schwerpunkt **spezieller Übungsangebote**.

Die deutschen Stichwörter sind alphabetisch, die ihnen entsprechenden russischen nach Gebrauchshäufigkeit und Bedeutungsumfang geordnet. Die alphabetische Anordnung erleichtert das schnelle Auffinden der gesuchten Wörter. Die Anordnung nach Gebrauchshäufigkeit und Bedeutungsumfang läßt Rückschlüsse auf ihre kommunikative Wertigkeit zu. Sie kann Ihnen im Zweifelsfalle eine zusätzliche Entscheidungshilfe bei der Wortwahl sein.

Der Bedeutungsumfang des jeweiligen russischen Wortes wird zunächst auf **Deutsch erklärt**. Treffende Vergleiche oder Antonyme, im Einzelfall auch etymologische bzw. landeskundliche Hintergrundinformationen grenzen das Wort zusätzlich von bedeutungsähnlichen ab. Weist ein russisches Wort unterschiedliche Bedeutungen auf, werden diese nummeriert. Die Nummerierung wird dazu benutzt, Bezüge zwischen verschiedenen russischen Wörtern unterschiedlicher Bedeutung zu kennzeichnen, Gemeinsamkeiten, aber auch Unterschiede zwischen ihnen sichtbar zu machen. In einem 2. Lernschritt werden Ihnen die Bedeutungsunterschiede durch die Darbietung typischer **Kollokationen**, d.h. durch Wortfügungen für den alltäglichen Gebrauch, erneut bewusst gemacht. Erst danach wird die richtige Wortwahl in authentischen **Beispielsätzen** veranschaulicht. Dieses Vorgehen erleichtert Ihnen zugleich das Verstehen der Beispielsätze. Sie setzen sich so auch bewusster mit den Bedeutungsunterschieden schwer abzugrenzender russischer Wörter auseinander.

Prägen Sie sich neben den Entscheidungshilfen für die Wortwahl zusätzlich das Beispielmaterial fest ein. Einzelne Kollokationen werden entsprechend dem alten pädagogischen Grundsatz „Повторение - мать учения." in den Übungen in geeigneten Zusammenhängen wieder aufgegriffen.

Die Wortwahl der russischen Entsprechungen des jeweiligen deutschen Stichwortes wird in **anforderungsgestuften Differenzierungsübungen** geschult. Deren breit gefächertes Spektrum reicht von Bestimmungs- über Zuordnungs-, Ersetzungs-, Einsetz-, Ergänzungs- bis hin zu Satzbildungsübungen. Bei Stichwörtern mit drei und mehr bedeutungsähnlichen russischen Entsprechungen wird zwischen Übungen vom **Typ A und B** unterschieden. Während beim Typ A die Abgrenzung jeweils nur **zweier** bedeutungsähnlicher russischer Wörter den Übungsschwerpunkt bildet, werden beim Typ B **alle** russischen Entsprechungen des betreffenden deutschen Stichwortes einbezogen. Dadurch können Sie sich zunächst auf den Gebrauch zweier bedeutungsähnlicher Wörter konzentrieren, und die Anforderungen werden so schrittweise gesteigert. Die Aufgabenstellungen zu den Übungen sind auf Deutsch formuliert. Für alle Übungen werden im Anhang Lösungsschlüssel und in begründeten Fällen zusätzliche Kommentare angeboten. Wenn Sie beim Üben trotz sorgfältigen Studiums der Erläuterungen, Kollokationen und Satzbeispiele zu anderen Lösungen als den im Lösungsschlüssel angegebenen gelangen, lassen Sie sich davon nicht entmutigen. In dem Falle empfiehlt es sich, die Orientierungshilfen für die Wortwahl noch einmal durchzuarbeiten und die Übung(en) zu wiederholen, bis sich befriedigende Ergebnisse einstellen. Die zusätzlichen Hinweise im Lösungschlüssel oder Muster sollten für die eigene Selbstkontrolle ausreichen.

Betonungszeichen helfen Ihnen, die mehrsilbigen russischen Wörter richtig zu betonen und auszusprechen. Hilfreich für den Sprachgebrauch sind auch die Aufnahme typischer *Grund*formen sowie die Veranschaulichung der Rektion durch Fragewörter im erforderlichen Kasus. Bei den behandelten Verben bezeichnen (e) bzw. (и) die Zugehörigkeit zum jeweiligen Konjugationstyp. Überall dort, wo Verben in der Verbindung mit ihren Ergänzungsgliedern in beiden Aspekten verwendbar sind, wird zuerst die perfektive und dann die imperfektive Infinitivform angeführt. Da, wo es den Autoren aus Gründen der Bedeutungsabgrenzung besonders wichtig erschien, haben sie den Erläuterungen zum Bedeutungsumfang Hinweise zur stilistischen Gebrauchsebene hinzugefügt. Die Rubrik „Vorsicht, Fehlerquelle!“ will Sie für noch andere, vorwiegend idiomatisch bedingte Gebrauchsweisen der Wörter sensibilisieren. Alle Beispiel- und Übungssätze in diesem Buch gründen sich auf den für Russen typischen Sprachgebrauch, der mit der modernen Sprachpraxis des Russischen im vollen Einklang steht.

Die Verfasser wünschen Ihnen viele neue Erkenntnisse in der Abgrenzung der hier behandelten bedeutungsähnlichen russischen Wörter, vor allem aber zunehmende Sicherheit bei deren richtigem Gebrauch.

Autoren und Verlag

Bedeutungsähnliche russische Basiswörter
Схóдные по значéнию словá

aber
а, но, однáко

а → *Konjunktion* (*neutral*)
- Drückt einen **Gegensatz** aus.
- ***Satzbeispiele*:** Я читáла кни́гу, а он писáл письмó. Э́то не кни́га, а тетрáдь. Э́то ваш мяч, а не мой. На ýлице бы́ло хóлодно, а дóма теплó.

но → *Konjunktion* (*neutral*)
- Drückt eine **Einschränkung**, einen **Vorbehalt**, eine **Ergänzung** u.Ä. aus; betont, dass etwas der Erwartung nicht entspricht; **Synonym:** однáко (1.).
- ***Satzbeispiele*:** Мы давнó гуля́ем, но не устáли. По-рýсски он говори́т мéдленно, но без оши́бок. Он был некраси́вым, но óчень ýмным и дóбрым.

однáко → **1.** *Konjunktion*; **2.** *Schaltwort* (*buchspr.*)
- **1.** Als Konjunktion **gleichbedeutend** mit но (s. oben), hier durch но ersetzbar; im Vergleich zu но mehr in der Schriftsprache verbreitet; **2.** drückt auch als Schaltwort etwas aus, was **so nicht zu erwarten** war bzw. was so **nicht zu akzeptieren** ist; wird im Satz durch Kommata abgetrennt, z.B. Как он силён, однáко! (*Er ist aber stark!*) Сдéлаем, однáко, так. (*Wir machen das aber so.*); **Synonym:** но.
- ***Satzbeispiele*:** **1.** Зóе нелегкó даётся немéцкий язы́к, однáко онá не теря́ет надéжды. Мы не надéялись никогдá бóлее встрéтиться, однáко встрéтились. **2.** Он, однáко, прав. Вы, однáко, не забýдьте о моéй прóсьбе!

Упражнéния

(A) 1 Beziehen Sie sich in Ihren Äußerungen auf Gegenstände, Eigenschaften oder Tätigkeiten und betonen Sie deren Gegensatz.

M писáть письмó – читáть кни́гу
→ Лéна писáла письмó, а Сáша читáл кни́гу.

---

1. футбо́л – волейбо́л; 2. до́ма ску́чно – у подру́ги интере́сно; 3. игра́ть в ша́хматы – смотре́ть телеви́зор; 4. говори́ть хорошо́ – писа́ть с оши́бками; 5. люби́ть класси́ческую му́зыку – люби́ть рок-му́зыку.

2 Machen Sie auf Irrtümer aufmerksam, indem Sie auf Verwechslungen oder offenbar nicht beachtete Unterschiede hinweisen.

M учи́ться в гимна́зии – не в университе́те
→ Ты ошиба́ешься, Оле́г у́чится не в гимна́зии, а в университе́те.

---

1. игра́ть в волейбо́л – не в футбо́л; 2. моя́ кни́га – не твоя́; 3. за грани́цей – не у себя́ на ро́дине; 4. звони́ть роди́телям – не писа́ть пи́сьма; 5. помога́ть сове́тами – не деньга́ми; 6. е́здить в дере́вню – не на куро́рт.

3 Achten Sie auf die Stellung und Funktion von *одна́ко* im Satz und ersetzen Sie überall dort, wo Ihnen das möglich erscheint, *одна́ко* durch *но.* Begründen Sie diese Entscheidung.

1. Внача́ле он не соглаша́лся пойти́ вме́сте со все́ми, *одна́ко* его́ уговори́ли. 2. Купа́нье зимо́й малоприя́тно, *одна́ко* поле́зно. 3. Како́й он, *одна́ко*, краси́вый! 4. *Одна́ко,* Па́вел хорошо́ написа́л дикта́нт. 5. Вы, *одна́ко*, должны́ прийти́. 6. Она́, *одна́ко*, не умна́. 7. *Одна́ко* он не хоте́л говори́ть об э́том. 8. Ка́тя говори́ла по-неме́цки ме́дленно, *одна́ко* без оши́бок.

(B) 4 Ersetzen Sie die Konjunktionen dort, wo es möglich ist, durch andere.

1. Он пло́хо говори́т по-ру́сски, *одна́ко* пи́шет без оши́бок. 2. Ли́за переводи́ла текст, *а* Оле́г чита́л рома́н. 3. По́езд пришёл с опозда́нием, *но* мы успе́ли на конце́рт. 4. Зада́ча тру́дная, *одна́ко* интере́сная. 5. Он ре́дко писа́л свои́м роди́телям, *одна́ко* ча́сто звони́л.

5 *А, но* oder *одна́ко*? Setzen Sie die sinngemäß passende Konjunktion ein.

1. Домо́й мы возврати́лись уста́лыми, ... дово́льными. 2. Ле́том жа́рко, ... зимо́й хо́лодно. 3. Э́то не мой каранда́ш, ... твой. 4. Я о́чень бы́стро бежа́л, ... опозда́л на авто́бус. 5. Ле́на гото́вила у́жин, ... её брат слу́шал му́зыку. 6. Он говори́л по-англи́йски бы́стро, ... с оши́бками. 7. Он написа́л подру́ге два письма́, ... она́ их не получи́ла. 8. Ты

де́лай уро́ки, ... я приготов́лю обе́д. 9. Реши́ зада́чу, ... пото́м ты мо́жешь игра́ть.

älterer
ста́рший, пожило́й

ста́рший, -ая, -ее, -ие; ста́рше → *кто, что*

- **1.** Bezieht sich auf **Menschen** unterschiedlichen Alters, die **im Vergleich** zu anderen **älter** sind, wird auch ohne Bezugswort als **Substantiv** gebraucht, dann jedoch **nur auf Personen** bezogen: der/die Ältere/n (**ста́рший, ста́ршая, ста́ршие**); wird als Attribut und Substantiv nur in der **Langform**, als **Komparativ** in prädikativer Stellung auch in der **Kurzform** verwendet: ста́рше; **2.** bezieht sich auf **Kindergartengruppen,** deren Kinder kurz vor der Einschulung stehen;
  Gegensatz (1., 2.)**:** мла́дший.
- ***Kollokationen*: 1.** ста́рший **кто** (брат, -ая сестра́, -ее поколе́ние), лю́ди -его поколе́ния; **2.** ~ **что** (-ая гру́ппа), ходи́ть в -ую гру́ппу.
- ***Satzbeispiele*: 1.** Лю́ди ста́ршего поколе́ния соблюда́ют ста́рые тради́ции. Ста́рший брат рабо́тает, а мла́дший у́чится. У меня́ есть ста́ршая сестра́. Она́ ста́рше меня́ на два го́да. Де́ти должны́ слу́шаться ста́рших. **2.** Ребёнок хо́дит в ста́ршую гру́ппу де́тского са́да.

пожило́й, -а́я, -ы́е → *кто?*

- Wird in Bezug auf **Menschen** einer **bestimmten Altersstufe** gebraucht; **nicht mehr jung**, aber auch nicht ganz alt (über das mittlere Lebensalter hinaus); wird manchmal ohne Bezugswort auch als Substantiv gebraucht; wird nur in der **Langform** verwendet;
  Gegensatz: молодо́й.
- ***Kollokationen*:** пожило́й **кто** (челове́к, мужчи́на, -а́я же́нщина, -ы́е лю́ди); забо́титься о пожилы́х лю́дях.
- ***Satzbeispiele*:** Сосе́дке бо́льше пяти́десяти лет, но она́ не вы́глядит пожило́й. В ко́мнату вошёл пожило́й челове́к. Пожилы́е лю́ди по́мнят э́ти собы́тия. Ну́жно уважа́ть пожилы́х люде́й. У пожилы́х - о́пыт.

Упражне́ния

1 Welches der Wörter *ста́рший* und *пожило́й* bezeichnet den Komparativ und kann auch in der Kurzform verwendet werden? Schreiben Sie Beispiele auf.

2 *Ста́рший* oder *пожило́й*? Ergänzen Sie in der richtigen Form.

1. Отцу́ 65 лет, а ма́тери 62 го́да. Оте́ц ... ма́тери на 3 го́да.
2. Мои́ роди́тели уже́ ... лю́ди.
3. Пожа́луйста, познако́мьтесь! Э́то моя́ ... сестра́.
4. На ско́лько лет она́ ... тебя́?
5. Мой мла́дший брат хо́дит в де́тский сад, он в ... гру́ппе.
6. Скажи́, э́то твой ... брат?

3 Finden Sie das passende Wort und setzen Sie es in der richtigen Form ein.

О во́зрасте и свя́занных с ним пробле́мах
На́ши ба́бушки, де́душки и на́ши роди́тели принадлежа́т к ... (1) поколе́ниям. ... (2) име́ют други́е взгля́ды и пробле́мы, чем мла́дшие. Среди́ ... (3) люде́й мно́го безрабо́тных. В их во́зрасте трудне́е учи́ться но́вой профе́ссии. Поэ́тому ... (4) лю́дям тру́дно найти́ рабо́ту. У молоды́х бо́льше ша́нсов найти́ но́вое рабо́чее ме́сто, чем у ... (5).

ankommen/kommen

прие́хать/приезжа́ть, прийти́/приходи́ть, прибы́ть/прибыва́ть, приплы́ть/приплыва́ть, прилете́ть/прилета́ть

прие́хать/приезжа́ть (е) → *кто? что? на чём? куда́? отку́да? когда́? в како́е вре́мя? как?* (*neutral*)

- Mit Hilfe eines **Landfahrzeuges** an einem Zielort zu einem bestimmten Zeitpunkt ankommen; wird im Unterschied zu прибы́ть/прибыва́ть häufiger in der **Umgangssprache** verwendet; **Gegensatz:** уе́хать/уезжа́ть.
- ***Kollokationen*:** прие́хать/приезжа́ть **кто** (гость, представи́тель фи́рмы); ~ **что** (по́езд, такси́); ~ **на чём** (на по́езде, на авто́бусе); ~ **куда́** (в страну́, на ста́нцию, на вокза́л); ~ **отку́да** (из Росси́и, из Берли́на); **когда́/в како́е вре́мя** (час наза́д, че́рез час); ~ **как** (благополу́чно, с опозда́нием).
- ***Satzbeispiele*:** Вы прие́хали на такси́? По́езд из Дре́здена прие́хал то́чно по расписа́нию. Когда́ вы вчера́ прие́хали? Брат прие́хал в Гра́йфсвальд в де́сять часо́в ве́чера на по́езде. Авто́бус с ру́сскими шко́льниками прие́дет в Берн че́рез час.

прийти́ (е)/**приходи́ть** (и) → *кто? с кем? что? куда́? отку́да? когда́? в како́е вре́мя? как?* (*neutral*)

- **1.** An einem **Zielort** zu einem bestimmten **Zeitpunkt zu Fuß** ankommen;
  Gegensatz: уйти́/уходи́ть;
  2. wird **allgemein** für „mit irgendeinem **Land- oder Seefahrzeug** ankommen" gebraucht, im Vergleich zu прибы́ть/прибыва́ть häufiger in der **Umgangssprache** gebräuchlich;
  Gegensatz: уе́хать/уезжа́ть; отбы́ть/отбыва́ть;
  3. wird verwendet für **Sendungen** verschiedener Art, die ihren **Bestimmungsort** erreichen.
- ***Kollokationen*: 1.** прийти́/приходи́ть **кто** (оте́ц, ученики́); **~ с кем** (с дру́гом, с детьми́); **~ когда́/в како́е вре́мя** (у́тром, 10 мину́т наза́д); **2. ~ что** (по́езд, авто́бус, теплохо́д), **~ куда́** (в Москву́, на вокза́л); **~ отку́да** (из Герма́нии, из Москвы́); **~ когда́/в како́е вре́мя** (в 7 часо́в ве́чера, к десяти́ часа́м), **~ как** (с опозда́нием, без опозда́ния).
- ***Satzbeispiele*: 1.** Он пришёл (пешко́м) час наза́д. **2.** По́езд прихо́дит ра́но у́тром. Авто́бус придёт к восьми́ часа́м. **3.** Пришёл отве́т из министе́рства? Газе́ты прихо́дят о́коло шести́ часо́в утра́.

прибы́ть/прибыва́ть (e) → *кто? что? куда́? отку́да? когда́? в како́е вре́мя? как?* (*gehobener Stil*)

- Ankommen, wird in **offiziellen** Mitteilungen über Ort, Zeit und Umstände der Ankunft von bekannten Persönlichkeiten, Delegationen und von Verkehrsmitteln (Flugzeug, Zug, Schiff u. a.) gebraucht;
  Gegensatz: отбы́ть/отбыва́ть.
- ***Kollokationen*:** прибы́ть/прибыва́ть **кто** (президе́нт Росси́и, прави́тельственная делега́ция); **~ что** (по́езд, теплохо́д, су́дно); **~ куда́** (в Росси́ю, в аэропо́рт, к при́стани, на вокза́л); **~ отку́да** (из Росси́и, из Берли́на); **~ когда́/в како́е вре́мя** (у́тром, то́чно по расписа́нию, в 12 часо́в), **~ как** (с опозда́нием).
- ***Satzbeispiele*:** Делега́ция ФРГ сего́дня у́тром прибыла́ в столи́цу Росси́и. В э́тот моме́нт в аэропо́рт прибыва́ет президе́нт США. Иностра́нные диплома́ты благополу́чно при́были в Санкт-Петербу́рг. По́езд из Берли́на прибыва́ет в Москву́ у́тром. В како́е вре́мя прибыва́ет ваш теплохо́д?

приплы́ть/приплыва́ть (e) → *кто? что? к чему́? куда́? когда́? в како́е вре́мя? как?*

- **1.** Einen **Zielort** zu einem bestimmten **Zeitpunkt schwimmend** erreichen; **2.** an einem **Zielort** zu einem bestimmten **Zeitpunkt** mit einem **Seefahrzeug** ankommen; im Vergleich zu прибы́ть/прибыва́ть häufiger in der **Umgangssprache** gebräuchlich;

Gegensatz (1., 2.)**:** отплы́ть/отплыва́ть, уплы́ть/уплыва́ть.

- ***Kollokationen*: 1.** приплы́ть/приплыва́ть **кто** (плове́ц, аквалангисты); ~ **когда́/в како́е вре́мя** (че́рез три мину́ты); ~ **как** (бы́стро, во́время); **2.** ~ **что** (теплохо́д, ло́дка), ~ **куда́/к чему́** (в порт, к бе́регу); ~ **когда́/в како́е вре́мя** (ра́но у́тром, че́рез неде́лю); ~ **как** (во́время, с опозда́нием).
- ***Satzbeispiele*: 1.** Акваланги́сты че́рез не́сколько мину́т приплы́ли к бе́регу о́зера. **2.** Теплохо́д приплы́л в порт во́время. Теплохо́д приплывёт по расписа́нию.

прилете́ть (и)/**прилета́ть** (е) → *кто? с кем? что? на чём? куда́? отку́да? когда́? в како́е вре́мя? как?*

- An einem **Zielort** zu einem bestimmten **Zeitpunkt** mit dem **Flugzeug** ankommen; wird im Vergleich zu прибы́ть/прибыва́ть häufig in der **Umgangssprache** gebraucht;
  Gegensatz: улете́ть/улета́ть.
- ***Kollokationen*:** прилете́ть/прилета́ть **кто** (брат, го́сти); ~ **с кем** (с до́черью, с бра́том); ~ **что** (самолёт, вертолёт); ~ **на чём** (на самолёте, на вертолёте); ~ **куда́** (в Омск, в аэропо́рт); ~ **отку́да** (из Берли́на, из Росси́и); ~ **когда́** (у́тром, по́здно); ~ **как** (во́время, с опозда́нием).
- ***Satzbeispiele*:** Самолёт прилете́л во́время. За́втра в Москву́ прилета́ет больша́я гру́ппа иностра́нных тури́стов. В кото́ром часу́ вы прилети́те в Герма́нию?

Упражне́ния

1 *Прие́хать/приезжа́ть, прийти́/приходи́ть, прибы́ть/прибыва́ть, приплы́ть/приплыва́ть* oder *прилете́ть/прилета́ть?* Setzen Sie richtig ein.

1. – Я слы́шал, что у тебя́ в гостя́х твой брат.
   – Да, он вчера́ ... из Га́мбурга.
   – На чём он ... ?
   – Он ... на по́езде.
2. – Извини́, пожа́луйста, что я опозда́л.
   – Ты ... на маши́не и́ли на велосипе́де?
   – Я ... пешко́м. Моя́ маши́на в ремо́нте, а велосипе́да у меня́ нет.
3. – Скажи́те, когда́ ... самолёт из Владивосто́ка?
   – Он ... в де́сять часо́в.
4. – Оле́г, ты отку́да звони́шь?
   – Я уже́ на вокза́ле. По́езд ... во́время. Я ... к те́бе на такси́.

5. – Скажи́те, теплохо́д „Степа́н Ра́зин“ из Каза́ни уже́ ...?
   – Он ещё не ... Я то́же жду э́тот теплохо́д. Говоря́т, что он ... с опозда́нием.
6. По ра́дио:
   Сего́дня у́тром в Москву́ с официа́льным визи́том ... президе́нт США.
7. На вокза́ле
   Внима́ние! Ско́рый по́езд из Москвы́ ... на пя́тую платфо́рму.

(sich) anziehen
наде́ть/надева́ть, оде́ть/одева́ть, оде́ться/одева́ться

наде́ть/надева́ть (е) → *что (на себя́)?* [*что*] *на кого́?* [*что*] *на что́?* [*что*] *подо что́? как?*

- Sich selbst oder anderen Personen **etwas** (Kleidungsstücke, Schuhe) **anziehen**, wird **stets** mit einem **Akkusativobjekt** verbunden;
  Gegensatz: снять/снима́ть.
- ***Kollokationen*:** наде́<-ва́->ть **что** (пла́тье, руба́шку, ту́фли, сапоги́); ~ [что] **на кого́** (на сы́на, на ребёнка); ~ [**что**] **на что́** (на манеке́н, на ку́клу); ~ [что] **подо что́** (под дже́мпер, под сви́тер) ~ [что] **на что́** (на ру́ки); ~ [что] **как** (бы́стро, сра́зу).
- ***Satzbeispiele*:** Зо́я наде́ла голубо́е пла́тье. Наде́нь зи́мнее пальто́, сего́дня хо́лодно. Де́вочка наде́ла сапоги́. Медсестра́ помогла́ больно́му наде́ть пиджа́к. Сестра́ надева́ет на ма́ленького бра́та ту́фли. Наде́нь бы́стро ю́бку и блу́зку на О́лю.

оде́ть/одева́ть (е) → *кого́? что?* [*что*] *во что́?* [*кого́/что*] *как?*

- **Jemanden** anziehen, **jemandem** etwas anziehen, stets mit einer Personenbezeichnung im **Akkusativ** verbunden;
  Gegensatz: разде́ть/раздева́ть.
- ***Kollokationen*:** оде́<-ва́->ть **кого́** (ребёнка, сы́на, больно́го); ~ **что** (манеке́н, ку́клу); ~ [кого́] **во что́** (в пла́тье, в ту́фли; ~ [что] **во что́** (в костю́м, в брю́ки); ~ [кого́/что] **как** (сли́шком тепло́, ме́дленно, не спеша́).
- ***Satzbeispiele*:** Ни́на бы́стро оде́ла ребёнка в ку́ртку. Не одева́йте ребёнка так тепло́. Ма́ша одева́ла свою́ дочь про́сто, но со вку́сом.

оде́ться/одева́ться (е) → *во что́? как?*

- **1.** Allgemeinster Ausdruck für „**sich** etwas vor dem Verlassen eines Raumes **anziehen**“, im Unterschied zu наде́<-ва́->ть und оде́<-ва́->ть **auch ohne Objekt** verwendbar;
  Gegensatz: разде́<-ва́->ться;
  2. sich entsprechend anziehen; hier nur Formen von одева́ться verwenden.
- ***Kollokationen***: **1.** оде́<-ва́->ться **во что́** (в пальто́, в чи́стое); ~ **как** (тепло́, легко́, бы́стро, ме́дленно); **2.** ~ **как** (со вку́сом, по мо́де, хорошо́, я́рко).
- ***Satzbeispiele*: 1.** Мы оде́лись и вы́шли из до́ма. В де́тском саду́ де́ти одева́ются са́ми. **2.** Мари́я одева́ется по мо́де. Наш учи́тель одева́лся про́сто, но со вку́сом.

Упражне́ния

(A) 1 Finden Sie das passende Wort und setzen Sie es in der richtigen Form ein.
Наде́ть/надева́ть oder *оде́ться/одева́ться?*

1. – Ми́ша, что ты ... сего́дня ве́чером на конце́рт?
   – Я ... си́ний костю́м. А ты?
   – А что ты посове́туешь мне ...?
   – Ты всегда́ ... со вку́сом. Мне о́чень нра́вится твоё но́вое пла́тье. Ты не хо́чешь его́ ... ?
2. – Ни́на, ... бы́стро, че́рез 5 мину́т за на́ми зае́дет Бо́ря.
   – А что мне ...?
   – ... жёлтую блу́зку и зелёную ю́бку. Они́ тебе́ иду́т.
   – Нет, лу́чше я ... но́вый костю́м.
   – Хорошо́, а сейча́с ...!

2 *Наде́ть/надева́ть* oder *оде́ть/одева́ть?*

1. – Сего́дня мы пое́дем к мо́рю. На́до ... что́-нибудь тёплое.
   – Хорошо́, тогда́ я ... джи́нсы и сви́тер. А во что́ лу́чше ... на́шу до́чку?
   – Её ну́жно ... осо́бенно тепло́.
2. – Ле́на, мы за́втра пойдём в ру́сскую це́рковь. Скажи́, мо́жно мне ... э́то пла́тье? Ведь и за́втра в Москве́ бу́дет о́чень жа́рко.
   – Ульри́ке, не ... э́то декольти́рованное пла́тье. ... своё скро́мное пла́тье.
   – А мо́жно ... стро́гий костю́м?
   – Да, мо́жно.

– Хорошó, тогдá я ... свой сéрый костю́м. А во чтó ... Ли́зочку?
– ... и её в скрóмное плáтье!

(B) 3 Kreuzen Sie Zutreffendes an.

anziehen	что	во чтó	на чтó	когó	на когó	как
надé(вá)ть						
одé(вá)ть						
одé(вá)ться						

4 *Надéть/надевáть, одéть/одевáть* oder *одéться/одевáться?* Schreiben Sie die richtige Variante heraus.

Почему́ моя́ сестрá стáла модельéром?
Ужé в дéтстве Зóе нрáвились лю́ди, котóрые *надевáли/одевáли/одевáлись* (1) мóдно. Хотя́ нáши роди́тели всегдá *надевáли/одевáли/одевáлись* (2) скрóмно. Зóя óчень хотéла *надевáть/одевáть/одевáться* (3) по мóде. Поэ́тому онá проси́ла роди́телей дари́ть ей не вéщи, а ткань, из котóрой онá самá ши́ла плáтья. Э́ти вéщи онá люби́ла *надевáть/одевáть/одевáться* (4). Сейчáс Зóя рабóтает модельéром и *надевáет/одевáет/одевáется* (5) со вку́сом. Свои́х мáленьких детéй онá старáется *надевáть/одевáть/одевáться* (6) скрóмно, но со вку́сом. Онá даёт мне совéты, во чтó мне лу́чше *надевáть/одевáть/одевáться* (7).

5 Ergänzen und beantworten Sie die Fragen. Achten Sie dabei auf den richtigen Gebrauch von *надé<-вá->ть, одé<-вá->ть* und *одé<-вá->ться.*

1. Вы ... по мóде? 2. Что вы ... лéтом? 3. Что вы ... зимóй? 4. Ваш мáленький брат/племя́нник ужé сам ...? 5. Кто ... мáленькую Кристи́ну? 6. Как вы ..., когдá хóдите в теáтр?

Arbeit
рабо́та, труд

рабо́та → *чья? кого́? на кого́? с кем? среди́ кого́? чего́? на что? на чём? над чем? с чем? среди́ чего́? по чему́? где? кака́я?* (*neutral*)

- **1.** Arbeit als **menschliche** und **maschinelle Tätigkeit** im positiven wie im negativen Sinne; **2.** Arbeit als **berufliche Tätigkeit**, Anstellung, **Arbeitsplatz**, nur im Singular; **3.** Arbeit als **fertiges Erzeugnis**, Werkstück, **geistiges Produkt**.
- ***Kollokationen*****: 1.** рабо́та **чья/кого́** (отца́, ма́тери); ~ **на кого́** (на себя́, на предпринима́теля); ~ **с кем** (с детьми́, с молоды́ми людьми́); ~ **среди́ кого́** (среди́ подро́стков, среди́ де́вушек); ~ **чья/чего́** (заво́да, предприя́тия); ~ **на что** (на о́бщество); ~ **на чём** (на маши́не, на станке́); ~ **над чем** (над кни́гой, над диссерта́цией); ~ **с чем** (со словарём, со спра́вочниками); ~ **среди́ чего́** (среди́ населе́ния); ~ **где** (в лесу́, на заво́де); <с->де́лать -у, вы́полнить/выполня́ть -у; нача́ть/начина́ть -у; включи́ться в -у; <по->меша́ть, помо́чь/помога́ть в -е; нача́ло -ы, пе́ред -ой, за -ой, по́сле -ы, во вре́мя -ы; ~ **кака́я** (лёгкая, ручна́я); **2.** ~ **кака́я** (вре́менная, интере́сная); ~ по специа́льности; ~ на фа́брике; иска́ть -у; найти́ -у; поступи́ть/поступа́ть на -у, ходи́ть на -у; **3. ~/-ы чья/чьи/кого́** (учёного, худо́жника, ученико́в); ~ **по чему́** (по хи́мии, по литерату́ре); ~ **кака́я** (оригина́льная, дипло́мная); <про->чита́ть, прове́рить/проверя́ть, <о->публикова́ть нау́чную -у; <на->писа́ть контро́льную -у по а́лгебре.
- ***Satzbeispiele*****: 1.** Рабо́та доставля́ет мне ра́дость. По́сле рабо́ты мы пошли́ в рестора́н. Дава́йте присту́пим к рабо́те! Здесь веду́тся строи́тельные рабо́ты. **2.** Он получи́л вре́менную рабо́ту по свое́й специа́льности. Роди́тели на рабо́те. Его́ при́няли на рабо́ту. **3.** Я знако́м с рабо́той э́того учёного. Мы пи́шем рабо́ту по фи́зике. Учи́тель дово́лен результа́тами контро́льных рабо́т свои́х ученико́в.

труд → *чей? кого́? по чему́? како́й?* (*gehobener Stil*)

- **1.** Körperliche oder geistige Arbeit, verlangt im Unterschied zu рабо́та aber **mehr nach schöpferischem Tätigsein**, ist mit Anstrengungen verbunden, bezieht sich in der Regel auf **positiv zu bewertende menschliche Leistungen**, vor allem in der **Schriftsprache** verbreitet; **2.** bezeichnet wie рабо́та ein geistiges Produkt, ein **wissenschaftliches Werk**, wird рабо́та gegenüber vorgezogen, wenn die damit verbundene Leistung als recht **bedeutsam** eingestuft wird.

- *Kollokationen*: **1.** труд **чей/кого́** (врача́, учи́теля); ~ **како́й** (физи́ческий, тво́рческий, де́тский); охра́на -а́; пла́та за ~; пра́во на ~; би́ржа -а́; **2.** ~/-ы́ **чей/чьи/кого́** (худо́жника, Менделе́ева, учёных); ~ **по чему́** (по филосо́фии, по матема́тике); ~ **како́й** (совме́стный, после́дний); публика́ция -о́в Ко́ха, спи́сок -о́в Рентге́на; знать, оцени́ть/оце́нивать, изда́ть/издава́ть -ы́ учёного.
- *Satzbeispiele*: **1.** Труд врача́ тяжёлый, но благоро́дный. Труд со́здал челове́ка. Кто на заво́де отвеча́ет за охра́ну труда́? **2.** „Война́ и мир" счита́ется важне́йшим литерату́рным трудо́м Л.Н. Толсто́го. Э́то совме́стный труд учёных на́шего ву́за.

Упражне́ния

1 Unterstreichen Sie die stilistisch jeweils bessere Variante und begründen Sie Ihre Entscheidung.

Моя́ ба́бушка
Моя́ ба́бушка люби́ла *свою́ рабо́ту/свой труд* (1). На *рабо́ту/труд* (2) она́ ходи́ла с ра́достью. *Рабо́та/труд* (3) учи́теля доставля́л(-а) ей ра́дость. Она́ люби́ла дете́й и счита́ла *рабо́ту/труд* (4) с детьми́ одн__ из са́мых интере́сных. Её все люби́ли и уважа́ли, хотя́ она́ была́ о́чень стро́гой на *рабо́те/труде́* (5). Ба́бушку награжда́ли ордена́ми и гра́мотами за успе́хи в *рабо́те/труде́* (6). Мно́гие её ученики́ благода́рны ей за её *рабо́ту/труд* (7).

2 Ersetzen Sie in dem Brief überall dort, wo Ihnen das stilistisch begründet erscheint, *рабо́та* durch *труд*.

Ми́лая Окса́на, вот то́лько что пришла́ с *рабо́ты* (1) и нашла́ в почто́вом я́щике твоё письмо́. Спаси́бо за него́. Я ра́да, что в Герма́нии ты сра́зу же нашла́ *рабо́ту* (2), хотя́ и не по специа́льности. И у нас сейча́с мно́гие лю́ди, да́же пенсионе́ры, согла́сны на *любу́ю рабо́ту* (3), что́бы зараба́тывать на жизнь. Как ты зна́ешь, мой оте́ц всю жизнь занима́лся *тяжёлой физи́ческой рабо́той* (4). Госуда́рство награжда́ло его́ ордена́ми за его́ *рабо́ту* (5), одна́ко сейча́с он получа́ет ма́ленькую пе́нсию. Но мы помога́ем друг дру́гу во всём.
Мари́на в ию́не бу́дет защища́ть свою́ *дипло́мную рабо́ту* (6). О́чень наде́емся, что она́ найдёт себе́ *рабо́ту* (7) по специа́льности.

Надéюсь, что нáша жизнь в скóром бýдущем стáнет лýчше.
А тебé, Оксáна, желáю счáстья на истори́ческой рóдине и успéхов в *рабóте* (8). Передáй привéт Сáше и Ли́зе от всех нас. Пиши́, не забывáй нас!
Обнимáю тебя́. Мáша.

3 *Рабóта* oder *труд*? Setzen Sie richtig ein. Falls beide Varianten möglich sind, dann begründen Sie es.

1. – Ми́ша, твои́ роди́тели дóма?
   – Нет, отéц ещё на ..., а мáма в библиотéке. Онá пи́шет наýчн__ ... . В читáльном зáле онá читáет ... Менделéева.
   – А когдá отéц обы́чно прихóдит с ...?
   – В шесть часóв он обы́чно дóма.
   – Ми́ша, а чем ты сейчáс занимáешься?
   – Учý словá. Зáвтра мы пи́шем контрóльн__ ... по немéцкому языкý.
   – Не бýду тéбе мешáть. Готóвься к ... !

2. – Ли́за, я слы́шала, ты нашлá себé ... по специáльности.
   – Да, ... мне óчень нрáвится. Прáвда, мне нýжно óчень рáно вставáть, чтóбы не опáздывать на ... . Фи́рма нахóдится в другóм концé гóрода.
   – Я поздравля́ю тебя́ и желáю тебé успéхов в ... .

3. – Олéг Петрóвич, вы кудá идёте?
   – На би́ржу ... .
   – А рáзве вы безрабóтный?
   – Да, меня́, к сожалéнию, увóлили с ... по сокращéнию штáтов.
   – Не расстрáивайтесь, Олéг Петрóвич! Я увéрен, что вы найдёте себé достóйн__ ... .
   – Я другóго мнéния, в моём вóзрасте óчень трýдно найти́ ... по специáльности. Я почти́ 30 лет рабóтал инженéром по охрáне ... .

4 Ergänzen und beantworten Sie die Fragen. Beachten Sie jeweils die richtige Verwendung von *рабóта* bzw. *труд.*

1. Как____ ... занимáются вáши роди́тели?
2. Вы ужé бы́ли на ... вáших роди́телей?
3. Вам нрáвится ... вáших роди́телей?
4. О как__ ... вы мечтáете?
5. Как вы считáете, по какóй специáльности мóжно лéгче найти́ ... ?
6. Какóго мнéния вы о лю́дях, котóрые готóвы люб____ ... зарабáтывать дéньги?

рабо́тать (е) → *кем? с кем? на кого́? чем? с чем? над чем? за что́? по чему́? на что́? среди́ кого́? среди́ чего́? на чём? где? когда́? как до́лго? как? (neutral)*

- **1.** Sich mit irgendeiner **manuellen, maschinellen** oder **geistigen Arbeit** positiver oder auch negativer Art **beschäftigen**, am **Arbeitsprozess teilnehmen**; **2.** einen **Beruf ausüben**, einen Posten bekleiden.
- ***Kollokationen*****: 1.** рабо́тать **с ке́м** (вме́сте с бра́том, с молодёжью); ~ **на кого́** (на себя́, на други́х); ~ **чем** (инструме́нтами, пило́й); ~ **с чем** (с микроско́пом, со словарём); ~ **над че́м** (над прое́ктом, над но́вой ро́лью); ~ **за что́** (за де́ньги, за до́ллары); ~ **по чему́** (по пла́ну, по но́вой компью́терной програ́мме); ~ **на что́** (на оборо́ну); ~ **среди́ кого́** (среди́ иностра́нцев, среди́ молодёжи); ~ **среди́ чего́** (среди́ населе́ния); ~ **на чём** (на станке́, на компью́тере); ~ **где** (в саду́, в кабине́те); ~ **когда́** (у́тром, по среда́м); ~ **как до́лго** (весь день, до шести́ часо́в); ~ **как** (пло́хо, с интере́сом); **2.** ~ **кем** (перево́дчиком, преподава́телем); ~ в до́лжности **кого́** (дире́ктора, ста́ршего инжене́ра); ~ **где** (в бюро́, на стро́йке); ~ **как до́лго** (три ме́сяца, мно́го лет); ~ по специа́льности.
- ***Satzbeispiele*****: 1.** Шко́льники рабо́тали в саду́ до ве́чера. Мы рабо́тали над те́кстом без словаря́. Ири́на лю́бит рабо́тать с детьми́. Ка́ждый до́лжен уме́ть рабо́тать со словарём. Маши́на рабо́тает пло́хо. **2.** Мой оте́ц бо́льшую часть свое́й жи́зни рабо́тал учи́телем. Дя́дя Ти́ны рабо́тает в до́лжности бургоми́стра. А.П. Че́хов не́сколько лет рабо́тал врачо́м. Он рабо́тает по свое́й специа́льности.

труди́ться (и) → *для кого́? на бла́го кого́/чего́? над чем? где? как до́лго? как?* (*gehobener Stil*)

- Wie рабо́тать (1.) gebraucht, **betont** jedoch stärker den **Eifer**, die Mühe und **Begeisterung** bei der Arbeit sowie die gesellschaftliche **Bedeutsamkeit der Arbeitsergebnisse**, verbindet mit Arbeit stets eine **positive Bewertung**, bezieht sich vorwiegend auf die **menschliche Arbeitstätigkeit**, wird hauptsächlich in der Schriftsprache verwendet.
- ***Kollokationen*****:** труди́ться **для кого́** (для себя́, для други́х); ~ **на бла́го кого́/чего́** (на бла́го дете́й, на бла́го свое́й ро́дины); ~ **над чем** (над карти́ной, над рома́ном); ~ **где** (на заво́де, в шко́ле); ~ **как до́лго** (с утра́ до ве́чера, всю жизнь); ~ **как** (добросо́вестно, с ра́достью).

- ***Satzbeispiele*:** Он всю жизнь труди́лся. Труд до́лжен быть обяза́тельным для всех, кто мо́жет труди́ться. В на́шем го́роде тру́дятся мно́гие иностра́нные гра́ждане на бла́го на́шей страны́. Писа́тель мно́го лет труди́лся над э́той кни́гой.

Упражне́ния

1 Unterstreichen Sie die stilistisch jeweils bessere Variante und begründen Sie Ihre Entscheidung.

Мой де́душка
Мой де́душка *рабо́тал/труди́лся* (1) всю жизнь на автоза-во́де. Он всегда́ *рабо́тал/труди́лся* (2) добросо́вестно. Вме́сте с ним *рабо́тали/труди́лись* (3) на бла́го на́шей страны́ и мно́гие иностра́нцы. Де́душке приходи́лось *рабо́тать/тру-ди́ться* (4) и за грани́цей. Тепе́рь он пенсионе́р, но и до́ма он мно́го *рабо́тает/тру́дится* (5). Осо́бенно он лю́бит *рабо́-тать/труди́ться* (6) в саду́. Де́душка не понима́ет тех, кто не хо́чет *рабо́тать/труди́ться* (7). Он счита́ет, что ка́ждый тру-доспосо́бный челове́к обя́зан *рабо́тать/труди́ться* (8).

2 Ersetzen Sie dort, wo das stilistisch begründet ist, *рабо́тать* durch *труди́ться.*

Мой свёкор (*Schwiegervater*)
Мой муж *рабо́тает* (1) констру́ктором на авиазаво́де. На э́том же заво́де всю жизнь *рабо́тал* (2) и его́ оте́ц, Лев Ива́нович. Когда́ Льву́ бы́ло 16 лет, начала́сь война́, и он на́чал *рабо́тать* (3) на авиазаво́де просты́м рабо́чим. Лев о́чень хоте́л *рабо́тать* (4) авиаконстру́ктором. Поэ́тому по́с-ле войны́ он на́чал учи́ться в институ́те, а по вечера́м он *рабо́тал* (5), что́бы обеспе́чить всем необходи́мым свою́ семью́. По́сле оконча́ния институ́та Лев Ива́нович стал *ра-бо́тать* (6) авиаконстру́ктором на э́том же заво́де. Он *рабо́-тал* (7) с утра́ до по́зднего ве́чера. На авиазаво́де Лев Ива́но-вич *рабо́тал* (8) до конца́ свое́й жи́зни. Рабо́чие, кото́рые *рабо́тали* (9) с Львом Ива́новичем, говоря́т, что он был не то́лько прекра́сным специали́стом, но и хоро́шим челове́ком.

3 *Рабо́тать* oder *труди́ться*? Setzen Sie richtig ein. Falls beide Varianten möglich sind, begründen Sie es.

1. – Пра́вда, что твой де́душка почти́ всю жизнь ... под землёй?
   – Да, он ... шахтёром.

2. – Как называ́ют по-ру́сски челове́ка, кото́рый лю́бит ... по утра́м?
   – Жа́воронком (*Lerche*).
   – А как называ́ют челове́ка, кото́рый лю́бит ... по вечера́м?
   – Сово́й (*Eule*).
3. – Я слы́шал, что музе́й откро́ется за́втра, ра́ньше устано́вленного сро́ка.
   – Да, э́то так. Реставра́торы ... с энтузиа́змом, почти́ без о́тдыха.
4. – Зна́ешь ли ты, что Васнецо́в ... над карти́ной „Богатыри́" 25 лет.
   – Нет, я об э́том не знал.

4 Ergänzen Sie *рабо́тать* bzw. *труди́ться* und beantworten Sie die Fragen.

1. Кем ... ва́ши роди́тели?
2. По како́й специа́льности вы хоте́ли бы ... ?
3. Вам изве́стно, ско́лько челове́к ... в крупне́йшем электротехни́ческом конце́рне „Си́менс" в ФРГ ?
4. Как вы отно́ситесь к лю́дям, кото́рые не хотя́т ..., но получа́ют социа́льную по́мощь от госуда́рства?

auch
то́же, та́кже, и

то́же → *Adverb*

- Auch, ebenfalls, entspricht и sowie та́кже in der 1. Bedeutung, steht im Gegensatz zu и **nie am Satzanfang** und im Unterschied zu та́кже **nie nach** einer **Konjunktion**, wird im Vergleich dazu mehr in der Umgangssprache verwendet.
- ***Satzbeispiele*:** Вы то́же учи́лись в Росси́и? Он то́же ра́довался ка́ждому письму́ из Росси́и. Подожди́те, я то́же пойду́. Бра́ту понра́вилась о́пера, мне то́же. Мы то́же уста́ли. В па́рке никого́ не́ было, на у́лице то́же. Я то́же уезжа́ю.

та́кже → *Adverb, Konjunktion*

- **1.** Als Adverb in den Bedeutungen auch, gleichfalls, ebenfalls, neben anderen; weitgehend synonym mit и und то́же; vergleichsweise häufiger in der Schriftsprache verbreitet, typisch für **gehobenen Stil**; **2.** als Konjunktion in den Bedeutungen **auch**

(noch), außerdem, oft in Verbindung mit а, seltener mit но oder и, außerhalb dieser Verbindungen hingegen nur wenig verbreitet.

- ***Satzbeispiele*: 1.** Вы та́кже учи́лись в Росси́и? Он та́кже ра́довался ка́ждому письму́ из Росси́и. Моя́ ста́ршая сестра́ та́кже была́ с на́ми в кино́. Мне э́тот фильм та́кже понра́вился. Я та́кже согла́сна с тобо́й. **2.** Я люблю́ слу́шать му́зыку Мо́царта, Чайко́вского, а та́кже Штра́уса. Доце́нт чита́ет ле́кции, а та́кже ведёт практи́ческие заня́тия. Она́ пригласи́ла на новосе́лье не то́лько ро́дственников, но та́кже свои́х колле́г.

и → *Partikel*

- Wird zur **Hervorhebung** eines Wortes in der Bedeutung auch (wirklich), gleichfalls, sogar verwendet, steht am **Satzanfang** oder vor dem zu betonenden Wort, oft vor dem Prädikat.
- ***Satzbeispiele*:** И́ вы учи́лись в Росси́и? И с тобо́й э́то мо́жет случи́ться. И А́нтье изуча́ет ру́сский язы́к. Он и к нам приходи́л вчера́. Я сде́лаю и э́то, е́сли вы хоти́те. Я говори́л и с ней. Все иду́т на стадио́н, и я хочу́ пойти́. Я и ра́ньше об э́том зна́л. Там бы́ло хорошо́, но и здесь не ху́же.

Упражне́ния

(A) 1 Bestimmen Sie die Funktion von *та́кже* im Satz und ersetzen Sie überall, wo es möglich ist, *та́кже* durch *то́же*. Begründen Sie Ihre Entscheidung.

Из интервью́

– Вы игра́ете то́лько в футбо́л?
– Нет, непло́хо я игра́ю в те́ннис, а *та́кже* (1) в бадминто́н.
– Мне сказа́ли, что вы уже́ *та́кже* (2) уча́ствовали в пе́рвенстве страны́ по лёгкой атле́тике?
– Да, э́то ве́рно. Ра́ньше я пробега́л 100 ме́тров за 11 секу́нд, *а та́кже* (3) пры́гал на 6 ме́тров 50 сантиме́тров в длину́.
– А ва́ши де́ти лю́бят спорт?
– Да, они́ *та́кже* (4) занима́ются спо́ртом.
– Жела́ю вам, а *та́кже* (5) ва́шей семье́ всего́ са́мого до́брого.

2 *То́же* oder *та́кже*? Fügen Sie das richtige Adverb ein. Falls beide Varianten möglich sind, begründen Sie es.

Эспера́нто

Зи́на хорошо́ говори́т по-неме́цки, по-англи́йски, а ... (1) на эспера́нто. Вот что рассказа́ла Зи́на, почему́ она́ вы́учила э́тот иску́сственный язы́к?

„Наш учи́тель матема́тики Илья́ Петро́вич Ге́рциков увлёк нас не то́лько матема́тикой, но ... (2) языко́м эспера́нто. Он вёл факультати́вные заня́тия по матема́тике, а ... (3) кружо́к для люби́телей междунаро́дного языка́ эспера́нто. Илья́ Петро́вич свобо́дно говори́л не то́лько на эспера́нто, но ... (4) на не́скольких языка́х. Он ... (5) перепи́сывался с людьми́ из ра́зных стран. И́менно Илья́ Петро́вич заинтересова́л не то́лько меня́, а ... (6) мою́ подру́гу, э́тим языко́м. На его́ заня́тиях бы́ло так интере́сно, что мы забыва́ли о вре́мени. Но́вые слова́ мы учи́ли игра́ючи, пе́ли пе́сни, а ... (7) танцева́ли. Мы говори́ли то́лько на языке́ эспера́нто, поэ́тому ско́ро мно́гие из нас могли́ непло́хо говори́ть на эспера́нто, а ... (8) писа́ть пи́сьма на э́том языке́. Ка́ждое ле́то эсперанти́сты всего́ ми́ра организу́ют встре́чи. Я ... (9) не́сколько раз была́ уча́стницей таки́х встреч. Во вре́мя встреч я соверше́нствовала свои́ языковы́е зна́ния, а ... (10) знако́милась с интере́сными людьми́. Представи́тели ка́ждой страны́ организо́вывали вечера́, на кото́рых они́ знако́мили со свои́ми тради́циями, пока́зывали видеофи́льмы о своéй ро́дине, а ... (11) угоща́ли всех свои́ми национа́льными блю́дами. Таки́е встре́чи не то́лько обогаща́ют люде́й, но ... (12) спосо́бствуют укрепле́нию дру́жбы ме́жду наро́дами.“

(B) 3 Ersetzen Sie, wo das möglich ist, die hervorgehobenen Wörter durch Wörter mit ähnlicher Bedeutung.

Петербу́ржцы и их Эрмита́ж
Мои́ роди́тели о́чень лю́бят Санкт-Петербу́рг, я *то́же* (1) люблю́ э́тот го́род. Там живу́т мои́ ба́бушка с де́душкой, а *та́кже* (2) мои́ друзья́. Мы ча́сто гуля́ем по Санкт-Петербу́ргу, посеща́ем музе́и, е́здим в при́городы, где *та́кже* (3) мно́го истори́ческих достопримеча́тельностей. Осо́бенно мы лю́бим ходи́ть в Эрмита́ж. Вчера́ мы *та́кже* (4) бы́ли в Эрмита́же. Там мы посмотре́ли карти́ны голла́ндских худо́жников, а *также* (5) посети́ли вы́ставку „Дана́я“ – судьба́ шеде́вра Ре́мбрандта“.

4 *То́же, та́кже* oder *и*? Setzen Sie das sinngemäß passende Wort ein. Achten Sie auf die Stellung im Satz.

В Третьяко́вской галере́е
– Ми́ша, как ты провёл воскресе́нье?
– О́чень хорошо́. Был в Третьяко́вской галере́е.
– Я ... (1) там был неда́вно. Каки́е карти́ны тебе́ бо́льше всего́ понра́вились?

– Карти́ны Ре́пина и Крамско́го.
– А я люблю́ пейза́жи. Осо́бенно карти́ны Ши́шкина, кото́рый прекра́сно показа́л красоту́ ру́сского ле́са.
– Я ... (2) люблю́ карти́ны Ши́шкина и лири́ческие пейза́жи Левита́на. Но мне нра́вится ... (3) „Моско́вский дво́рик“ Поле́нова.
– Да, ... (4) я хорошо́ по́мню э́ту карти́ну.
– А как тебе́ нра́вятся карти́ны Серо́ва?
– Э́то его́ карти́на „Де́вочка с пе́рсиками“?
– Да. ... (5) „Де́вушка, освещённая со́лнцем“ ... (6) его́.
– Мне ... (7) нра́вятся э́ти карти́ны, я купи́л откры́тки с репроду́кциями э́тих карти́н.
– Я ... (8) покупа́ю таки́е откры́тки. Но я ещё ма́ло зна́ю Третьяко́вку.
– Я ... (9) хочу́ ещё раз сходи́ть в галере́ю. Пойдём вме́сте?
– С удово́льствием.

Aufgabe
зада́ние, зада́ча, уро́к

зада́ние → *чьё/кого́? кому́ что <с–>де́лать? от кого́? чего́? по чему́? на како́й день? како́е? (buchspr.)*

- **1.** Aufgabe als verantwortungsvoller **Auftrag**, als Auflage, etwas Verordnetes, **Gefordertes** auszuführen, zu erfüllen; **2.** vom Lehrer erteilte Schulaufgabe (vgl. уро́к), die der Schüler zu Hause oder auch im Unterricht erledigen muss; der Gegenstand der Aufgaben wird durch die Präposition **по** mit dem **Dativ** bezeichnet.
- ***Kollokationen*****: 1.** зада́ние **чьё/кого́/чего́** (учи́теля; прави́тельства); дать/дава́ть **кому́ ~ что-н. сде́лать** (архите́ктору проекти́ровать дом, перево́дчику перевести́ докуме́нты); вы́полнить/выполня́ть ~; получи́ть/получа́ть ~ **от кого́** (от учи́теля, от инжене́ра); рабо́тать по -ю **кого́/чего́** (дире́ктора, реда́кции); ~ **како́е** (отве́тственное, тру́дное); **2.** дома́шнее ~ **по чему́** (по ру́сскому языку́, по литерату́ре); ~ **на како́й-н. день** (на за́втра, на вто́рник); ~ **како́е** (сло́жное, лёгкое); <с->де́лать ~, <при->гото́вить дома́шнее ~ (дома́шние -ия); записа́ть/запи́сывать дома́шнее ~.
- ***Satzbeispiele*****: 1.** Мы должны́ вы́полнить зада́ние за́втра. Мой брат рабо́тает по зада́нию реда́кции. Лабора́нт вы́полнил зада́ние по подгото́вке экспериме́нта. **2.** Ты уже́ сде́лал дома́шнее зада́ние? Запиши́те зада́ние на́ дом. Учи́тель забы́л зада́ть дома́шнее зада́ние на сре́ду.

зада́ча → *чья/кого́? чего́? по чему́? кака́я?* (*neutral*)

- **1.** Übungaufgabe, die mit **Hilfe von Berechnungen** zu lösen ist; der Gegenstand der Aufgaben ist durch die Präposition **по** mit dem **Dativ** zu bezeichnen (z.B. зада́ча **по** матема́тике); **2.** Aufgabe als **Ziel**, das man anstrebt, oder als Auftrag (vgl. зада́ние), der ausgeführt werden muss.
- ***Kollokationen*****: 1.** зада́ча **по чему́** (по матема́тике, по фи́зике); **кака́я** (математи́ческая, ша́хматная); зада́ть/задава́ть -у, реши́ть/реша́ть -у, <по->ду́мать над -ей, спра́виться/справля́ться с -ей; **2.** ~ **чья/кого́** (шко́льников, писа́теля); ~ **чья/чего́** (экспеди́ции, -и социа́льной поли́тики); ~ **кака́я** (тру́дная, гла́вная); очередны́е -и ры́ночной эконо́мики; <по->ста́вить -у себе́/пе́ред собо́й: око́нчить год без тро́ек; вы́полнить/выполня́ть -у.
- ***Satzbeispiele*****: 1.** Зада́ча оказа́лась лёгкой. Сын реши́л зада́чу по матема́тике за пять мину́т. **2.** На́ша основна́я зада́ча - хорошо́ учи́ться. Жизнь ста́вит но́вые зада́чи. Он поста́вил пе́ред собо́й зада́чу: вы́учить неме́цкий язы́к за не́сколько ме́сяцев. Мы спра́вились с зада́чей в срок.

уро́к → *чей/кого́? по чему́? на како́й день? где? како́й? как?* (*umgangsspr.*)

- **Schulaufgabe**, die der Schüler zu Hause zur nächsten Unterrichtsstunde vorbereiten, anfertigen, lernen muss; bedeutungsgleich mit дома́шнее зада́ние, **meist** im **Plural** zu verwenden; auch Hausaufgabe, Pensum.
- ***Kollokationen*****:** уро́ки **чьи/кого́** (ученика́, сестры́); -и **по чему́** (по матема́тике, по геогра́фии); -и **на како́й-н. день** (на за́втра, на сре́ду); <при->гото́вить ~ (-и) **где** (до́ма, в шко́ле); ~ **каки́е** (лёгкие, тру́дные); <с->де́лать -и **как** (ме́дленно, бы́стро); зада́ть/задава́ть ~ (-и), сесть/сади́ться за -и, сиде́ть за -ами, <вы́->учи́ть ~ (-и); отве́тить/отвеча́ть ~.
- ***Satzbeispiele*****:** Ми́ша, гото́вь уро́ки! Де́ти де́лают уро́ки до́ма. На за́втра нам за́дали мно́го уро́ков. Он до́лго сиди́т за уро́ками. Учени́к отвеча́л уро́к.

Упражне́ния

(A) 1 Notieren Sie die jeweils richtige Variante

Моя́ дочь А́нтье

А́нтье поста́вила себе́ *зада́ние/зада́чу* (1): око́нчить гимна́зию на отли́чно. Она́ хорошо́ справля́ется с *зада́ниями/зада́чами* (2) по всем предме́там. Сейча́с она́ де́лает свой *зада́ния/зада́чи* (3) на за́втра. Обы́чно она́ гото́вит все свои́ *зада́ния/зада́чи* (4) час. Снача́ла А́нтье реша́ет *зада́ния/зада́чи* (5) по матема́тике. На за́втра за́даны *зада́ния/зада́чи* (6) ру́сскому языку́. Иногда́ А́нтье про́сит свою́ ста́ршую сестру́ прове́рить вы́полненные е́ю пи́сьменные дома́шние *зада́ния/зада́чи* (7).

2 Ersetzen Sie die hervorgehobenen Wörter durch passende Synonyme.

Учи́тель за́дал нам мно́го *зада́ний* (1) на за́втра. Мне ещё на́до пригото́вить *зада́ния* (2) по иностра́нным языка́м и литерату́ре. Мой брат уже́ пригото́вил свои́ *дома́шние зада́ния* (3). Он сде́лал *зада́ния* (4) за 20 мину́т. Он всегда́ бы́стро справля́ется со свои́ми *дома́шними зада́ниями* (5).

(B) 3 *Зада́ние, зада́ча* oder *уро́к*? Setzen Sie richtig ein.

1. Де́ти, запиши́те ... на́ дом.
2. Обы́чно я гото́влю ... до́ма.
3. Вчера́ ... по ру́сскому языку́ бы́ло тру́дным.
4. Извини́те, пожа́луйста, но я не успе́л(а) реши́ть ... .
5. Мне бы́ло сты́дно, потому́ что я не вы́учил(а) ... .
6. Жизнь ста́вит пе́ред на́ми всё но́вые ... .
7. В пе́рвый шко́льный день учи́тель говори́л о на́ших ... на уче́бный год.

4 Ergänzen und beantworten Sie die Fragen. Achten Sie dabei auf die richtige Verwendung von *уро́к, зада́ние* und *зада́ча.*

1. По каки́м предме́там вам обы́чно задаю́т мно́го ...? 2. Задаю́т ли вам и бо́лее сло́жные ...? 3. Когда́ вы обы́чно де́лаете ...? 4. Вы лю́бите реша́ть математи́ческие ...? 5. По како́му предме́ту вы осо́бенно лю́бите де́лать ...?

bei

у, при, под, за, в/на

у (*Präposition*) → *у кого́? у чего́? где?*

- **1.** Bezieht sich auf **Personen**, bei denen etwas geschieht; **2.** bezeichnet die unmittelbare, die sehr große Nähe zu einem Ort oder Gegenstand.
- ***Kollokationen*: 1. у кого́/где** (быть у ба́бушки, обе́дать у роди́телей, встреча́ться у друзе́й, учи́ться у ма́стера); **2. ~ у чего́/где** (жить у це́ркви, ждать у по́чты).

- ***Satzbeispiele*: 1.** Я живу́ у роди́телей. Мы бы́ли в гостя́х у тёти. У врача́ мне пришло́сь до́лго ждать. **2.** Такси́ останови́лось пря́мо у кинотеа́тра.

при (*Präposition*) → *при ком? где? когда́?*

- **1.** Betont das Vorhandensein, etwas **bei sich** zu haben, sich in j-s Gegenwart aufzuhalten; **2.** bezieht sich auf einen **Begleitumstand**, eine Bedingung oder Einräumung; **3.** gebräuchlich in Verbindung mit **Ereignissen** oder Tätigkeiten.
- ***Kollokationen*: 1.** при **где/при ком** (оста́вить при себе́, име́ть при себе́ бума́гу и ру́чку); **2.** ~ **когда́** (при сла́бом ве́тре, при откры́том окне́, при све́те, при внима́тельном рассмотре́нии); **3.** при **когда́** (при рожде́нии, при встре́че, при написа́нии статьи́).
- ***Satzbeispiele*: 1.** У меня́ не́ было при себе́ де́нег. Докуме́нты при мне. **2.** Приму́ табле́тку при си́льных бо́лях. Ульф, купи́, пожа́луйста, при слу́чае э́ту кни́гу! **3.** Мы поговори́м об э́том при встре́че. Обрати́ внима́ние при написа́нии портре́та на ка́ждую дета́ль.

под (*Präposition*) → *где? под каки́м ме́стом?*

- Verweist auf die **räumliche Nähe** von bis zu 100 Kilometern und in großflächigen, dünn besiedelten Gebieten auf noch wesentlich größere Entfernungen zu einer Stadt oder einem Dorf, gewöhnlich in Verbindung mit **Ortsnamen**.
- ***Kollokationen*:** под **где/под каки́м ме́стом** (<по->е́хать на да́чу под Москво́й, жить под Ту́лой, би́тва под Ле́йпцигом, под Бородино́м).
- ***Satzbeispiele*:** Я живу́ в дере́вне под Дре́зденом. В 1812 году́ под Бородино́м произошло́ сраже́ние ме́жду ру́сской и наполео́новской а́рмиями.

за (*Präposition*) → *где? когда́?*

- In Verbindung mit Bezeichnungen von **Mahlzeiten** und **Tätigkeiten**.
- ***Kollokationen*:** за **где/когда́** (вести́ себя́ за столо́м, не говори́ть за едо́й, за ча́ем, за обе́дом, за рабо́той, сиде́ть за уро́ками).
- ***Satzbeispiele*:** За за́втраком мы слу́шаем по ра́дио после́дние изве́стия. За рабо́той я забыва́ю обо всём.

в, на (*Präposition*) → *где?*

- Weist auf **Institutionen** hin, bei denen jemand beschäftigt ist, etwas zu tun oder deponiert hat.
- ***Kollokationen*:** в **где** (рабо́тать в ба́нке, в поли́ции, быть в бундесве́ре, име́ть счёт в сберка́ссе); на **где** (на по́чте, на желе́зной доро́ге).
- ***Satzbeispiele*:** Мой оте́ц рабо́тает на желе́зной доро́ге. Брат рабо́тает в страхово́м о́бществе. У меня́ есть счёт в ба́нке.

beim Namen nennen → наз(ы)ва́ть по и́мени
bei Gefahr → в слу́чае опа́сности
bei Tag und Nacht → днём и но́чью

Упражне́ния

(A) 1 Schreiben Sie jeweils diejenige Variante heraus, die Sie hier verwenden würden.

О́тпуск на берегу́ Балти́йского мо́ря
Я живу́ в дере́вне *при* Э́рфурте/*под* Э́рфуртом (1). Я рабо́таю *под* желе́зной доро́гой/*на* желе́зной доро́ге (2). Ле́тний о́тпуск в э́том году́ я провёл *у*/*при* знако́мых (3). Они́ живу́т на о́строве Рю́ген. *В* хоро́шую пого́ду/*У* хоро́шей пого́ды (4) мы загора́ли на пля́же. *В* дождли́вую пого́ду/*Под* дождли́вой пого́дой (5) мы е́здили в окре́стные города́ и посеща́ли музе́и. Не́сколько раз мы бы́ли в теа́тре. Осо́бенно мне понра́вилась постано́вка спекта́кля „Ги́бель Вине́ты“, кото́рая состоя́лась на берегу́ Балти́йского мо́ря *под* откры́тым не́бом/*при* откры́том не́бе (6).

(B) 2 Welche Wortgruppe passt von ihrer Grundbedeutung nicht in die Reihe?

1. на желе́зной доро́ге, при грозе́, в поли́ции, в страхово́м о́бществе;
2. за за́втраком, под Петербу́ргом, при моро́зе, за рабо́той, при све́те;
3. у Та́ни, у кинотеа́тра, у по́чты, под Берли́ном, при све́те луны́;
4. при бра́те, при себе́, при мне, при осмо́тре Кремля́, при тебе́.

3 Ordnen Sie die Wortgruppen nach ihrer Gebrauchsweise.

под О́мском, у друзе́й, при тако́м здоро́вье, у по́чты, за за́втраком, в ба́нке, при рожде́нии, при возмо́жности.

Ausdruck räumlicher Beziehungen	Ausdruck zeitlicher Beziehungen	Ausdruck von Bedingungen

4 Ersetzen Sie die hervorgehobenen Wortgruppen durch solche mit *в, за, на, под, при* oder *у*.

Ле́тние кани́кулы
Во вре́мя кани́кул мы отдыха́ли в дере́вне недалеко́ от Берли́на (1). На́ша гости́ница находи́лась ря́дом с о́зером (2). Мы обсужда́ли на́ши пла́ны, когда́ за́втракали (3). Когда́ была́ хоро́шая пого́да, мы купа́лись в о́зере и загора́ли (4). Вечера́ми мы сиде́ли во́зле костра́ (5) и бесе́довали. Мы любова́лись красото́й о́зера, оно́ осо́бенно краси́во, когда́ све́тит луна́ (6). Там я познако́мился с Я́ном, кото́рый рабо́тает железнодоро́жником (7).

5 *В, на, под, при* oder *у*? Verwenden Sie in Ihren Antworten die passenden Präpositionen und die Angaben in Klammern, soweit Sie diese auf sich beziehen können.

1. Где нахо́дится ваш родно́й го́род? (Берли́н) 2. Где вы живёте? (роди́тели). 3. Где рабо́тает ваш оте́ц? (желе́зная доро́га) 4. Где вы хоте́ли бы рабо́тать? (банк). 5. Когда́ вы говори́те по-ру́сски? (люба́я возмо́жность). 6. Где вы лю́бите проводи́ть рожде́ственские кани́кулы? (ба́бушка и де́душка) 7. Когда́ вы лю́бите гуля́ть? (хоро́шая пого́да) 8. Где вы обы́чно прожива́ете в чужо́м го́роде? (знако́мые)

bekannt
изве́стный, знако́мый, популя́рный, знамени́тый

изве́стный [сн], **-ая, -ое, -ые** → *кто? кому́? кем? что? чему́? чем? по чему́? в како́й о́бласти? в како́й среде́? где? с како́го вре́мени? как до́лго? как кто? как что?*
изве́стен, изве́стна, -о, -ы

- **1. Allgemein** für „bekannt“; bezieht sich auf **Personen** und **Gegenstände**, von denen man eine Vorstellung hat, die viele kennen, als Attribut in der **Lang-** und als Prädikat in der **Kurzform** verwendbar;
  Gegensatz: неизве́стный;
  2. allgemein anerkannt, berühmt im positiven wie im negativen Sinne, weist auf Personen, Einrichtungen und Gegenstände hin (z.B. bekannter Schriftsteller изве́стный писа́тель, aber ebenso: bekannter Schwindler изве́стный афери́ст), als **Prädikat** in Verbindung mit Angaben zum Ort oder Grund **oft** auch in der **Kurzform** gebraucht;

3. bekannt im Sinne **„bestimmt, bereits festgelegt"**, **nur** in der **Langform** gebräuchlich, **nicht zu steigern**;
Gegensatz: неизве́стный, безве́стный.

- ***Kollokationen*: 1.** изве́стный **кто** (спортсме́н, -ая балери́на); ~ **что** (куро́рт, -ые фа́кты); изве́стен **кому́** (специали́стам, всем); ~ **ке́м** (свои́ми специали́стами, хоро́шими спортсме́нами); ~ **чему́** (всему́ го́роду, стране́); ~ **чем** (свои́м кли́матом, свои́м мастерство́м); ~ **в како́й о́бласти** (фи́зики, литерату́ры); ~ **где** (в стране́, в го́роде); ~ **как до́лго/с како́го вре́мени** (давно́, с про́шлого ве́ка); **2.** ~ **кто** (поли́тик, вор); ~ **что** (университе́т, -ая библиоте́ка); стать -ым; изве́стен **по чему́** (по изобрете́нию телефо́на); ~ **в како́й среде́** (в круга́х интеллиге́нции, среди́ студе́нтов); ~ **где** (в Росси́и, во всём ми́ре); ~ **как до́лго/с како́го вре́мени** (с де́тства, с 1985 го́да); ~ **как кто** (как оте́ц космона́втики); ~ **как что** (как промы́шленный центр, как куро́рт); **3.** в изве́стный день и́ час, при -ых усло́виях, по -ой причи́не.
- ***Satzbeispiele*: 1.** Э́то всем изве́стные фа́кты. Э́тот институ́т изве́стен свои́ми специали́стами. Ру́сские изве́стны свои́м гостеприи́мством. Наско́лько мне изве́стно, он прие́дет в конце́ ме́сяца. **2.** Изве́стный писа́тель чита́ет ле́кции по литерату́ре. Профе́ссор Ивано́в изве́стен фундамента́льными труда́ми в о́бласти гене́тики. Че́хов изве́стен как ма́стер расска́зов. **3.** В изве́стных слу́чаях э́то помога́ет. Мы встре́тимся в изве́стное вре́мя.

знако́мый, -ая, -ое, -ые → *кто? что? кому́? чему́? с кем? по чему́?*
знако́м, -а, -о, -ы *как до́лго? с како́го вре́мени?*
знако́мый, -ая, -ые → *како́й? чей? кого́? по чему́?*

- **1. Persönlich** bekannt, bezeichnet **Personen**, mit denen man sich trifft, persönliche Beziehungen unterhält; wird als Prädikat in der **Kurzform,** ohne Bezugswort als **Substantiv** verwendet: der/die Bekannte(n); **2.** bestimmt wie **изве́стный** eine **Person** oder auch eine **Sache** näher, die einem bereits **von früher her** bekannt ist; als Prädikat auch in der **Kurzform** gebräuchlich;
Gegensatz: незнако́мый.
- ***Kollokationen*: 1.** знако́мый **кто** (юри́ст, -ая де́вушка); знако́м (-а, -ы) **с ке́м** (с Та́ней, с сестро́й); знако́мый **како́й** (хоро́ший, случа́йный); ~ **чей/кого́** (мой ~, моя́ -ая); ~ по шко́ле; встре́титься/встреча́ться со -ым; **2.** ~ **кто** (писа́тель, юри́ст); ~ **что** (го́лос, -ое ме́сто); быть -ым **кому́** (ма́тери, мно́гим); знако́м **по чему́** (по расска́зам); ~ **как до́лго/с како́го вре́мени** (давно́, с де́тства); ~ **кому́/чему́** (мне, всей шко́ле).

- *Satzbeispiele*: **1.** Знако́мая студе́нтка прохо́дит пра́ктику в шко́ле. Вы хорошо́ знако́мы с дире́ктором теа́тра? Мы знако́мы с де́тства. Ви́ктор Ива́нович – мой ста́рый знако́мый. **2.** Я слы́шу знако́мый го́лос. Мы знако́мы с про́шлого го́да. Вам знако́ма э́та статья́? Э́та ме́стность мне знако́ма по расска́зам ба́бушки.

популя́рный, -ая, -ое, -ые → *кто? что? в како́й среде́? среди́ кого́?*
популя́рен, популя́рна, -о, -ы *где? как до́лго? с како́го вре́мени?*

- Bezeichnet weitbekannte, **allgemein beliebte** Personen, Einrichtungen und Gegenstände; etwa bedeutungsgleich mit изве́стный oder знамени́тый im Sinne von „berühmt sein" aufgrund erreichter Erfolge und öffentlicher Anerkennung; als Prädikat auch in der **Kurzform** gebräuchlich;
  Gegensatz: непопуля́рный.
- *Kollokationen*: популя́рный **кто** (актёр, певе́ц); ~ **что** (ло́зунг, -ая пе́сня); быть -ым, стать -ым; популя́рен **в како́й среде́/среди́ кого́** (в наро́де, среди́ студе́нтов); ~ **где** (в Росси́и, в го́роде); ~ **как до́лго/с како́го вре́мени** (уже́ давно́, с да́вних времён).
- *Satzbeispiele*: Певе́ц исполня́ет популя́рные пе́сни. Э́та пе́сня ста́ла популя́рной. Э́та гру́ппа популя́рна среди́ молодёжи.

знамени́тый, -ая, -ое, -ые → *кто? кем? что? чем? где? когда́?*
знамени́т, -а, -о, -ы *как до́лго? с како́го вре́мени?*

- Bezeichnet einen **sehr hohen Bekanntheitsgrad** von Personen, Einrichtungen und Gegenständen; etwa gleichbedeutend mit изве́стный (2.), wegen besonderer Leistungen oder Verdienste aber auch im Sinne **„berühmt, anerkannt** auf einem **bestimmten Gebiet"** gebräuchlich; tritt als Prädikat auch in der **Kurzform** auf;
  Gegensatz: незнамени́тый, неизве́стный.
- *Kollokationen*: знамени́тый **кто** (челове́к, учёный, -ая актри́са); ~ **что** (рома́н, -ое зда́ние); знамени́т **кем** (писа́телями, пловца́ми); ~ **чем** (истори́ческими па́мятниками, свое́й архитекту́рой); ~ **где** (в Росси́и, в Евро́пе); ~ **как до́лго/с како́го вре́мени** (давно́; с да́вних времён).
- *Satzbeispiele*: На конфере́нции вы́ступил знамени́тый писа́тель. Он знако́м со мно́гими знамени́тыми поли́тиками. Мно́гие иностра́нцы боя́тся знамени́тых в Росси́и моро́зов. Учёный знамени́т свои́ми откры́тиями. Наш университе́т знамени́т с да́вних времён.

Упражнéния

(A) 1 *Знакóмый* oder *знамени́тый*? Setzen Sie richtig ein.

- У вас есть ... (1) в Москвé?
- Есть. Я ... (2) с арти́сткой балéта, котóрая рабóтает в Большóм теáтре.
- Вы ужé ходи́ли в э́тот ... (3) теáтр?
- Да. Там я посмотрéл ... (4) балéт „Лебеди́ное óзеро“.
- Моя́ ... (5) рассказáла мне о поéздке в ФРГ. ... (6) Немéцкий теáтр чáсто приглашáет её на гастрóли.

2 *Извéстный* oder *популя́рный*? Finden Sie das richtige Wort.

- Вам ... (1) рýсская пéсня „Кали́нка“?
- Да, онá у нас óчень ... (2).
- Дóма у меня́ есть пласти́нка ... (3) ансáмбля Алексáндрова с рýсскими нарóдными пéснями, среди́ них и ... (4) пéсня „Кали́нка“.

(B) 3 Ordnen Sie *знакóмый, знамени́тый, извéстный* und *популя́рный* nach ihrem zunehmenden Bekanntheitsgrad auf einer Worttreppe.

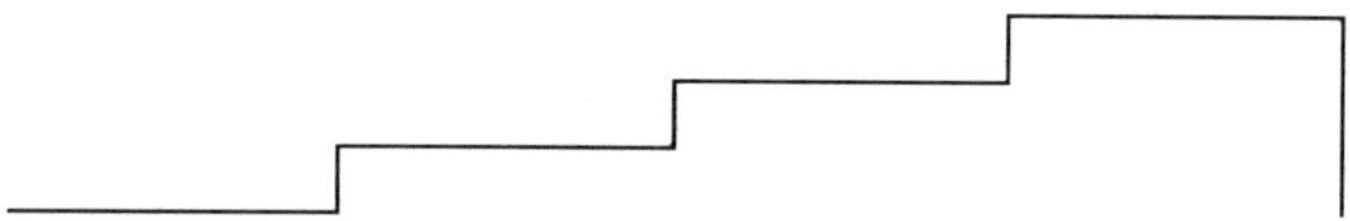

4 Ersetzen Sie die hervorgehobenen Wörter durch passende in der erforderlichen Form.

Третьякóвка – э́то *извéстная* (1) карти́нная галерéя в Москвé. Онá *люби́ма* (2) всéми. Э́ту *знамени́тую* (3) сокрóвищницу основáл Пáвел Третьякóв. В *извéстной* (4) карти́нной галерéе сóбрано бóлее 100 ты́сяч карти́н рýсской живописи. Я хорошó *знáю* (5) одногó из экскурсовóдов по музéю. Он интерéсно расскáзывает об *извéстных* (6) карти́нах Рéпина, Перóва, Ши́шкина и други́х живопи́сцев, котóрых óчень *лю́бят* (7) в Росси́и.

5 Ergänzen Sie passende Adjektive in der erforderlichen Form.

О́чень жаль, что я нé был ... (1) с Толсты́м ли́чно. Лев Толстóй ... (2) прозáик. Егó кни́ги ... (3) во всём ми́ре. Егó ромáн „А́нна Карéнина“ осóбенно ... (4) среди́ молодёжи. Мой ... (5) написáл мне, что Толстóй егó люби́мый писáтель. ... (6) рýсский писáтель Фéдин утверждáл, что Лев Толстóй – э́то мировáя шкóла литератýрного искýсства.

6 Beantworten Sie die Fragen nach Ihrer Heimatstadt mit einem der jeweils passenden Wörter in der richtigen Form: *изве́стный/изве́стен кем/чем, знамени́тый/знамени́т кем/чем, знако́мый/знако́м кому́.*

1. Что вы мо́жете рассказа́ть о своём родно́м го́роде?
2. Каки́е достопримеча́тельности есть в ва́шем го́роде?
3. Имена́ каки́х изве́стных люде́й свя́заны с исто́рией ва́шего го́рода?
4. Где вы лю́бите проводи́ть своё свобо́дное вре́мя?
5. Каки́е места́ с удово́льствием посеща́ют го́сти ва́шего го́рода?

be-/nutzen
испо́льзовать, <вос->по́льзоваться, употреби́ть/употребля́ть

испо́льзовать (е) (*v.* und *uv.*) → *что? как что? в ка́честве чего́? для чего́? в чём? где? когда́? при каки́х обстоя́тельствах? как? в како́й сте́пени?*

- **Räume**, **Zeit**, **Stoffe** sowie materielle **Gegenstände** als Instrument **und Mittel** zur Erreichung angestrebter Ziele unter Ausschöpfung der gegebenen Möglichkeiten (be-)nutzen, **nutzbringend verwenden**; kann im Unterschied zu <вос->по́льзоваться **mit Adverbien** (z.B. по́лностью, целико́м, до конца́) verbunden werden, die die Höchststufe bezeichnen; in Verbindung mit Naturressourcen, Finanzmitteln, Arzneimitteln, Waschmitteln, Farben, Sprachmitteln, Aufzeichnungen, Kenntnissen, Fähigkeiten und Erfahrungen, Gelegenheiten und Situationen weitgehend synonym gebraucht mit <вос->по́льзоваться.
- ***Kollokationen***: испо́льзовать **что** (ко́мнату; ка́ждую свобо́дную мину́ту; тка́ни; хирурги́ческие инструме́нты; нож; те́хнику; бога́тства приро́ды; спра́вочники; возмо́жность; слова́; лека́рства; де́ньги; шампу́нь; ма́сляные кра́ски); ~ [что] как **что** (предме́ты, лифт) ~ [что] **в ка́честве чего́** (в ка́честве лине́йки, в ка́честве сту́ла); ~ [что] **для чего́** (для улучше́ния жи́зни, для достиже́ния це́ли); ~ [что] **в чём/где** (в/на произво́дстве, на пра́ктике, в жи́зни, на де́ле); ~ [что] **когда́/при каки́х обстоя́тельствах** (при обрабо́тке поле́й, при пожа́ре); ~ [что] **как** (пра́вильно, с успе́хом), ~ [что] **в како́й сте́пени** (по́лностью, целико́м, до конца́).

• ***Satzbeispiele*:** В строи́тельстве Исаа́киевского собо́ра испо́льзовали грани́т. Ка́ждую свобо́дную мину́ту он испо́льзовал для того́, что́бы загляну́ть в кни́гу. Э́то помеще́ние мы испо́льзуем как конце́ртный зал. Испо́льзуя да́нные слова́, соста́вьте предложе́ния. Крестья́не испо́льзуют зе́млю для нужд се́льского хозя́йства. Челове́чество должно́ испо́льзовать а́томную эне́ргию то́лько в ми́рных це́лях. Худо́жник испо́льзует в рабо́те акваре́льные кра́ски.

<вос->**по́льзоваться** (е) → *чем? при чём? где? как?*

• **1. Öffentliche Verkehrsmittel**, elektrische und elektronische Geräte **zweckentsprechend**, bestimmte Gegenstände **als Instrumente**, als Werkzeuge **(be-)nutzen**, damit **geschickt umgehen** können; **2.** Ressourcen, Finanzmittel, Arzneimittel, Waschmittel, Farben, Sprachmittel, Aufzeichnungen, Kenntnisse, Fähigkeiten und Erfahrungen für den **eigenen Bedarf**; Gelegenheiten und Situationen im **eigenen Interesse**, zum persönlichen Vorteil (be-)nutzen; in diesen Verknüpfungen weitgehend **synonym** mit испо́льзовать; im Unterschied dazu und abweichend vom Deutschen stets in Verbindung mit dem **Instrumental**.

• ***Kollokationen*: 1.** <вос->по́льзоваться **чем** (услу́гами тра́нспорта; электри́ческими и электро́нными прибо́рами); ~ **чем в чём/при чём** (видеомагнитофо́ном в рабо́те, словарём при перево́де, калькуля́тором при реше́нии зада́ч); ~ чем **где** (на рабо́те, до́ма, в чита́льном за́ле); ~ чем **как** (уме́ло, хорошо́), <с->уме́ть ~ **чем** (компью́тером, кинока́мерой); **2.** ~ **чем** (бога́тствами приро́ды; фина́нсовыми сре́дствами; лека́рством; мы́лом; выраже́ниями; словарём; зна́ниями; удо́бным моме́нтом; слу́чаем; по́мощью).

• ***Satzbeispiele*: 1.** Он ре́дко по́льзуется городски́м тра́нспортом. Мно́гие москвичи́ по́льзуются метро́. Когда́ я гото́влю бискви́ты, я по́льзуюсь ми́ксером. Я ча́сто по́льзуюсь стира́льной маши́ной. Мо́жно по́льзоваться словарём при перево́де? **2.** Воспо́льзовавшись слу́чаем, я взял интервью у Катари́ны Витт. Каки́ми мо́ющими сре́дствами вы по́льзуетесь?

употреби́ть (и)/**употребля́ть** (е) → *что? что как что?*
что в ка́честве чего́? в чём?
как ча́сто? как?

• Bestimmte Brennstoffe, Sprach-, Wasch- und Finanzmittel für irgendein Ziel benutzen; weitgehend synonym mit испо́льзовать, seltener mit по́льзоваться, Sprachmittel werden in der mündlichen Rede häufiger mit употреби́ть/употребля́ть, in der schriftlichen Rede mit испо́льзовать verbunden.

- ***Kollokationen*:** употреби́ть/употребля́ть **что** (фразеологи́зм, цита́ту; де́ньги); ~ **что как что** (нефть как горю́чее, стира́льный порошо́к как мо́ющее сре́дство); ~ **что в ка́честве чего́** (бензи́н в ка́честве горю́чего, мы́ло в ка́честве мо́ющего сре́дства); ~ [что] **в чём** (в статье́, в докла́де); ~ [что] **как ча́сто** (о́чень ча́сто, постоя́нно); ~ [что] **как** (оши́бочно, [не]пра́вильно).
- ***Satzbeispiele*:** В свое́й ре́чи он ча́сто употребля́ет фразеологи́змы. Врач употребля́л в докла́де специа́льные те́рмины. На уро́ках ру́сского языка́ мы должны́ употребля́ть но́вые слова́. Ты непра́вильно употребля́ешь э́то выраже́ние. Како́е синтети́ческое мо́ющее сре́дство вы предпочита́ете употребля́ть?

Упражне́ния

(А) 1 *<Вос->по́льзоваться* oder *испо́льзовать*? Setzen Sie richtig ein. Falls beide Varianten möglich sind, begründen Sie Ihre Entscheidung.

1. Когда́ я перевожу́ те́ксты с неме́цкого на ру́сский язы́к, я **...** ра́зны___ словар___. 2. Я ре́дко **...** услу́г___ городско́го тра́нспорта, обы́чно я **...** велосипе́д___. 3. Когда́ я гото́влюсь к заня́тиям, я всегда́ ... дополни́тельн___ литерату́р___. 4. Я практи́чески не **...** ми́крово́лнов___ пе́чь___.

2 *<Вос->по́льзоваться* oder *употреби́ть/употребля́ть*? Setzen Sie richtig ein.

Моя́ учёба в университе́те
Я изуча́ю правове́дение в Гра́йфсвальде. От мое́й кварти́ры до зда́ния юриди́ческого факульте́та три киломе́тра. Ка́ждый день я ... (1) велосипе́д___. У нас есть и возмо́жность занима́ться иностра́нными языка́ми. Я реши́л ... (2) э́т___ возмо́жность___: два ра́за в неде́лю я занима́юсь ру́сским языко́м. Наш преподава́тель обраща́ет большо́е внима́ние на то, что́бы мы акти́вно ... (3) не то́лько ле́ксик___ по специа́льности, но и разгово́рны___ выраже́ни___. Осо́бенно мне нра́вится то, что мы ... (4) не то́лько уче́бны___ посо́би___, но и совреме́нн___ техни́чески___ сре́дств___. При перево́де юриди́ческих

те́кстов у меня́ иногда́ быва́ют тру́дности, хотя́ я ... (5) мно́ги____ специа́льны____ словар____. В слу́чаях, когда́ неме́цкое сло́во име́ет не́сколько значе́ний, тру́дно определи́ть, како́е из ру́сских слов лу́чше ... (6) в конте́ксте.

3 *Испо́льзовать, <вос>по́льзоваться* oder *употреби́ть/употребля́ть*? Ergänzen Sie die Fragen und beantworten Sie sie.

1. Как____ ви́д____ тра́нспорта вы обы́чно ...?
2. ... ли вы в свое́й ре́чи иностра́нные слова́? Почему́?
3. Каки́____ словар____ и спра́вочник____ вы ..., когда́ гото́витесь к уро́кам?
4. Каки́____ бытовы́____ прибо́р____ вы ...?

(B) 4 Ersetzen Sie dort, wo das möglich ist, *испо́льзовать* durch *<вос>по́льзоваться* oder *употреби́ть/употребля́ть.*

1. испо́льзовать	2. испо́льзовать	3. испо́льзовать
учё́бник	цита́ты	всё свобо́дное вре́мя
слова́рь	идио́мы	свои́ спосо́бности
калькуля́тор	посло́вицы	день
спра́вочник	глаго́лы	ме́сяц

5 Setzen Sie die sinngemäß passenden Verben sowie die fehlenden Endungen in der erforderlichen Form ein.

В гостя́х в Москве́

В про́шлом году́ моя́ ру́сская подру́га На́дя пригласи́ла меня́ к себе́ в го́сти в Москву́. Я ... э́т____ приглаше́ни____ (1) и побыва́л в гостя́х у На́ди. Она́ познако́мила меня́ со свое́й семьёй и свои́ми друзья́ми. Я ... ка́жд____ возмо́жность... (2), что́бы говори́ть по-ру́сски. Иногда́ мне бы́ло тру́дно понима́ть Оле́га, бра́та На́ди, потому́ что он ча́сто ... разгово́рн____ выраже́ни____ и посло́виц____ (3). Я то́же стара́лся ... разгово́рн____ оборо́т____ (4), но не всегда́ уда́чно. На́дя объясня́ла мне, в каки́х ситуа́циях мо́жно ... т____ и́ли ин____ выраже́ни____ (5). Це́лыми дня́ми мы броди́ли по Москве́, я знако́мился с её достопримеча́тельностями. Мы ча́сто ... метро́ (6). Иногда́ нас вози́л Оле́г. Он рабо́тает води́телем на ма́лом предприя́тии. В не́которых слу́чаях ему́ мо́жно ... служе́бн____ маши́н____ в ли́чных це́лях (7). Я ча́сто вспомина́ю о мое́й пое́здке в Росси́ю. Е́сли у вас бу́дет возмо́жность пое́хать в Росси́ю, то обяза́тельно ... ____ (8).

6 *Испо́льзовать, <вос->по́льзоваться* oder *употреби́ть/употребля́ть*? Fragen Sie Ihren Russischlehrer auf Russisch, ...

1. ..., ob Sie ein Wörterbuch bei der Übersetzung benutzen dürfen. 2. ..., welche Wörterbücher (in Russland) im Deutschunterricht benutzt werden. 3. ..., welcher Terminus (те́рмин) hier (im Satz) besser zu benutzen ist. 4. ..., ob Sie Ihre Notizen benutzen dürfen.

Beruf
профе́ссия, специа́льность

профе́ссия → *чья? кого́? кака́я?*

- Beruf im allgemeinen Sinne, als Arbeitstätigkeit; in festen Wortverbindungen, z.B. люби́мая ~; горди́ться свое́й -ей; свобо́дная (*freischaffender*) ~; овладе́ть/овладева́ть сме́жными профе́ссиями (*verwandte Berufe erlernen*).
- ***Kollokationen*:** профе́ссия **чья** (моя́, отца́, роди́телей); ~ **кого́** (журнали́ста, учи́теля); ~ **кака́я** (интере́сная, сло́жная, ре́дкая); вы́брать/выбира́ть -ю; получи́ть -ю; приобрести́ -ю; люби́ть свою́ -ю.
- ***Satzbeispiele*:** Кака́я у вас профе́ссия? Кто он по профе́ссии? Он врач по профе́ссии. Они́ овладе́ли сме́жными профе́ссиями.

специа́льность → *чья? кого́? кака́я?*

- Beruf, immer bezogen auf die konkrete Tätigkeit in einem Fachbereich bzw. Fachgebiet; in einigen festen Wortverbindungen, z.B. избра́ть свое́й специа́льностью что-н. (информа́тику); in den meisten Verbindungen weitgehend synonym mit профе́ссия.
- ***Kollokationen*:** специа́льность **чья** (моя́, отца́, роди́телей); ~ **кого́** (инжене́ра, юри́ста); ~ **кака́я** (основна́я, втора́я, хоро́шая); вы́брать/выбира́ть ~; получи́ть ~; приобрести́ ~.
- ***Satzbeispiele*:** Мой оте́ц терапе́вт по специа́льности. У меня́ ре́дкая специа́льность. Мой брат учи́тель му́зыки по специа́льности. В э́том учи́лище уча́щиеся получа́ют разли́чные специа́льности. Кто он по специа́льности? Он рабо́тает по свое́й специа́льности. Я избра́л свое́й специа́льностью информа́тику.

nur für seinen Beruf leben → жить то́лько свое́й рабо́той
schon lange im Beruf stehen → уже́ давно́ рабо́тать
in Ausübung des Berufes → при исполне́нии служе́бных обя́занностей

Упражне́ния

1 *Профе́ссия* oder *специа́льность*? Schreiben Sie die jeweils passende Variante heraus.

1. Я по *профе́ссии/специа́льности* учи́тель. 2. Он по *профе́ссии/специа́льности* учи́тель хи́мии. 3. Он по *профе́ссии/специа́льности* врач. 4. Она́ по *профе́ссии/специа́льности* окули́ст. 5. Он вы́брал *профе́ссию/специа́льность* строи́теля. 6. Он вы́брал *профе́ссию/специа́льность* ка́менщика. 7. Он избра́л свое́й *профе́ссией/специа́льностью* электро́нику.

2 *Профе́ссия* oder *специа́льность*? Setzen Sie richtig ein.

Люби́мая ... (1)
Когда́ Зо́я была ма́ленькой, она́ хоте́ла стать стюарде́ссой, хотя́ в её семье́ никто́ не име́л ничего́ о́бщего с э́той ... (2). Её роди́тели врачи́ по ... (3). В пе́рвом кла́ссе Зо́я влюби́лась в свою́ учи́тельницу. В то вре́мя она́ счита́ла ... (4) учи́теля са́мой интере́сной. Други́е ... (5) её не интересова́ли. Прие́хав в пе́рвый раз с тури́стской гру́ппой в Герма́нию, Зо́я была́ в восто́рге от перево́дчицы и реши́ла избра́ть свое́й ... (6) иностра́нные языки́. По́сле оконча́ния шко́лы Зо́я поступи́ла в институ́т иностра́нных языко́в и год наза́д получи́ла ... (7) перево́дчика с неме́цкого и англи́йского языко́в. Сейча́с Зо́я рабо́тает по свое́й ... (8).

Bett
крова́ть, посте́ль, ко́йка

крова́ть → *кака́я?*
- Bett(stelle) als Möbelstück mit Matratze.
- ***Kollokationen*:** крова́ть **кака́я** (широ́кая, удо́бная, двуспа́льная, де́тская); лечь на/в ~; сиде́ть, лежа́ть на -и; спать в -и; упа́сть/па́дать на ~ от уста́лости; упа́сть/па́дать с -и.

- ***Satzbeispiele*:** У меня́ деревя́нная крова́ть. Моя́ крова́ть стои́т у окна́. Мы купи́ли но́вые крова́ти. Он лёг на крова́ть и бы́стро усну́л.

посте́ль → *кака́я?*
- Zurechtgemachtes Bett mit Bettzeug (Kissen, Decke usw.) zum Schlafen.
- ***Kollokationen*:** посте́ль **кака́я** (мя́гкая, жёсткая); пригото́вить, убра́ть ~; лечь в ~; встать с -и; лежа́ть в -и; быть прико́ванным к -и (*ans Bett gefesselt sein*), подня́ть/поднима́ть кого́-н. с -и; вскочи́ть/вска́кивать с -и.
- ***Satzbeispiele*:** Де́тям пора́ ложи́ться в посте́ль. В э́то вре́мя де́ти должны́ быть в посте́ли. Пацие́нту необходи́мо лечь в посте́ль. Медсестра́ сиде́ла у посте́ли больно́го. Но́чью его́ по́дняли с посте́ли. Де́душка уже́ полго́да прико́ван к посте́ли. Убери́ свою́ посте́ль.

ко́йка → *кака́я?*
- Bett(stelle) im Krankenhaus, Wohnheim oder in der Kaserne, in der Umgangssprache auch allgemein für Schlafstelle.
- ***Kollokationen*:** ко́йка **кака́я** (желе́зная, но́вая); пала́та на 6 ко́ек; санато́рий на две́сти ко́ек/ко́йко-мест, положи́ть/класть на -у одея́ло.
- ***Satzbeispiele*:** В больни́це не́сколько пала́т на 100 ко́ек. В го́роде есть санато́рий на две́сти ко́ек. В каза́рме жёсткие ко́йки.

Vorsicht, Fehlerquelle!

Hotel mit 100 Betten	→ гости́ница на сто мест
ins (zu) Bett gehen	→ лечь/ложи́ться спать
zu Bett bringen	→ уложи́ть/укла́дывать кого́-н. спать
das Bett mit jdm. teilen	→ дели́ть супру́жеское ло́же с кем-н.
von Tisch und Bett getrennt sein	→ прекрати́ть совме́стную супру́жескую жизнь

Упражне́ния

(A) 1 *Крова́ть* oder *посте́ль*? Schreiben Sie die richtige Variante heraus.

- Я о́чень уста́л, я хочу́ лечь в *крова́ть/посте́ль* (1).
- Твоя́ *крова́ть/посте́ль* (2) в ко́мнате для госте́й. Мину́точку, я сейча́с пригото́влю твою́ *крова́ть/посте́ль* (3).

(В) 2 *Ко́йка, крова́ть* oder *посте́ль*? Schreiben Sie das jeweils passende Wort unter die entsprechende Abbildung.

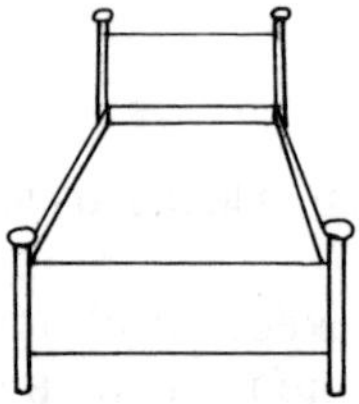

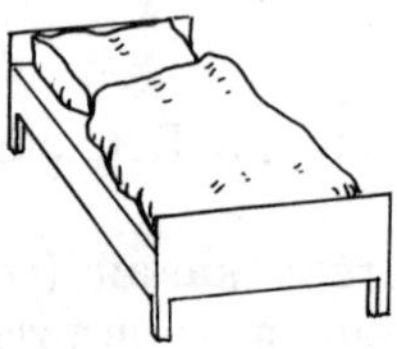

3 *Ко́йка, крова́ть* oder *посте́ль*? Setzen Sie das jeweils passende Wort in der erforderlichen Form ein.

1. – Ско́лько ... (1) в пала́те, в кото́рой лежи́т Ко́стя?
   – Е́сли не ошиба́юсь, в его́ пала́те пять ... (2). Сейча́с узна́ем.
   – По-мо́ему, в пала́ту сейча́с нельзя́ входи́ть. Медсестра́ сейча́с убира́ет ... (3) в э́той пала́те.
2. – Ко́стя, как ты чу́вствуешь себя́ сего́дня?
   – Спаси́бо, лу́чше, тепе́рь мне мо́жно встава́ть с ... (1). То́лько я ника́к не могу́ привы́кнуть к э́той ... (2).
   – Ничего́, че́рез неде́лю ты бу́дешь спать в свое́й ... (3).

bis
до, по, пока́ не

до (*Präposition*) → *куда́? до каки́х пор? до како́го вре́мени? как до́лго? до ско́льких? до како́й це́ли?*

- **1.** Verweist auf die **räumliche Ausdehnung bis zu ihrer Begrenzung**, oft in Verbindung mit der Präposition от; **2.** verweist auf die **zeitliche** Ausdehnung bis zu ihrer Begrenzung, meist in Verbindung mit den Präpositionen от oder с, **bei Uhrzeitangaben** häufiger in der Verbindung mit **с ... до ...**; **3.** verweist auf eine Begrenzung in der **Anzahl**, im **Erreichen** eines **Zieles**, Zustandes o.Ä.
- ***Kollokationen*: 1.** до **куда́** (расстоя́ние от О́мска ~ Ирку́тска, е́хать от Шту́тгарта ~ Мю́нхена, ~ го́рода, ~ вокза́ла, ~ це́нтра, ~ э́того ме́ста; плыть от одного́ бе́рега ~ друго́го); **2. ~ до каки́х пор/до како́го вре́мени/как до́лго** (~ за́втра, ~ среды́, ~ десяти́ часо́в, ~ кани́кул, занима́ться ~ обе́да, чита́ть с утра́ ~ ве́чера); **3. ~ до ско́льких** (~ ста

человéк, ~ ты́сячи мáрок, ~ ста мéтров); ~ **до какóй цéли** (борóться ~ побéды, ~ откры́тия чегó-н., ~ начáла чегó-н., ~ концá чегó-н.).

- ***Satzbeispiele*: 1.** От Москвы́ до Санкт-Петербу́рга приблизи́тельно 700 киломéтров. Как доéхать до цéнтра гóрода? От двéри до окнá нéсколько шагóв. **2.** Магази́н рабóтает до 20-и́ часóв. Врач принимáет с трёх до восьми́ часóв. До кани́кул остáлась однá недéля. **3.** В зáле бы́ло до пяти́десяти человéк. Человéк, получáющий посóбие по безрабóтице, имéет прáво зарабáтывать в мéсяц до ста двадцати́ мáрок. До начáла Олимпи́йских игр остáлся мéсяц. Мáша прочитáла кни́гу от начáла до концá. До концá урóка пять мину́т.

по (*Präposition*) → *в какóй стéпени? до каки́х пор? по какóй день? по какóй срок?*

- Verweist **1.** auf die **äußerste Begrenzung** einer **räumlichen Ausdehnung** bzw. der Ausweitung einer Handlung, im Unterschied zu до darin eingeschlossen den gesamten Zwischenraum bis unmittelbar an die Begrenzung heran; **2.** auf die **äußerste Begrenzung** einer **zeitlichen Dauer**, darin eingeschlossen den gesamten Zeitraum bis unmittelbar an die Begrenzung heran; gewöhnlich in Verbindung mit с ... по ...; **bei Uhrzeitangaben** jedoch häufiger с ... **до** ..., z.B. Магази́н откры́т с семи́ до восьми́ часóв.
- ***Kollokationen*: 1.** по **в какóй стéпени** (по гóрло, по колéно, пó уши); вóлосы по пóяс; читáть с пéрвой страни́цы по шесту́ю; **2.** ~ **до каки́х пор/по какóй день/по какóй срок** (с пя́того по восьмóе ию́ня, с понедéльника по срéду, жить в однокóмнатной кварти́ре по настоя́щее врéмя).
- ***Satzbeispiele*: 1.** И́ра прочитáла ромáн с пéрвой по шесту́ю главу́. Гри́ша стои́т по колéно в водé. Он зáнят по гóрло. Он влюби́лся в неё пó уши **2.** Мы живём в гости́нице с пéрвого по деся́тое мáя.

покá не (*Konjunktion*) → *до каки́х пор?*

- **(Solange) bis**, gewöhnlich bei Verneinung der Handlung.
- ***Satzbeispiele*:** Я гуля́л по гóроду, покá не устáл. Мы подождём, покá Лари́са не придёт. Ни́на искáла кни́гу до тех пор, покá не нашлá её. Онá читáла, покá не стáло темнó.

Упражне́ния

(A) 1 Vergleichen Sie die Satzpaare und arbeiten Sie bei ihrer Übersetzung den jeweiligen Bedeutungsunterschied heraus.

1. Я в командиро́вке с января́ *до* ма́рта.	1. Я в командиро́вке с января́ *по* март.
2. Конфере́нция продолжа́ется *до* пя́того ма́рта.	2. Конфере́нция продолжа́ется *по* пя́тое ма́рта.
3. Я бу́ду в Москве́ с 4 *до* 8 ма́я.	3. Я бу́ду в Москве́ с 4 *по* 8 ма́я.
4. Переведи́те текст догово́ра с пе́рвой *до* четвёртой главы́.	4. Переведи́те текст догово́ра с пе́рвой *по* четвёртую главу́.

2 Präzisieren Sie die Mitteilungen so, dass die zeitliche Begrenzung den angegebenen Zeitraum für das Ereignis bzw. Geschehen vollständig in sich einschließt.

1. У нас бу́дет о́тпуск *до* пе́рвого а́вгуста. 2. С понеде́льника *до* среды́ мы бу́дем до́ма. 3. С двадца́того *до* два́дцать шесто́го ию́ля мы проведём о́тпуск в А́встрии. 4. С два́дцать седьмо́го *до* два́дцать девя́того ию́ля нас не бу́дет до́ма.

3 *По* oder *пока не*? Geben Sie genau an, bis wann das Geschehen andauert.

Сего́дня мы бы́ли в бюро́ путеше́ствий. Мы попроси́ли сотру́дника бюро́ назва́ть нам стра́ны, в кото́рые мо́жно соверши́ть путеше́ствие с 8 ... 15 ию́ля (1). Он опра́шивал информа́цию, занесённую в компью́тер, до тех пор, ... не нашёл (2) подходя́щую для нас пое́здку. Он предложи́л нам провести́ о́тпуск в Швейца́рии с 8 ... 14 ию́ля (3).

(B) 4 Vervollständigen Sie die Fragen und beantworten Sie sie.

1. Ско́лько киломе́тров от Берли́на ... Москв____? 2. По како́му маршру́ту вы пое́дете в Москву́? 3. ... как____ числ____ у вас о́тпуск? 4. ... как____ числ____ действи́тельна ва́ша ви́за? 5. ... как____ числ____ вы наме́рены прожива́ть в гости́нице?

5 Ergänzen Sie die im Telegrammtext fehlenden Präpositionen.

Не мо́жем вы́лететь, ... не полу́чим ви́зы. ... сего́дняшнего дня нет отве́та. О́тпуск ... 10 ию́ля ... 9 а́вгуста. ... встре́чи. Ва́ши Ка́тя и Са́ша.

blau
си́ний, голубо́й

си́ний, -яя, -ее, -ие → *что?*
- (Dunkel)blau; in einigen festen Wortverbindungen, z.B. си́ний свет (*Blaulicht*), си́ний от хо́лода.
- ***Kollokationen*:** си́ний **что** (цвет, каранда́ш, цвето́к, автомоби́ль, -ее мо́ре, -ее пла́тье, -ие василькú (*Kornblumen*), -ие черни́ла).
- ***Satzbeispiele*:** У неё си́ние глаза́. Купи́ ткань с си́ними цвета́ми. К твои́м си́ним глаза́м идёт э́то пла́тье. На Зо́е бы́ло элега́нтное си́нее пальто́.

голубо́й, -а́я, -о́е, -ы́е → *кто? что?*
- (Hell)blau, himmelblau bei Sonnenschein ohne Wolken; in einigen festen Wortverbindungen, z.B. голуба́я ель (*Blautanne*); голуба́я кровь; голубы́е ка́ски (*Blauhelme*).
- ***Kollokationen*:** голубо́й **кто** (песе́ц (*Polarfuchs*)); ~ **что** (шарф, плато́к, -ая кра́ска, -ая ле́нта, -ое не́бо, -ое мо́ре, -ые глаза́, -ы́е цветы́).
- ***Satzbeispiele*:** У моего́ бра́та голубы́е глаза́. Како́е сего́дня голубо́е не́бо! Та́не о́чень идёт голубо́й цвет. Он писа́л о лю́дях голубы́х крове́й.

Упражне́ния

1 Verbinden Sie *голубо́й* oder *си́ний* mit den folgenden Substantiven. Entscheiden Sie sich jeweils für das passende Farbadjektiv in der erforderlichen Form.

васильки́, песе́ц, безо́блачное ... не́бо, свет, ель, кровь, ... от хо́лода.

2 *Голубо́й* oder *си́ний*? Setzen Sie das entsprechende Farbadjektiv in der richtigen Form ein.

- Что́ э́то за ... (1) флаг со звёздами?
- Э́то флаг Европе́йского сою́за.

- Как называ́ют жи́тели Дре́здена э́тот мост че́рез Э́льбу?
- ... (2) чу́дом.

- Ты не зна́ешь, каки́е цветы́ лю́бит Мари́на?
- Она́ о́чень лю́бит ... (3) незабу́дки.

B 46

Brauch
обы́чай, обря́д

обы́чай → *чей? кого́? како́й?*

- Brauch, Sitte, Etikette, überlieferte **Regeln** des gesellschaftlichen Auftretens und Verhaltens eines Volkes oder der Bevölkerung einer Region.
- ***Kollokationen*:** обы́чай **чей/кого́** (ру́сских, не́мцев, ру́сского наро́да); ~ **како́й** (ста́рый, хоро́ший); по ста́рому -ю; сохрани́ть стари́нные -и; знать, уважа́ть на́ши -и, <по->интересова́ться -ями, <по->знако́миться с -ями, соблюда́ть -и, приде́рживаться ста́рых -ев.
- ***Satzbeispiele*:** У нас тако́й обы́чай. Э́тот обы́чай сохрани́лся до сих пор. Мне нра́вятся на́ши стари́нные обы́чаи. Я чита́л интере́сную кни́гу об обы́чаях казако́в. У ка́ждого наро́да свои́ обы́чаи.

обря́д → *чего́? како́й?*

- Brauch, Ritus, Zeremonie, **Komplex** überlieferter, **traditioneller Handlungsweisen** und Gewohnheiten, die mit religiösen Vorstellungen oder Lebenstraditionen verbunden sind.
- ***Kollokationen*:** обря́д **чего́** (креще́ния, венча́ния); ~ **како́й** (сва́дебный, семе́йный, церко́вный).
- ***Satzbeispiele*:** Он был похоро́нен по церко́вному обря́ду. В Росси́и большо́е внима́ние уделя́ется сва́дебному обря́ду.

Упражнения

1 Ordnen Sie *обря́д* und *обы́чай* der jeweils richtigen Gruppe zu.

1. ____________	2. ____________
наро́дный	сва́дебный
... казако́в	церко́вный
... регио́на	... похоро́н
ме́стный	... креще́ния

2 *Обря́д* oder *обы́чай*? Setzen Sie das passende Wort in der erforderlichen Form ein.

1. Городски́е ... отлича́ются от дереве́нских.
2. В сове́тское вре́мя вме́сто традицио́нных религио́зных ... хоте́ли ввести́ но́вые, сове́тские, но э́то не име́ло успе́ха.
3. Стари́нные ... сно́ва на́чали интересова́ть совреме́нную молодёжь.

4. Крещéние ребёнка - оди́н из сáмых вáжных церкóвных ...
5. Он рассказáл о стари́нном свáдебном ... рýсских.
6. По мéстному ... он поздорóвался с ней зá руку.

braun
кори́чневый, кáрий, каштáновый, смýглый, загорéлый

кори́чневый, -ая, -ое, -ые → *что?*
- Allgemein für „braun“, kaffeebraun.
- ***Kollokationen*:** кори́чневый **что** (цвет, костю́м, -ая рубáшка, -ая крáска, -ое пальтó, -ые тýфли).
- ***Satzbeispiele*:** На нём кори́чневый пиджáк. Лéне идёт кори́чневый цвет.

кáрий, -яя, -ее, -ие → *что?*
- Augenfarbe braun, dunkelbraun.
- ***Kollokationen*:** кáрий **что** (-ие глазá).
- ***Satzbeispiele*:** У моéй сестры́ кáрие глазá.

каштáновый, -ая, -ое, -ые → *что?*
- Haarfarbe braun, kastanienbraun.
- ***Kollokationen*:** каштáновый **что** (цвет, -ые вóлосы).
- ***Satzbeispiele*:** Как зовýт дéвушку с каштáновыми волосáми?

смýглый, -ая, -ое, -ые → *кто? что?*
- Hautfarbe braun, Teint.
- ***Kollokationen*:** смýглый **кто** (человéк, -ая дéвушка); ~ **что** (-ое лицó, -ое тéло).
- ***Satzbeispiele*:** У Лари́сы смýглая кóжа.

загорéлый, -ая, -ое, -ые → *что?*
- Braun(gebrannt), braun von der Sonne.
- ***Kollokationen*:** загорéлый **что** (-ая кóжа, -ое лицó, -ые рýки).
- ***Satzbeispiele*:** У Натáши загорéлое лицó.

Упражнéния

(A) 1 Schreiben Sie die richtige Variante heraus und begründen Sie Ihre Entscheidung.

– Ты знáешь *кори́чневую/смýглую* (1) дéвушку, котóрая сиди́т в читáльном зáле?

- Ты име́ешь в виду́ де́вушку в *кори́чневом/сму́глом* (2) костю́ме?
- Да, я её име́ю в виду́.
- Тебе́ то́же нра́вятся де́вушки с *кори́чневым/сму́глым* (3) цве́том ко́жи? Э́то Ка́рмен из Ке́нии. Она́ подру́га Све́на.
- Ты име́ешь в виду́ Све́на, у кото́рого есть „О́пель“ *кори́чневого/сму́глого* (4) цве́та?
- А ты ра́зве знако́м с ним?

(B) 2 Verbinden Sie *загоре́лый, ка́рий, кашта́новый, кори́чневый* und *сму́глый* mit den jeweils passenden der folgenden Substantive.
во́лосы, глаза́, ко́жа, лицо́, но́ги, пальто́, те́ло, ю́бка, ю́ноша.

3 *Загоре́лый, ка́рий, кашта́новый, кори́чневый* oder *сму́глый*? Setzen Sie das jeweils passende Farbadjektiv in der richtigen Form ein.

Джон и Дже́йн
На э́той фотогра́фии ты ви́дишь моего́ дру́га Джо́на из Ирла́ндии. На за́днем фо́не видна́ маши́на Джо́на, она́ ... (1) цве́та. Джон студе́нт и хоро́ший футболи́ст. Он влюблён в ... (2) Дже́йн. У неё ... (3) глаза́, ... (4) во́лосы и стро́йная фигу́ра. Они́ краси́вая па́ра. Смотри́, како́е ... (5) лицо́ у Джо́на, Джон неда́вно верну́лся с ю́га США.

Datum
да́та, число́

да́та → *чего́? кака́я?*
- Weist auf die genaue Zeit, das Jahr, den Monat und den **Tag eines** (denkwürdigen) **Ereignisses** im Kalender hin.
- ***Kollokationen*:** да́та **чего́** (рожде́ния, сме́рти); ~ **кака́я** (истори́ческая, пра́здничная); письмо́ без -ы; запо́мнить да́ты жи́зни компози́тора; указа́ть -у; уточни́ть -у нача́ла конфере́нции; поме́тить письмо́ сего́дняшней -ой, поста́вить -у.
- ***Satzbeispiele*:** Лю́ди по́мнят да́ту рожде́ния Пу́шкина. Он поста́вил да́ту на письме́. В э́той кни́ге перечи́слены важне́йшие да́ты мирово́й исто́рии. Я пло́хо по́мню да́ты.

число́ → *како́е?*
- Datum, Tag des Kalendermonats in der **Aufeinanderfolge der Tage** vom Monatsanfang bis zum Monatsende.

- ***Kollokationen*:** число́ **како́е** (сего́дняшнее, вчера́шнее); от того́ же числа́; поме́тить письмо́ за́дним/бо́лее ра́нним -ом; поста́вить ~ (*umgangsspr.*).
- ***Satzbeispiele*:** Како́е сего́дня число́? Како́е число́ стои́т на спра́вке? Он поме́тил письмо́ бо́лее ра́нним число́м. Каки́м число́м дати́ровано письмо́? На письме́ нет числа́.

Упражне́ния

1 Verbinden Sie *да́та* oder *число́* mit den folgenden Wörter in der erforderlichen Form. Entscheiden Sie sich jeweils für das richtige Substantiv.

ва́жн___, вчера́шн___, за́втрашн___, знамена́тельн___, сего́дняшн___, юбиле́йн___, торже́ственн___; письмо́, прие́зд, сва́дьба, отъе́зд, призы́в.

2 *Да́та* oder *число́*? Setzen Sie das entsprechende Substantiv richtig ein.

– Как___ сего́дня ... (1)?
– Сего́дня девя́тое ма́я. День Побе́ды – истори́ческ___ ... (2) в исто́рии ру́сского наро́да.
– От как___ ... (3) зака́з?
– На письме́ нет ... (4) и по́дписи.
– Како́е стра́нное письмо́ – без ... (5) и без по́дписи! Позвони́те туда́.
– Как___ ... (6) бу́дет послеза́втра?
– Уже́ 23-е ма́рта. Приближа́ется знамена́тельн___ ... (7) – десятиле́тие на́шей фи́рмы.

deutsch
неме́цкий, герма́нский

неме́цкий, -ая, -ое, -ие → *кто? что?*
- Wird u.a. auf **Sprache, Literatur** und **Volk** bezogen, mit Ausnahme einer Reihe staatspolitischer Bezeichnungen **allgemein für „deutsch“** verwendet.
- ***Kollokationen*:** неме́цкий **кто** (писа́тель, -ая де́вушка, -ие друзья́); ~ **что** (язы́к, гимн, -ая литерату́ра, -ая национа́льность, -ая ма́рка, -ое и́мя, -ое происхожде́ние, Неме́цкий теа́тр, Неме́цкая бу́хта, Неме́цкая библиоте́ка, Неме́цкая по́чта); экза́мен по -ому языку́; неме́цко-ру́сский слова́рь.

- ***Satzbeispiele*****:** Каки́х неме́цких писа́телей ты лю́бишь? Мы неме́цкой национа́льности. Ты уже́ был в Неме́цкой библиоте́ке во Фра́нкфурте-на-Ма́йне? Как тебе́ нра́вятся уро́ки неме́цкого языка́? Мне ну́жен ру́сско-неме́цкий слова́рь.

герма́нский, -ая, -ое, -ие → *кто? что?*

- Tritt hauptsächlich in z.T. **feststehenden Verbindungen** mit Substantiven aus den Bereichen **Geschichte, Politik, Staat** sowie als Glied in **Zusammensetzungen** in **politischen** und **geografischen Ausdrücken** (z.B. росси́йско-герма́нские отноше́ния) auf, wird häufiger auf Sachverhalte des Deutschen Reiches (1870–1945) als der jüngeren Vergangenheit und Gegenwart bezogen; in Eigennamen meistens mit großem Anfangsbuchstaben geschrieben.
- ***Kollokationen*****:** герма́нский **кто** (императо́р; [федера́льный] ка́нцлер); ~ **что** (-ая импе́рия, -ая сторона́, -ие зе́мли, -ое посо́льство, ~ фина́нсовый капита́л); ~ Кра́сный Крест, -ая Демократи́ческая Респу́блика; герма́но-по́льская война́, а́нгло-~ догово́р.
- ***Satzbeispiele*****:** После́дним герма́нским императо́ром был Вильге́льм II. Герма́нская Демократи́ческая Респу́блика была́ осно́вана 7 октября́ 1949 го́да. Речь шла об исто́рии росси́йско-герма́нских отноше́ний.

Упражне́ния

1 Ordnen Sie *герма́нский* und *неме́цкий* der jeweils richtigen Gruppe zu.

1. ____________________	2. ____________________
наро́д	импе́рия
населе́ние	императо́р
язы́к	госуда́рство
литерату́ра	законода́тельство
и́мя	зе́мли

2 Beantworten Sie die Fragen. Verwenden Sie sinnentsprechend *герма́нский* oder *неме́цкий* in der erforderlichen Form.

1. На како́м языке́ Ге́нрих Манн писа́л свои́ рома́ны?
2. Президе́нтом како́й Акаде́мии он был и́збран в 1949 году́?
3. В како́м герма́нском госуда́рстве э́то бы́ло?

3 Schreiben Sie russischen Freunden über Ihren deutschen Lieblingsschriftsteller und verwenden Sie dabei möglichst oft *неме́цкий* und *герма́нский*.

drei
три, тро́е, тро́йка

три → *Grundzahlwort*

- **1.** Bezeichnet die **Ziffer, Zahl** und **Menge** drei, stets in Verbindung mit der **Uhrzeitangabe** und bei **mathematischen Aufgaben**; **2. Schulzensur** in Russland und Deutschland für befriedigende Leistungen, mit der in Russland eine Prüfung gerade noch bestanden ist; **3. Linie 3** öffentlicher Verkehrsmittel, hier stets in Verbindung mit dem Wort „но́мер".
- ***Kollokationen*: 1.** ци́фра три; ~ дру́га, ~ кни́ги, ~ часа́; к трём приба́вить пять; ~ че́тверти; получи́ть ~ ба́лла; **2.** получи́ть ~, ста́вить ~; **3.** трамва́й но́мер ~, авто́бус но́мер ~.
- ***Satzbeispiele*: 1.** На листо́чке была́ напи́сана ци́фра три. У Ти́ны три бра́та. В семье́ три челове́ка. Я купи́ла три словаря́. Три́жды три де́вять. Дава́й встре́тимся о́коло трёх часо́в. **2.** На экза́мене по фи́зике он получи́л оце́нку „три". **3.** В центр го́рода идёт авто́бус но́мер три.

тро́е (*Sammelzahlwort*) → *кого́? чего́?*

- **1.** Verbindet drei mit Pluralsubstantiven sowie mit männlichen Substantiven, die **Personen** bezeichnen, von тро́е abhängiges Wort steht immer im Genitiv Plural; umgangssprachlich-mündlicher Stil; **2.** weist auf drei Paar Kleidungsstücke derselben Art hin.
- ***Kollokationen*: 1.** тро́е **кого́** (ю́ношей [aber: три де́вушки], друзе́й); ~ **чего́** (очко́в, су́ток); име́ть трои́х дете́й, рабо́тать за трои́х; **2.** ~ **чего́** (чуло́к, ту́фель).
- ***Satzbeispiele*: 1.** Мать воспита́ла трои́х дете́й. Тро́е су́ток мы е́хали до Ту́лы на по́езде. Нас бы́ло тро́е. Встре́тила трои́х. **2.** Она́ взяла́ тро́е чуло́к.

тро́йка → *кака́я?* (*umgangsspr.*)

- **1.** bezeichnet die **Ziffer** 3; **2.** gleiche Bedeutung wie три (2.), wird aber **häufiger** in der **Umgangssprache** gebraucht; **3.** weist wie три (3.) auf die Linie 3 bei Straßenbahn und Bus hin; tritt im Unterschied zu три **häufiger** in der **Umgangssprache** auf.

- ***Kollokationen*: 1.** тро́йка **кака́я** (нарисова́ть большу́ю -у, не ви́деть ма́ленькой -и); **2.** получи́ть -у, поста́вить -у; учи́ться на -и; **3.** сесть на -у; пропусти́ть -у.
- ***Satzbeispiele*: 1.** Он нарисова́л тро́йку. **2.** Ма́льчик получи́л тро́йку. **3.** Е́сли вы хоти́те дое́хать до по́чты, то сади́тесь на тро́йку. Тро́йка пришла́ по расписа́нию. Я е́ду на тро́йке.

Упражне́ния

(A) 1 Ersetzen Sie überall dort, wo Ihnen das möglich erscheint, *три* durch *тро́йка.*

– Са́ша, ты почему́ тако́й гру́стный?
– Я опя́ть получи́л *три* (1) по хи́мии.
– Не расстра́ивайся, постара́йся поскоре́е испра́вить её.
– Да, мне ну́жно бо́льше занима́ться хи́мией, ина́че годово́й оце́нкой по хи́мии у меня́ бу́дет *три* (2).
– Хо́чешь, бу́дем занима́ться вме́сте?
– Я был бы о́чень рад.
– Хорошо́, смо́жешь прийти́ ко мне сего́дня в *три* часа́ (3)?
– Смогу́.
– Прекра́сно, тогда́ до *трёх* (4). Я бу́ду ждать тебя́.

2 *Три* oder *тро́йка*? Unterstreichen Sie jeweils die in der entsprechenden Situation bevorzugte Variante.

На остано́вке
– Скажи́те, э́тот тра́мвай идёт на Каза́нский вокза́л?
– Нет, сади́тесь на трамва́й но́мер *три/тро́йку.*
– Большо́е спаси́бо.

У спра́вочного бюро́
– Скажи́те, как мо́жно добра́ться до у́лицы Достое́вского?
– До у́лицы Достое́вского идёт авто́бус но́мер *три/тро́йка.*
– Благодарю́ вас.

На переме́не
– Ва́ня, ты что получи́л по литерату́ре?
– *Три/Тро́йку.* А ты?
– То́же *три/тро́йку.*

(B) 3 *Три*, *тро́е* oder *тро́йка*? Setzen Sie richtig ein.

Немно́го о себе́
В на́шей семье́ ... (1) челове́ка. В на́шей кварти́ре ... (2) ко́мнаты. Я учу́сь в шко́ле но́мер ... (3). В шко́лу я е́зжу на

автóбусе. Тудá идёт... (4). Учýсь я хорошó, почти́ без ... (5). Тóлько оди́н раз получи́л ... (6) по хи́мии. ... (7) рáза в недéлю я занимáюсь тéннисом. ... (8) мои́х друзéй тóже занимáются э́тим ви́дом спóрта. Заня́тия начинáются в ... (9) часá. Обы́чно мы тренирýемся по ... (10) часá. Лéтом я отды́хаю у моéй бáбушки, онá живёт под Óмском. Пóезд éдит тудá ... (11) сýток.

4 Beantworten Sie die Fragen unter der Verwendung von *три, трóе* oder *трóйка.*

1. Какýю отмéтку рýсские в шýтку называ́ют „междунарóдной"?
2. Когдá вы обы́чно прихóдите домóй?
3. Скóлько часóв в день у вас ухóдят на приготовлéние домáшних задáний?
4. Когдá семья́ считáется в Гермáнии многодéтной?
5. Скóлько детéй вы хотéли бы имéть?

5 Sagen Sie auf Russisch, dass

– Sie drei Brüder und drei Schwestern haben;
– Ihr ältester Bruder eine Drei in Deutsch erhalten hat;
– Sie, wenn Sie mit dem Bus nach Hause fahren, die Linie 3 nehmen;
– Ihr Vater drei Brillen hat;
– Sie sich um 3 Uhr mit Freunden treffen;
– die drei Kinder Ihres Onkels in den Ferien Ihre Gäste sein werden.

einige
нéкоторые, нéсколько

нéкоторый, -ая, -ое, -ые (*unbestimmtes Pronomen*) → *кто? что?*

- **1.** Bezeichnet eine unbestimmte, nicht mit einer Zahl angegebene **kleinere Menge**, steht **vor nichtzählbaren** unbelebten Substantiven immer im **Singular**; **2.** bezieht sich immer nur auf einen unbestimmten, aber insgesamt unbedeutenden **Teil** einer **Gesamtmenge** von Personen oder Gegenständen, hier nur im **Plural** gebräuchlich; kann auch in der Bedeutung eines **Substantivs** verwendet werden; **Synonym** (2.): нéсколько (2.).
- ***Kollokationen*: 1.** нéкоторый **что** (óпыт, -ая надéжда); на -ом расстоя́нии, чéрез -ое врéмя; **2.** -ые **кто** (поли́тики, профессорá); ~ **что** (домá, кни́ги, примéры); в -ых слýчаях; ~ из нас.
- ***Satzbeispiele*: 1.** Нéкоторое врéмя все молчáли. Лес был на нéкотором расстоя́нии от дерéвни. Он вернýлся чéрез нéкоторое врéмя. **2.** Нéкоторые студéнты не поéхали на экс-

ку́рсию. Не́которые кни́ги я уже́ получи́л. На не́которые вопро́сы он не мог отве́тить. Не́которые из мои́х друзе́й уе́хали. Не́которым фильм не понра́вился.

не́сколько, -их, -им, -о, -ими, -их (*unbestimmtes Zahlwort*)
→ *кого́? чего́?*

- Bezeichnet **1.** eine unbestimmte **kleinere Menge**, stets in Verbindung **mit Maßeinheiten** (Längenmaße, Zeiteinheiten) im Genitiv Plural; **2.** eine unbestimmte, sehr begrenzte, unbedeutende Anzahl von **Personen** oder **Gegenständen**; im Vergleich mit не́которые (2.) nur als **Substantiv** selten gebräuchlich; zieht im Nominativ und Akkusativ den Genitiv Plural des Beziehungswortes nach sich. Achtung, Fehlerquelle beim **Gebrauch des Prädikats**: Verwenden Sie es abweichend vom Deutschen im **Singular**, wenn Sie es a) mit einem **unbelebten** Subjekt (z.B. Прошло́ не́сколько мину́т.) oder b) mit einer Passivkonstruktion verbinden (z.B. По де́лу бы́ло проведено́ не́сколько эксперти́з.). Setzen Sie es nur dann in den **Plural,** wenn Sie a) die **Aktivität** und **Selbständigkeit** der handelnden Personen hervorheben wollen (z.B. Не́сколько дете́й побежа́ли к авто́бусу.); b) mehrere Subjekte oder Prädikate im Satz gebrauchen (z.B.: Не́сколько льво́в, ти́гров и панте́р вы́бежали на аре́ну. Уже́ не́сколько спортсме́нов зако́нчили соревнова́ние и пое́хали отдыха́ть в гости́ницу.) oder c) zwischen Subjekt und Prädikat einen Attributsatz einfügen (z.B. Не́сколько ученико́в, победи́вших в ко́нкурсе, пое́хали в Пари́ж);
  Synonym (2.): не́которые (2.).
- ***Kollokationen*: 1.** не́сколько **чего́** (киломе́тров, ме́тров; лет, ме́сяцев, неде́ль, дне́й, часо́в, мину́т, секу́нд; гра́дусов; раз); в -их ме́трах от реки́; ждать ~ мину́т; ~ лет тому́ наза́д; **2.** ~ **кого́** (челове́к, учёных); ~ **чего́** (домо́в, приме́ров); купи́ть ~ книг, рассказа́ть о шко́ле в -их слова́х.
- ***Satzbeispiele*: 1.** В не́скольких киломе́трах отсю́да ма́ленькое о́зеро. В Росси́и Ха́рри жил не́сколько ме́сяцев. До нача́ла конце́рта оста́лось не́сколько мину́т. **2.** Пришли́ не́сколько журнали́стов. Мы пригласи́ли к себе́ не́скольких друзе́й. Не́сколько студе́нтов не пое́хали на экску́рсию. На не́сколько вопро́сов он не мог отве́тить. Не́сколько из мои́х друзе́й уе́хали.

Упражне́ния

1 Ersetzen Sie die Zahlen durch unbestimmte Angaben. Verwenden Sie sinnentsprechend *не́которые* oder *не́сколько.* Falls beide Varianten möglich sind, begründen Sie es.

Неме́цкие шко́льники в Москве́
4 неде́ли тому́ наза́д (1) 10 шко́льников (2) из на́шей шко́лы поехали на 6 дней (3) в Москву́. Там живу́т 7 друзе́й (4), с кото́рыми мы познако́мились в Дре́здене. Мы жи́ли у свои́х друзе́й в 4 киломе́трах (5) от Кра́сной пло́щади. 3 из них (6) показа́ли нам достопримеча́тельности росси́йской столи́цы. 3 ра́за (7) мы бы́ли в теа́тре. Я купи́л 5 сувени́ров (8) для мои́х неме́цких друзе́й.

2 *Не́который* oder *не́сколько*? Setzen Sie das jeweils passende Wort in der erforderlichen Form ein. Falls beide Varianten möglich sind, begründen Sie es.

В гостя́х у неме́цких друзе́й
... из мои́х моско́вских друзе́й (1) бы́ли в э́том году́ у нас в гостя́х. Наш дом нахо́дится в ... киломе́трах (2) от Балти́йского мо́ря. ... раз (3) мы е́здили к мо́рю. То́лько ... из москвиче́й (4) купа́лись, други́е лежа́ли на со́лнце и́ли игра́ли в волейбо́л. Кро́ме э́того, мы ... раз (5) ходи́ли в теа́тр, побыва́ли в ... музе́ях (6). На́ши друзья́ познако́мились с ... немѐцкими обы́чаями (7).

3 Erzählen Sie Ihrem russischen Gesprächspartner, dass Sie...

- früher einige Schwierigkeiten in Russisch hatten;
- einige Wochen in Russland waren;
- vor einigen Tagen eine Prüfung in Russisch bestanden haben;
- schon einige Bücher in russischer Sprache gelesen haben;
- schon einige Erfahrung in der Übersetzung russischer Dokumente haben.

empfehlen
<по->рекомендова́ть, <по->сове́товать

<по->**рекомендова́ть** (е) → *кого́? кого́ на каку́ю до́лжность? с како́й це́лью? для чего́? для кого́? что? кому́? что <с->де́лать? как? каки́м о́бразом?*

- **1.** Eine geeignete, zuverlässige **Person** empfehlen, sie für einen Posten, eine Tätigkeit vorschlagen; **etwas** empfehlen, eine fachliche Empfehlung erteilen; **2.** jemandem auf Grund **eigener Erfahrungen** empfehlen, etwas Bestimmtes zu tun**, häufig** in **kategorischer** Form.

- ***Kollokationen*: 1.** <по->рекомендова́ть **кого́** (о́пытного специали́ста, изве́стного учёного, ме́неджера); ~ **кого́ на ка́кую до́лжность/с како́й це́лью/для чего́** (о́пытного специали́ста на до́лжность дире́ктора, изве́стного литера́тора для чте́ния ку́рса ле́кций по тво́рчеству Ахма́товой, ме́неджера для организа́ции како́го-н. мероприя́тия); ~ [гто] **для кого́** (для дете́й, для шко́льников ста́ршего во́зраста); ~ **что** (спорт, о́тдых, лече́ние, литерату́ру); **2. ~ кому́ что** <с–>**де́лать** (больно́му смени́ть кли́мат, шко́льникам взять с собо́й тёплые ве́щи); ~ **как/каки́м о́бразом** (настоя́тельно, категори́чески).
- ***Satzbeispiele*: 1.** Дека́н филологи́ческого факульте́та рекомендова́л профе́ссора Карли́нского на до́лжность заве́дующего ка́федрой. Я рекомендова́ла вас. До́ктор, каку́ю дие́ту вы мне порекоменду́ете? Каки́е рабо́ты вы рекоменду́ете прочита́ть в пе́рвую о́чередь? Я рекоменду́ю вам э́то лека́рство. Каки́е кни́ги вы порекоменду́ете для ма́льчика десяти́ лет? **2.** Врач рекоменду́ет занима́ться спо́ртом. Настоя́тельно рекоменду́ю вам взять с собо́й побо́льше тёплых веще́й. Я могу́ порекомендова́ть вам хоро́ший и недорого́й рестора́н. Порекоменду́йте мне, пожа́луйста, куда́ мне обрати́ться по э́тому вопро́су.

<**по-**>**сове́товать** (е) → *кому́? что сде́лать? как?*
- **Jemandem** empfehlen, **raten**, nahe legen, etwas Bestimmtes zu tun; bedeutungsnah mit <по->рекомендова́ть (2.), im Unterschied dazu jedoch weniger fordernd, mehr im Sinne eines **gut gemeinten**, manchmal auch etwas banalen und unüberlegten, d.h. schwerlich zu realisierenden **Ratschlages**.
- ***Kollokationen*:** <по->сове́товать **кому́** (бра́ту, дру́гу, ученика́м); ~ **что сде́лать** (отдохну́ть, подожда́ть, посмотре́ть фильм, прочита́ть э́ту кни́гу); ~ **как** (серьёзно, по-дру́жески, неуве́ренно).
- ***Satzbeispiele*:** Сове́тую тебе посмотре́ть э́ту пье́су в на́шем теа́тре. Что вы мне посове́туете? Моя́ мать не зна́ет, что мне посове́товать. Я тебе́ э́того не сове́тую. Посове́туйте мне, пожа́луйста, что мне сде́лать.

Упражнéния

1 Kreuzen Sie die zutreffenden Spalten an.

empfehlen	когó?	комý?	для когó?	когó для чегó?	что?	что сдéлать?	как?
<по->реко-мендовáть							
<по->совé-товать							

2 Ersetzen Sie überall, wo das möglich ist, *<по->рекомендовáть* durch *<по->совéтовать*. Begründen Sie Ihre Entscheidungen.

<по->рекомендовáть 1. врачá; 2. оперáцию; 3. пациéнту принимáть э́то лекáрство; 4. э́то категори́чески; 5. учёному не так мнóго рабóтать; 6. уйти́ в óтпуск; 7. дéлать ýтреннюю гимнáстику; 8. медсестрé прочитáть э́ту статью́.

3 *<По->рекомендовáть* oder *<по->совéтовать*? Setzen Sie das jeweils richtige Verb in der erforderlichen Form ein.

1. Елéна Петрóвна, когó вы бы ... (1) на э́ту дóлжность?
   Я бы ... (2) Львá Николáевича Попóва.

2. Сáша, скажи́, что мне надéть?
   Я бы ... (3) тебé надéть э́то плáтье.

3. А́нна, какóй словáрь ... (4) вам ваш учи́тель?
   Он ... (5) купи́ть нам оди́н из бóльших словарéй.

Erfolg
успéх, удáча

успéх → *какóй? чей? когó? чегó? в чём? на чём? где?*

- **1.** Erfolg, Gelingen eines Vorhabens als **Ergebnis besonderer Bemühungen**; häufiger als удáча mit Personenbezeichnungen und anderen näheren Bestimmungen verbunden; **2. öffentlich anerkannte** Leistung, Veranstaltung; Gebrauch von успéх hier **nur** im **Singular**;
  Gegensatz: неуспéх.

- ***Kollokationen*: 1.** успе́х(и) **како́й(-и́е)** (огро́мный, большо́й (-и́е)); ~(и) **чей (чьи)/кого́** (бра́та, на́ших спортсме́нов); ~(и) **чей (чьи) чего́** (заво́да, университе́та); ~(и) **в чём** (в освое́нии ко́смоса, в спорти́вном соревнова́нии); ~(и) **на чём** (на олимпиа́де, на чемпиона́те ми́ра); доби́ться -а (-ов) в чём-н.; <по->жела́ть успе́ха(-ов) в учёбе, [не] сомнева́ться в успе́хе(-ах); **2.** име́ть успе́х, завоева́ть успе́х, пройти́/проходи́ть с успе́хом, по́льзоваться больши́м успе́хом.
- ***Satzbeispiele*: 1.** То́лько свои́м стара́нием он доби́лся больши́х успе́хов в учёбе. Жела́ю тебе́ успе́ха в рабо́те. **2.** Кни́га име́ет большо́й успе́х у чита́телей. Фильм не име́л успе́ха. Премье́ра постано́вки бале́та прошла́ с больши́м успе́хом.

уда́ча → *кака́я? чья? кого́? чего́? в чём? для кого́?*
- Erfolg, **Gelingen** eines **Vorhabens**, erhoffter guter Ausgang eines **Geschehens**, das mehr **durch glückliche Umstände** als durch besondere Bemühungen erreicht worden ist; **häufig** im **Singular** gebräuchlich;
  Gegensatz: неуда́ча.
- ***Kollokationen***: уда́ча **кака́я** (больша́я, неожи́данная); уда́ча (-и) **чья/кого́** (моя́, спортсме́на, арти́ста); ~ **чья/чего́** (произво́дства, предприя́тия); ~ **для кого́** (для меня́, для моéй сестры́); **в чём** (в любви́, в игре́); <по->жела́ть кому́-н. уда́чи.
- ***Satzbeispiele***: Они́ пожела́ли мне уда́чи. Ей во всём сопу́тствовала уда́ча. Жела́ю тебе́ уда́чи. Отца́ волну́ют уда́чи и неуда́чи моего́ предприя́тия. Уда́чей для Ка́ти бы́ло то, что она́ сра́зу же нашла́ но́вую рабо́ту.

Упражне́ния

1 Schreiben Sie jeweils die Variante heraus, deren Verwendung in dem gegebenen Sinnzusammenhang üblich ist.

Мой брат
Моему́ бра́ту ча́сто сопу́тствует *уда́ча/успе́х* (1). В своё свобо́дное вре́мя Са́ша занима́ется программи́рованием. Им уже́ со́здано не́сколько интере́сных компью́терных програ́мм. Его́ програ́ммы по́льзуются *уда́чой/успе́хом* (2). Но *уда́ча/успе́х* (3) никогда́ не прихо́дит случа́йно. То́лько свои́м трудо́м Са́ша доби́лся *уда́чи/успе́ха* (4). Я о́чень ра́да *уда́че/успе́ху* (5) Са́ши. Я интересу́юсь не то́лько *уда́чами/успе́хами* (6) Са́ши. Меня́ та́кже о́чень волну́ют его́ *неуда́чи/неуспе́хи* (7).

2 Ergänzen und beantworten Sie die Fragen. Achten Sie dabei auf den richtigen Gebrauch von *уда́ча* und *успе́х*.

1. Что ну́жно де́лать, что́бы доби́ться ... в учёбе?
2. Что говоря́т ру́сские друг дру́гу, когда́ они́ жела́ют ... в како́м-либо де́ле?
3. Каки́е фи́льмы по́льзуются больши́м ... среди́ молодёжи?
4. Вам ча́сто сопу́тствует ...?
5. Вы интересу́етесь ... ва́шей шко́лы?
6. Вас волну́ют ... и неуда́чи ва́шей шко́лы?

(sich) erinnern
напо́мнить/напомина́ть, вспо́мнить/вспомина́ть, по́мнить

напо́мнить (и)/**напомина́ть** (е) [**кому́-н.**] → *кого́? кому́? о ком? что? о чём? по чему́?*

- **1. Jemanden veranlassen,** an **jemanden** oder **etwas** zu **denken**, **jemanden** an etwas errinnern; wird **häufig** in Verbindung **mit** einer **Personenbezeichnung im Dativ** gebraucht; **2. jemanden oder etwas** an eine Person infolge ihrer **Ähnlichkeit im Äußeren** oder im **Wesen** mit einer anderen erinnern.
- ***Kollokationen*: 1.** напо́мнить/напомина́ть [кому́] **кого́** (знако́мого арти́ста, ста́рую знако́мую); [кому́] ~ **о ком** (о ней, о нём); ~ [кому́] **что** (слова́ пе́сни, про́шлое, ю́ность); [кому́] ~ **о чём** (о свида́нии, о встре́че); **2.** [кому́] ~ **кого́** (отца́, мать, учи́теля); [кому́] ~ **что** (ро́дину, го́род, дере́вню); ~ **по чему́** (по ви́ду, по вку́су).
- ***Satzbeispiele*: 1.** Она́ напо́мнила мне моё обеща́ние. Пе́сня напо́мнила мне отца́. Письмо́ напо́мнило про́шлое. Напо́мни, пожа́луйста, ему́ о встре́че! **2.** Он напомина́ет мне бра́та. Э́ти места́ напомина́ют мне мою́ ро́дину. Мане́рой говори́ть она́ напо́мнила ему́ Та́ню. Он кого́-то мне напомина́л. По фо́рме э́тот предме́т напомина́ет крест. Лицо́м и движе́ниями она́ напомина́ла мла́дшую сестру́.

вспо́мнить (и)/**вспомина́ть** (е) → *кого́? о ком? что? о чём? как ча́сто? как?*

- **Sich** an etwas **Vergangenes erinnern**, sich etwas **Vergessenes** ins Gedächtnis rufen, sich unter bewusstem Einsatz des Erinnerungsvermögens darauf besinnen.

- ***Kollokationen*****:** вспо́мнить/вспомина́ть **кого́** (ста́рого дру́га, бы́вшего однокла́ссника); ~ **о ком** (о ма́тери, о шко́льной подру́ге); ~ **что** (своё де́тство, слова́ отца́); ~ **о чём** (о про́шлом, о своём обеща́нии); ~ **как ча́сто** (ре́дко, постоя́нно); ~ **как** (сра́зу, с трудо́м);
  Gegensatz: забы́ть/забыва́ть.
- ***Satzbeispiele*****:** Не могу́ вспо́мнить его́ ста́ршую сестру́. Как то́лько я вспо́мнил а́дрес, сра́зу сел за стол и написа́л письмо́. Он вспо́мнил о своём ста́ром учи́теле матема́тики. Де́душка ча́сто вспомина́ет о свое́й мо́лодости. О чём вы ча́сто вспомина́ете? Я ника́к не могу́ вспо́мнить назва́ние кни́ги.

по́мнить (и) (nur uv.) → *кого́? о ком? что? о чём? как?*
- **Sich** an eine Person oder Sache **erinnern (können)**, sie **nicht vergessen** haben, sich jemanden oder etwas im Gedächtnis bewahrt haben, die Person oder Sache kennen. Wird **nie** in Verbindung **mit** einem **Modalverb** verwendet;
  Gegensatz: забы́ть/забыва́ть.
- ***Kollokationen*****:** по́мнить **кого́** (отца́, ба́бушку); ~ **о ком** (о дру́ге, о ней); ~ **что** (родно́й го́род, де́тство, про́шлое); ~ **о чём** (о свои́х обя́занностях, о встре́че); ~ **как** (хорошо́, то́чно).
- ***Satzbeispiele*****:** Ты меня́ по́мнишь? Вы по́мните о моём бра́те? Я хорошо́ по́мню э́то стихотворе́ние. Я по́мню но́мер ва́шего телефо́на. Он по́мнит об э́том поруче́нии? Ты по́мнишь, как мы гуля́ли по ночно́му Санкт-Петербу́ргу? Не по́мню, куда́ записа́л а́дрес.

Упражне́ния

(A) 1 Schreiben Sie die jeweils richtige Variante heraus.

– Ри́та, ты *вспомина́ешь/по́мнишь* (1) нача́ло „Пе́сни о дру́ге“ Высо́цкого?
– *Вспомина́ю/По́мню* (2). „Е́сли друг оказа́лся вдруг ... “
– И ещё я ника́к не могу́ *вспо́мнить/по́мнить* (3), как называ́ется фильм, в кото́ром Влади́мир Высо́цкий впервы́е сня́лся.
– К сожале́нию, я то́же не *вспо́мню/по́мню* (4).

2 Markieren Sie die jeweils richtige Wortwahl.

– На́стя, *вспо́мни/напо́мни* (1), пожа́луйста, Са́ше, что за́втра мы идём в Третьяко́вскую карти́нную галере́ю.

– Обяза́тельно *вспо́мню/напо́мню* (2). Я ра́да, что опя́ть уви́жу карти́ну Перо́ва „Тро́йка“. Я ча́сто *вспомина́ю/напомина́ю* (3) об исто́рии созда́ния э́той карти́ны.

(B) 3 Kreuzen Sie die zutreffenden Spalten an.

(sich) erinnern	кому́?	кого́?	о ком?	что?	о чём?	по чему́?	как ча́сто?	как?
вспо́мнить/ вспомина́ть								
напо́мнить/ напомина́ть								
по́мнить								

4 *Вспо́мнить/вспомина́ть, напо́мнить/напомина́ть* oder *по́мнить*? Setzen Sie die Verben sinnentsprechend in der erforderlichen Form ein.

Люби́мый учи́тель
Я хорошо́ ... (1) своего́ пе́рвого учи́теля ру́сского языка́ Ива́на Петро́вича. К сожале́нию, я не могу́ ... (2) его́ фами́лию. Свое́й вне́шностью он ... (3) мне моего́ дя́дю. Я хорошо́ ... (4), как Ива́н Петро́вич организо́вывал с на́ми вечера́ дру́жбы. Он был тре́бовательным, но о́чень до́брым. Я всегда́ ... (5) его́ с благода́рностью. У меня́ сохрани́лась ста́рая фотогра́фия, на кото́рой Ива́н Петро́вич ви́ден в кругу́ свои́х ученико́в. Она́ ... (6) мне мои́ шко́льные го́ды. Всю жизнь я бу́ду... (7) люби́мого учи́теля.

5 Ergänzen und beantworten Sie die Fragen. Achten Sie dabei auf die richtige Verwendung von *вспо́мнить/вспомина́ть, напо́мнить/напомина́ть* und *по́мнить.*

1. Вы ... свою́ пе́рвую учи́тельницу (своего́ пе́рвого учи́теля)? 2. Кого́ он(а́) вам ... ? 3. О чём вы ..., когда́ говори́те о свои́х шко́льных года́х? 4. Вы ... о заба́вных слу́чаях, кото́рые произошли́ с ва́ми в шко́ле? 5. У вас есть сувени́ры, кото́рые ... вам об экску́рсиях и́ли пое́здках, кото́рые вы соверша́ли с кла́ссом?

erklären

объясни́ть/объясня́ть, толкова́ть, заяви́ть/заявля́ть, объяви́ть/объявля́ть

объясни́ть (и)/**объясня́ть** (е) → *кому́? что? что кого́/чего́? что чем? как?*

- **1.** Einer Person etwas erklären, **erläutern**, klarmachen, **was** sie bisher nicht wusste oder **nicht** (richtig) **verstanden** hat; **2.** etwas wissenschaftlich erklären, in dem man die Ursache, das Wesen, die Gesetzmäßigkeit, den Zusammenhang von irgendetwas feststellt; **3.** sich oder jemandem etwas durch Angabe des **Grundes**, der **Ursache** erklären.
- ***Kollokationen*: 1.** объясни́ть/объясня́ть **кому́** что (ученику́, студе́нту, дру́гу); ~ **что** (уро́к, зада́ние, мысль); ~ **как** (хорошо́, на приме́ре); стара́ться объясни́ть, нача́ть объясня́ть; **2.** ~ **что** (явле́ние приро́ды, явле́ние гравита́ции, физи́ческий зако́н); ~ **как** (про́сто, убеди́тельно, в досту́пной фо́рме); **3.** ~ **что кого́/чего́** (молча́ние иностра́нца, поведе́ние бра́та, повыше́ние температу́ры во́здуха); ~ **что чем** (несча́стный слу́чай уста́лостью, своё отсу́тствие боле́знью).
- ***Satzbeispiele*: 1.** Учи́тель объясни́л ученика́м значе́ние но́вого сло́ва. Объясни́, пожа́луйста, э́то пра́вило! Он объясни́л тури́сту доро́гу до вокза́ла. **2.** Учи́тель объясни́л зако́н О́ма. Объясни́, пожа́луйста, как возника́ет се́верное сия́ние. **3.** Он не мог объясни́ть себе́ э́того. Вор хоте́л объясни́ть нам свой посту́пок. Мы не зна́ли, чем объясни́ть её молча́ние. Мы объясня́ем э́то тем, что он до́лго боле́л.

толкова́ть (е) (*uv.*) → *что? что кого́? что чего́? что чем? что как? как?*

- **1.** Etwas (Theorien, Gesetzmäßigkeiten) mit besonderer Sorgfalt, innerem Engagement und oft mit wissenschaftlicher Gründlichkeit **interpretierend** erklären; **2.** sich oder jemandem etwas durch Angabe des **Grundes**, der **Ursache** erklären. Weitgehend synonym mit объясни́ть (2., 3.). Im Vergleich mit объясни́ть wird es aber seltener verwendet.
- ***Kollokationen*: 1.** толкова́ть **что** (зако́ны, тео́рию, явле́ние приро́ды, слова́ в словаре́); ~ **как** (про́сто, убеди́тельно, в досту́пной фо́рме); **2.** ~ **что кого́/чего́** (молча́ние иностра́нца, посту́пок бра́та, повыше́ние температу́ры во́здуха); ~ **что чем** (несча́стный слу́чай уста́лостью, своё отсу́тствие боле́знью); ~ [что] **как** (разли́чно, по-сво́ему).
- ***Satzbeispiele*: 1.** Э́тот факт мо́жно толкова́ть по-ра́зному. Он толку́ет физи́ческие зако́ны в досту́пной фо́рме. **2.** Ка́ждый по-сво́ему толку́ет оди́н и тот же посту́пок.

заяви́ть (и)/**заявля́ть** (е) → *что? о чём? кому́? чему́? как?*

- Eine (Regierungs-)Erklärung über einen Entschluss, eine Entscheidung von öffentlichem Interesse (z.B. über den Rücktritt einer Person) abgeben; etwas offiziell zum Ausdruck bringen, häufig in Verbindung mit der Konjunktion что.
- ***Kollokationen*:** заяви́ть/заявля́ть **что** (свой проте́ст, свои́ права́ на что-н.); ~ **кому́/чему́ о чём** (басту́ющим о свое́й солида́рности, ре́ктору о своём согла́сии; министе́рству о своём реше́нии); ~ **как** (официа́льно, реши́тельно).
- ***Satzbeispiele*:** Ка́ждая из сторо́н заяви́ла о своём согла́сии. Мы заявля́ем о свое́й солида́рности с басту́ющими. Учёный заяви́л ре́ктору о своём наме́рении продолжа́ть экспериме́нты. Президе́нт заяви́л, что сде́лает всё, что́бы в стране́ ста́ло ме́ньше безрабо́тных. Глава́ делега́ции заяви́л, что перегово́ры возмо́жны при усло́вии вы́вода во́йск из зо́ны конфли́кта.

объяви́ть (и)/**объявля́ть** (е) → *кого́ кем? что кому́? что чему́? что каки́м? как?*

- **1.** Etwas **öffentlich verkünden**, bekannt machen, über etwas informieren; **2.** etwas (Bankrott, Boykott, Krieg) **offiziell erklären**, ausrufen.
- ***Kollokationen*: 1.** объяви́ть/объявля́ть **кого́ кем** (неме́цкого боксёра чемпио́ном ми́ра, кома́нду победи́телем турни́ра); ~ **что каки́м** (собра́ние откры́тым, вы́боры недействи́тельными); **2.** ~ **что** (банкро́тство, бойко́т); ~ **что кому́/чему́** (бойко́т им, войну́ како́й-н. стране́); ~ **как** (официа́льно, торже́ственно).
- ***Satzbeispiele*: 1.** Серге́я объяви́ли победи́телем ко́нкурса. Председа́тель объяви́л собра́ние закры́тым. **2.** Дире́ктор объяви́л банкро́тство предприя́тия. Пру́сский коро́ль объяви́л А́встрии войну́.

Упражне́ния

(A) 1 *Объяви́ть/объявля́ть* oder *объясни́ть/объясня́ть*? Unterstreichen Sie die inhaltlich treffendere und stilistisch bessere Variante.

1. – Са́ша, ты в ку́рсе, кто стал чемпио́ном ми́ра по бо́ксу?
   – То́лько что *объяви́ли/объясни́ли*, что им стал А́ксель Шульц.
2. – Ка́тя, *объяви́/объясни́* мне, пожа́луйста, когда́ ру́сские употребля́ют сло́во „ку́шать“? В моём сочине́нии учи́тель подчеркну́л э́то сло́во.
   – А ра́зве он вам не *объяви́л/объясни́л,* что обы́чно его́ употребля́ют при ве́жливом приглаше́нии к еде́?

3. – Ра́я, скажи́, Оле́г звони́л тебе́ из Герма́нии?
– Пока́ нет. Я то́же не могу́ *объяви́ть/объясни́ть*, почему́ он не звони́т.

(B) 2 Ordnen Sie *заяви́ть/заявля́ть, объяви́ть/объявля́ть* und *объясни́ть/объясня́ть* der jeweils richtigen Gruppe zu.

1. ____________	2. ____________	3. ____________
незнако́мое сло́во	о своём несогла́сии	ми́тинг откры́тым
дома́шнее зада́ние	о свое́й гото́вности	съезд закры́тым
значе́ние зна́ка	о свое́й солида́рности	вы́боры действи́тельными

3 *Заяви́ть/заявля́ть, объяви́ть/объявля́ть* oder *объясни́ть/объясня́ть?* Setzen Sie das richtige Verb in der erforderlichen Form ein.

Ко́фе бу́дет доро́же
Представи́тель фи́рмы, производя́щей ко́фе ... (1), что в ближа́йшие дни его́ фи́рма повы́сит це́ны на свою́ проду́кцию. Он ... (2) сложи́вшуюся ситуа́цию повыше́нием цен на ко́фе на междунаро́дных опто́вых ры́нках. Представи́тель друго́й фи́рмы-производи́теля ... (3), что в настоя́щее вре́мя не избежа́ть повыше́ния отпускно́й опто́вой цены́ на 2,50 неме́цких ма́рок за 500-граммо́вую упако́вку.

Erklärung
объясне́ние, толкова́ние, заявле́ние, объявле́ние, деклара́ция

объясне́ние → *кому́? чего́? како́е?*

- Schriftliche oder mündliche Erklärung **1.** eines unbekannten oder nicht verarbeiteten Sachverhalts in **allgemein verständlicher** Form; **2.** von Zusammenhängen, Ursachen, Umständen, Gesetzmäßigkeiten in **wissenschaftlicher** Form; **3.** von Zusammenhängen durch Angabe des **Grundes**, der **Ursache**.
- ***Kollokationen*: 1.** объясне́ние **чего́** (уро́ка, зада́ния); ~ **кому́** (ученику́, студе́нтам); ~ **како́е** (хоро́шее, на приме́ре); <по->слу́шать ~, дать ~, <по->тре́бовать -ия от кого́-н.; **2.** ~ **чего́** (явле́ния гравита́ции, физи́ческого зако́на, происхожде́ния жи́зни на Земле́); ~ **како́е** (нау́чное, убеди́тельное, в досту́пной фо́рме); **3.** ~ **чего́** (поведе́ния бра́та, повыше́ния температу́ры во́здуха).

- ***Satzbeispiele*: 1.** Объясне́ние но́вой те́мы за́няло почти́ полови́ну уро́ка. Ученики́ внима́тельно слу́шали объясне́ние но́вого материа́ла. **2.** Найди́те нау́чное объясне́ние э́тому фено́мену. **3.** У неё на всё объясне́ние. Он потре́бовал объясне́ния от неё. Тако́е объясне́ние меня́ не удовлетворя́ет.

толкова́ние → *чего́? како́е?*
- Schriftliche oder mündliche Erklärung **1.** von Zusammenhängen, Ursachen, Umständen, Gesetzmäßigkeiten in **wissenschaftlicher** Form; **2.** von Zusammenhängen durch Angabe des **Grundes**, der **Ursache**. Weitgehend synonym mit объясне́ние (2.,3.), wird im Vergleich mit объясне́ние aber seltener verwendet.
- ***Kollokationen*: 1.** толкова́ние **чего́** (происхожде́ния жи́зни на Земле́, слов в толко́вом словаре́); ~ **како́е** (нау́чное, убеди́тельное, в досту́пной фо́рме); **2.** ~ **чего́** (поведе́ния бра́та, повыше́ния температу́ры во́здуха).
- ***Satzbeispiele*: 1.** Найди́те нау́чное толкова́ние э́тому фено́мену. **2.** Твоё толкова́ние его́ посту́пка меня́ не удовлетворя́ет.

заявле́ние → *чьё? кого́? для кого́? чего́? для чего́? о чём? како́е?* (*buchspr.*)
- **Offizielle Erklärung** über einen Entschluss, eine Entscheidung **von öffentlichem Interesse** in schriftlicher oder mündlicher Form, oftmals von einer Subjektposition aus. Weitgehend synonym mit деклара́ция (1.) und объявле́ние.
- ***Kollokationen*:** заявле́ние **чьё/кого́** (президе́нта, мини́стра); ~ **для кого́/чего́** (для журнали́стов, для представи́телей пре́ссы, для телеви́дения); ~ **чьё/чего́** (прави́тельства, Ду́мы); ~ **о чём** (о выступле́нии, об отка́зе, об ухо́де с до́лжности, о гото́вности, о солида́рности); ~ **како́е** (официа́льное, прави́тельственное, равноси́льное да́нному под прися́гой); <с->де́лать официа́льное ~ для печа́ти, подписа́ть ~, вы́ступить с -ем в печа́ти, <о->публикова́ть текст -я.
- ***Satzbeispiele*:** Президе́нт сде́лал официа́льное заявле́ние для печа́ти. Представи́тель росси́йской фи́рмы вы́ступил с заявле́нием по центра́льному телеви́дению. На пе́рвых страни́цах газе́ты печа́тают заявле́ния прави́тельства. Наполео́н не получи́л ни одного́ отве́та на свои́ неоднокра́тные заявле́ния о жела́нии вести́ перегово́ры.

объявле́ние → *како́е? чего́? о чём?* (*neutral*)
- Eine **öffentliche Erklärung**, **Bekanntmachung,** eine Information über Bankrott, Boykott, Krieg in schriftlicher und gelegentlich auch mündlicher Form. Weitgehend synonym mit деклара́ция (1.) und заявле́ние, betont besonders die Objektivität der Dar-

stellung, im Unterschied zu деклара́ция (1.) und заявле́ние jedoch nur im **Singular** gebräuchlich.

- ***Kollokationen*****:** объявле́ние **како́е** (коро́ткое, официа́льное); ~ **чего́** (войны́, бойко́та); ~ **о чём** (о банкро́тстве, о нача́ле переми́рия); текст объявле́ния; <на->писа́ть ~, <о>публикова́ть ~; <-с>де́лать ~ по ра́дио.
- ***Satzbeispiele*****:** Мы переводи́ли текст объявле́ния на неме́цкий язы́к. В объявле́нии сообща́ется, что война́ ко́нчилась. В газе́те я прочита́ла объявле́ние о банкро́тстве э́той фи́рмы.

деклара́ция → *чья? чего́? о чём? кака́я?* (*buchspr., offiziell, gehobener Stil*)

- **1.** Schriftliche **Erklärung grundsätzlicher Art**, die von einer Regierung, einem Staat, einer Organisation oder einem Staatenbund in feierlicher Form abgegeben wird; nur in der **Literatursprache** gebräuchlich; weitgehend synonym mit заявле́ние und объявле́ние; **2.** schriftliche Erklärung gegenüber den **Außenhandels- und Finanzbehörden** über Ein- und Ausfuhr von Waren bzw. über Einkommen und Gewinne.
- ***Kollokationen*****: 1.** деклара́ция **чья** (НАТО, ООН); ~ **чего́** (прав челове́ка, запреще́ния хими́ческого ору́жия); ~ **о чём** (о незави́симости, о нейтралите́те); ~ **кака́я** (прави́тельственная, всео́бщая); вы́ступить с -ей; **2.** ~ **кака́я** (тамо́женная, нало́говая); офо́рмить -ю на грани́це, отда́ть -ю.
- ***Satzbeispiele*****: 1.** В газе́те опублико́вана деклара́ция прави́тельств об охра́не окружа́ющей среды́. ООН приняла́ деклара́цию запре́та де́тского труда́. **2.** Вы уже́ о́тдали свою́ нало́говую деклара́цию? Запо́лните тамо́женную деклара́цию!

Упражне́ния

(A) 1 *Заявле́ние* oder *объявле́ние*? Markieren Sie die jeweils richtige Variante.

- Из *заявле́ния/объявле́ния* профсою́зов
- *Заявле́ние/Объявле́ние* сове́тника прави́тельства о приватиза́ции
- *Заявле́ние/Объявле́ние* о банкро́тстве
- *Заявле́ние/Объявле́ние* о проведе́нии де́нежной рефо́рмы
- Из совме́стного прави́тельственного *заявле́ния/объявле́ния*

2 *Объявле́ние* oder *объясне́ние*? Streichen Sie das jeweils nicht passende Wort.

1. – Анто́н, ты уже́ чита́л *объявле́ние/объясне́ние* о банкро́тстве э́того ба́нка?
   – Да, я уже́ в ку́рсе.

2. – Ма́ма, в како́м спра́вочнике мо́жно найти́ *объявле́ние/объясне́ние* э́тому явле́нию приро́ды?
   – Посмотри́ в э́той энциклопе́дии!

(B) 3 Ordnen Sie *деклара́ция, заявле́ние, объявле́ние* und *объясне́ние* der jeweils richtigen Gruppe zu.

1. __________	2. __________	3. __________	4. __________
войны́	тамо́женная	пра́вила	о выступле́нии
о бойко́те	нало́говая	уро́ка	о гото́вности
о банкро́тстве	прави́тель-ственная	значе́ния сло́ва	об отка́зе

4 *Деклара́ция, заявле́ние, объявле́ние* oder *объясне́ние*? Setzen Sie in die Definitionen die passenden Begriffe richtig ein.

– Нало́гов____ ... (1) – официа́льн____ ... (2) плате́льщика нало́га о полу́ченных им за истёкший пери́од дохо́дах и распространя́ющихся на них нало́говых ски́дках и льго́тах.
– ... (3) о размеще́нии за́йма це́нных бума́г – ... (4), подгото́вленн____ гара́нтом, содержа́щее гла́вную информа́цию о вы́пуске це́нных бума́г, кото́рые предлага́ются на перви́чном ры́нке.
– ... (5) – изложе́ние су́щности, подро́бностей, дета́лей для того́, что́бы сде́лать что́-либо я́сным, поня́тным, изве́стным.

5 *Деклара́ция, заявле́ние, объявле́ние* oder *объясне́ние*? Fragen Sie Ihren russischen Gesprächspartner

– was er von der Erklärung der UNO über die Menschenrechte hält;
– ob er die gemeinsame Erklärung zwischen den Regierungen der R(ussischen) F(öderation) und der BRD kennt;
– wie er die jüngste Boykotterklärung der UNO beurteilt;
– ob er eine Erklärung für die Erfolge in der japanischen Wirtschaft hat.

essen
<по-/съ->éсть, <по-/с->ку́шать

<по-/съ->éсть (ем, ешь, ест, еди́м, еди́те, едя́т) → *что? чегó? чем? когдá? как?*

- **1.** Allgemein für „essen“, Nahrung zu sich nehmen; **2.** als Nahrung verwenden; nur mit dem unvollendeten Aspekt gebräuchlich.
- ***Kollokationen*: 1.** <по-/съ->есть **что** (суп, мя́со, ры́бу, фру́кты); съесть **чегó** (су́па/су́пу, борщá, мя́са); ~ **чем** (лóжкой, ножóм и ви́лкой); ~ **когдá** (у́тром, на зáвтрак, на обéд, вéчером, на у́жин); ~ **как** (бы́стро, мéдленно, с аппети́том, без аппети́та, с удовóльствием); **2.** есть **что** (я́годы, ры́бу).
- ***Satzbeispiele*: 1.** Мне хóчется есть. У́тром я съéла тóлько кусóк хлéба с колбасóй. На десéрт мы éли морóженое. Почему́ ты ешь так бы́стро? Ты ужé поéл? **2.** Мы еди́м мнóго óвощей. Зи́на совсéм не ест мя́са.

<по-/с->ку́шать (е) → *что?*

- Etwas essen, speisen, aufessen; **besonders bei höflicher und zärtlicher Einladung anderer zum Essen,** aber auch **Kleinkindern gegenüber** verbreitet; vornehmlich in der Literatursprache anzutreffen; in der **1. Person Singular und Plural nicht** gebräuchlich!
- ***Kollokationen*:** <по-/с->ку́шать **что** (хлеб, суп, кáшу, конфéты).
- ***Satzbeispiele*:** Ку́шайте, гóсти дороги́е! Таню́ша, ку́шай я́блоко! Наш Серёженька сегóдня хорошó поку́шал.

Упражнéния

1 *<По-/с->ку́шать* oder *<по-/съ->éсть*? Setzen Sie das passende Verb in der richtigen Form ein.

– Дороги́е гóсти, ... (1) пóдано. Приглашáю всех к столу́. ... (2), дороги́е друзья́!

– Ни́на, ... (3) суп!
– Спаси́бо, но я сытá. Я ужé ... (4) в столóвой. Но с удовóльствием ... (5) я́блоко.

– Ви́ктор, тебé подáть ку́сочек жаркóго? Ты ведь лю́бишь ... (6) жаркóе.
– Спаси́бо, я возьму́ сам.

– Антóн, что ты ... (7) на обéд?
– Борщ и котлéты по-ки́евски.

– А на́ша дочу́рка?
– Катю́ша сего́дня хорошо́ ... (8) и спит уже́ два часа́.
– Хорошо́, я то́же сего́дня хорошо́ ... (9) в рестора́не. На у́жин бу́дем ... (10) то́лько овощно́й сала́т.

etwas
что́-то, что́-нибудь, немно́го, ко́е-что́, что́-либо

что́-то → *Pronomen, Adverb*

- Etwas objektiv Bestimmtes, das der Sprecher **aus Unkenntnis nicht benennen** kann oder will, in nichtnegierten Sätzen und Konstruktionen gebräuchlich, in Umgangs- und Schriftsprache verbreitet.
- ***Kollokationen*:** сказа́ть что́-то прия́тное, слу́шать ~ смешно́е.
- ***Satzbeispiele*:** Ко́ля что́-то сказа́л, но я не по́нял. Ки́ра о чём-то расска́зывала, но я забы́ла. Моя́ сестра́ была́ че́м-то занята́. Нас ожида́ет что́-то хоро́шее. Что́-то разби́лось. На полу́ что́-то лежа́ло. Они́ до́лго о чём-то спо́рили.

что́-нибудь → *Pronomen*

- Irgendetwas **Beliebiges**, für den Sprecher und alle Beteiligten objektiv Unbestimmtes, etwas allen Unbekanntes oder dem Sprecher **Gleichgültiges**, in **Umgangs- und Schriftsprache** gebräuchlich, insgesamt wesentlich **stärker verbreitet** als что́-либо und diesem in Zweifelsfällen gewöhnlich vorzuziehen, tritt verstärkt in Fragen, Bitten, Aufforderungen, Wünschen und Bedingungssätzen auf, in Aussagesätzen bei der Wiedergabe künftigen oder wiederholten Geschehens.
- ***Kollokationen*:** приду́мать, сказа́ть, <на->писа́ть что́-нибудь, заня́ться/занима́ться че́м-нибудь, не знать чего́-нибудь, <вс->по́мнить о чём-нибудь.
- ***Satzbeispiele*:** Зна́ете ли вы что́-нибудь об э́том? Ты че́м-нибудь недово́льна? Нет ли у тебя́ чего́-нибудь почита́ть? Расскажи́ мне что́-нибудь о Москве́. Покажи́те нам что́-нибудь из свое́й колле́кции почто́вых ма́рок. Ка́тя всегда́ че́м-нибудь занята́. Поговори́м о чём-нибудь друго́м.

немно́го (*Adverb*) → *чего́?*

- **1.** Etwas, **ein wenig**, ein bisschen; bezeichnet eine unbedeutende Mengenangabe, gewöhnlich in Verbindung **mit nichtzähl-**

baren Stoffnamen, z.B. Metallen (z.B. Quecksilber, Blei), Naturprodukten (Erdöl, Gas), Nahrungsmitteln, Gewürzen (Salz, Zucker, Pfeffer), unbelebten **Konkreta**, z.B. Flüssigkeiten, und **Abstrakta**, z.B. Zeit; **2.** etwas, ein wenig, in Verbindung mit Verben des vollendeten Aspekts, Adjektiven und Adverbien;

Gegensatz (1.)**:** мно́го.

- ***Kollokationen*****: 1.** немно́го **чего́** (га́за, со́ли, овоще́й, пи́ва, вре́мени, рабо́ты); вы́пить ~ воды́, име́ть ~ свобо́дного вре́мени; **2.** ~ отдохну́ть, поду́мать, постоя́ть, уста́ть; ~ холо́дный (день), ~ холодне́е, ~ бо́льше, ~ лу́чше, ~ гру́стно.
- ***Satzbeispiele*****: 1.** У меня́ есть ещё немно́го де́нег. Я купи́л немно́го конфе́т к ча́ю. Дай мне, пожа́луйста, немно́го со́ли. **2.** Я немно́го уста́л. А́нтье немно́го говори́т по-ру́сски. Он немно́го гру́бый челове́к. Мне ста́ло немно́го гру́стно. Ко́ля немно́го ста́рше Ири́ны. На вечери́нке бы́ло немно́го ску́чно.

ко́е-что́ → *Pronomen*

- Etwas, das dem Sprecher **zwar bekannt** ist, über das er den Angesprochenen jedoch **absichtlich in Unkenntnis** lässt, sowohl in der Umgangs- als auch in der Schriftsprache gebräuchlich.
- ***Kollokationen*****:** ко́е-что́ вспо́мнить, ~ <у->ви́деть, ~ <вс->по́мнить, возврати́ться ко́е с че́м, <по->говори́ть ко́е о чём.
- ***Satzbeispiele*****:** Ко́е-что́ мы уже́ купи́ли. Я тебе́ ко́е-что́ принесла́. Он ко́е-что́ зна́ет об э́том слу́чае. Мне ну́жно написа́ть вам ко́е-что́.

что́-либо → *Pronomen*

- Irgendetwas **Beliebiges**, für den Sprecher und alle Beteiligten objektiv **Unbestimmtes**, etwas allen Unbekanntes oder dem Sprecher **Gleichgültiges**, vorwiegend in der **Schriftsprache** und hier insbesondere in **publizistischen** und **wissenschaftlichen Texten** verbreitet, tritt verstärkt in Fragen, Bitten, Aufforderungen, Wünschen und Bedingungssätzen auf, in Aussagesätzen bei der Wiedergabe künftigen oder wiederholten Geschehens; weitgehend synonym mit что́-нибудь.
- ***Kollokationen*****:** что́-либо интере́сное, занима́ться че́м-либо.
- ***Satzbeispiele*****:** Бу́дет ли там что́-либо но́вое? Нет основа́ний чего́-либо от них ожида́ть.

Упражнéния

(A) 1 Vergleichen Sie die Satzpaare und bringen Sie bei der Übersetzung die Bedeutungsunterschiede der Hervorhebungen deutlich zum Ausdruck.

1. Кáжется, я что́-то читáл об э́том писáтеле в журнáле.
2. Он что́-то сказáл по-украи́нски.
3. И́ра рассказáла Вéре что́-то о нóвом дирéкторе.
4. Он написáл ей что́-то в альбóм для стихóв (*Poesiealbum*).

1. Дай мне что́-нибудь почитáть об э́том писáтеле.
2. Скажи́ и ты что́-нибудь по-украи́нски.
3. Расскажи́ мне тáкже что́-нибудь о нóвом дирéкторе.
4. Напиши́ и мне что́-нибудь в мой альбóм для стихóв.

2 Formulieren Sie den hervorgehobenen Sachverhalt bewusst unbestimmt, lassen Sie durchblicken, dass Sie wissen, wovon Sie sprechen.

Скóро твой день рождéния. Ты óчень обрáдуешься подáрку (1). Мы купи́ли для тебя́ велосипéд (2). Бáбушка приготóвит твоё люби́мое блю́до (3). Мы поговори́м о нáшей предстоя́щей поéздке в Грéцию (4).

3 *Что́-нибудь* oder *немнóго*? Setzen Sie richtig ein.

– Купи́ (1) на у́жин.
– А что?
– Купи́ (2) колбасы́ и сы́ра.
– 200 грамм сы́ра?
– Нет, (3) бóльше. Не забу́дь купи́ть (4) фру́ктов.
– Хорошó.
– Да, чуть не забы́ла, купи́ (5) к чáю.

(B) 4 Geben Sie „*etwas*“ im Gespräch richtig wieder.

В кни́жном магази́не
– Здрáвствуйте!
– Дóбрый день! Позвóльте вам помóчь? Вы и́щете (1) определённое?
– Да, мне ну́жен юриди́ческий ру́сско-немéцкий словáрь.
– Давáйте пройдём к компью́теру и посмóтрим в каталóге. Я увéрен, вы найдёте (2) подходя́щее. Подожди́те (3)! Здесь перечи́слены все юриди́ческие ру́сско-немéцкие словари́.

– Большóе спасúбо.
Чéрез нéсколько минýт.
– Вы нашлú (4)?
– Да, (5) я нашлá. Я хотéла бы заказáть вот э́тот словáрь.

5 Was sagen Sie in folgenden Situationen?

1. Ваш друг рассказáл вам мнóгое о своéй сестрé, но вы не пóмните подрóбностей.
2. Вы прóсите дрýга рассказáть вам о сестрé, всё равно, о чём.
3. Ваш друг купúл подáрок для сестры́, но не говорúт о том, что э́то.
4. Ваш друг изучáет испáнский язы́к в университéте, вы прóсите егó сказáть нéсколько слов по-испáнски.
5. Ваш друг попросúл вас передáть учúтелю сувенúр, видеокассéту и ещё нéкоторые кнúги.

Frau
жéнщина, женá, госпожá, фрáу

жéнщина → *какáя?*

- **Allgemein** für „Frau“, bezeichnet eine **weibliche Person** im heiratsfähigen Alter;
  Gegensatz: мужчúна.
- ***Kollokationen*:** жéнщина **какáя** (молодáя, стáрая, образóванная, совремéнная, срéднего вóзраста, срéднего рóста); ~-врач; úмя -ы, глазá -ы; уважáть жéнщин, знать -у, пригласúть -у, влюбúться в -у, ~ с детьмú, разговáривать с -ой, пóмнить о -е; мóда для жéнщин.
- ***Satzbeispiele*:** В автóбус вошлá молодáя жéнщина в тёмных очкáх. Лицó э́той жéнщины показáлось мне знакóмым. У жéнщины свéтлые вóлосы.

женá (*Pl. жёны*) → *какáя? чья? когó?*

- **Verheiratete** Ehefrau; Anrede gegenüber der eigenen Ehefrau; ist hauptsächlich in der Umgangssprache gebräuchlich, sonst супрýга;
  Gegensatz: муж.
- ***Kollokationen*:** женá **какáя** (хорóшая, дóбрая, симпатúчная, лю́бящая, вторáя); ~ **чья/когó** (брáта, дрýга); любóвь -ы́, интерéсы -ы́, сестрá -ы́; любúть свою́ -ý, цéловать -ý, говорúть с -óй, дýмать о -é, забóтиться о -é.
- ***Satzbeispiele*:** Он óчень лю́бит свою́ женý. Женá моегó

дру́га рабо́тает учи́тельницей. У него́ краси́вая молода́я жена́. Мы с жено́й лю́бим путеше́ствовать.

госпожа́ → *кто?*

- Höfliche Anrede einer Frau, nicht vor Verwandtschaftsbezeichnungen, vereinzelt vor Titeln (z.B. госпожа́ профе́ссор, aber einfach Здра́вствуйте, до́ктор!), in Bezug auf russische Frauen besonders verbreitet bei der Anrede in Briefen und bei offiziellen Anlässen, wenn Vor- und vor allem Vatersname der Frau unbekannt sind, sehr gebräuchlich auch bei der Anrede von Ausländerinnen; **Gegensatz:** господи́н.
- ***Kollokationen*:** госпожа́ **кто** (мини́стр, президе́нт).
- ***Satzbeispiele*:** Разреши́те предста́вить вам госпожу́ Гонца́лес. Уважа́емая госпожа́ Петро́ва!

фра́у → *кто?*

- Gelegentliche **Anrede** gegenüber in **Deutschland lebenden** Frauen; **Gegensatz:** господи́н.
- ***Kollokationen*:** фра́у Граф, разгова́ривать с ~ Бе́ккер, познако́миться с ~ Ва́льтер.
- ***Satzbeispiele*:** Познако́мься, э́то фра́у Шульц. Фра́у Крю́гер, где вы отдыха́ли ле́том? Фра́у Эль-Хаса́н, как вы себя́ чу́вствуете?

Упражне́ния

(A) 1 *Жена́* oder *же́нщина?* Schreiben Sie die jeweils richtige Variante heraus.

– Кри́стиан, на э́том сни́мке ты ви́дишь мою́ *жену́/же́нщину* (1) с на́шим сы́ном.
– У тебя́ краси́вая *жена́/же́нщина* (2).
– Да, Лари́са не то́лько краси́вая, но и о́чень у́мная *жена́/же́нщина* (3).
– А ты, Кри́стиан, не собира́ешься созда́ть семью́?
– Я не про́тив. Неда́вно я познако́мился с *жено́й/же́нщиной* (4), на кото́рой я бы жени́лся.

(B) 2 *Госпожа́, жена́, же́нщина* oder *фра́у*? Setzen Sie richtig ein.

– Познако́мьтесь, э́то ... (1) Ма́йер, а э́то ... (2) Крыло́ва.
– Я о́чень ра́да вас ви́деть, ... (3) Ма́йер. Вы же ... (4) учи́теля неме́цкого языка́ на́шей до́чери?
– Нет, вы обозна́лись. Е́сли я не ошиба́юсь, ... (5) в жёлтой блу́зке ... (6) господи́на Ма́йера.

– Извини́те, что я приняла́ вас за другу́ю ... (7).
– Ничего́, Ма́йер о́чень распространённая фами́лия в Герма́нии.

3 Fragen Sie Ihren russischen Gesprächspartner,

– wer die Frau auf dem Foto ist (1).
– als was seine Frau tätig ist (2).
– wie alt seine Frau ist (3).
– ob er Frau Müller heute schon gesehen hat (4).
– ob er die Frau in dem roten Kleid kennt (5).
– ob die Frau Minister den Brief schon unterschrieben hat (6).

Freund
друг, прия́тель, това́рищ

друг → *чей? кого́? како́й?*

- **1.** Freund, Person, der man vertraut, von der man sich verstanden fühlt, die einem sehr nahesteht, auf die man sich verlassen kann; **2.** bezeichnet in der **Umgangssprache** eine Person, die man liebt, mit der man intime Beziehungen pflegt; hier Synonym für люби́мый (als Substantiv);
  Gegensatz: враг, не́друг.
- ***Kollokationen*: 1.** друг **чей/кого́** (отца́, сестры́); ~ **како́й** (настоя́щий, лу́чший, еди́нственный); сове́т -а, по́мощь -а; помо́чь/помога́ть -у; <по->ве́рить -у; **2.** ~ **чей/кого́** (подру́ги, сестры́); ~ **како́й** (ве́рный, краси́вый, хоро́ший); жить с -ом, <по->теря́ть -а, вы́йти за́муж за -а.
- ***Satzbeispiele*: 1.** Познако́мьтесь, э́то мой друг! Я получи́ла откры́тку от своего́ шко́льного дру́га. Ва́ня стал мне настоя́щим дру́гом. Како́е сча́стье – име́ть дру́га! **2.** Она́ живёт со свои́м дру́гом. Мой друг подари́л мне кольцо́.

прия́тель → *чей? кого́? како́й?*

- Freund, Kamerad, Kumpel, guter Bekannter, zu dem freundschaftliche Beziehungen bestehen, die aber im Vergleich mit друг weniger stark ausgeprägt sind, kein intimer Freund;
  Gegensatz: неприя́тель, враг.
- ***Kollokationen*:** прия́тель **чей/кого́** (Ири́ны, ма́тери, сосе́да); ~ **како́й** (хоро́ший, моско́вский, шко́льный); говори́ть с -ем, жить у -я.
- ***Satzbeispiele*:** Бори́с с Андре́ем бы́ли прия́телями. Я пригласи́л к себе́ трёх прия́телей. Ве́чером я пойду́ с прия́телем в кино́.

това́рищ → *чей? кого́? како́й?*

- Freund, Gefährte, Kamerad, dem man sich durch gemeinsame Arbeit, Tätigkeit, Ausbildung (z.B. in der Schule, an der Hochschule u.Ä.) freundschaftlich und in den persönlichen Ansichten verbunden fühlt; tritt häufig in zusammengesetzten Substantiven auf, bezeichnet wie прия́тель keinen intimen Freund.
- ***Kollokationen*:** това́рищ **чей/кого́** (бра́та, отца́); ~ **како́й** (хоро́ший, ве́рный, шко́льный); ~ де́тства; ~ по университе́ту; говори́ть с -ем, поздра́вить -а, спроси́ть у -а.
- ***Satzbeispiele*:** У него́ мно́го това́рищей по учёбе. Това́рищи помогли́ мне в тру́дное вре́мя. Э́то Тиму́р, мой о́чень хоро́ший това́рищ де́тства. Он поу́жинал со свои́ми това́рищами.

Упражне́ния

(A) 1 Ordnen Sie *друг* und *това́рищ* der jeweils richtigen Gruppe zu.

1. ____________________	2. ____________________
по шко́ле	лу́чший
по учёбе	еди́нственный

2 *Друг* oder *прия́тель*? Markieren Sie die inhaltlich treffendere und stilistisch bessere Variante.

Ва́ня

У меня́ мно́го *друзе́й/прия́телей* (1). Мы хорошо́ зна́ем друг дру́га. А Ва́ня мой еди́нственный настоя́щий *друг/прия́тель* (2). На него́ я всегда́ могу́ положи́ться. Не́которые из мои́х *друзе́й/прия́телей* (3) зави́дуют мне, что у меня́ есть тако́й *друг/прия́тель* (4). Ва́ня всегда́ гото́в помо́чь. Он не то́лько мой лу́чший *друг/прия́тель* (5), но и мой лу́чший кри́тик.

3 *Друг* oder *прия́тель*? Setzen Sie richtig ein.

1. ... у Ко́ли бы́ло мно́го, а настоя́щих ... всего́ оди́н.
2. Еди́нственный ... в беде́ лу́чше ста ... в бога́тстве.
3. Не име́й сто рубле́й, а име́й сто ...
4. Ста́рый ... лу́чше но́вых двух.

(B) 4 Ordnen Sie *друг, прия́тель* und *това́рищ* nach der Nähe der freundschaftlichen Beziehungen.

1. ______________ 2. ______________ 3. ______________

5 Stellen Sie Ihrem russischen Gesprächspartner Ihre Freunde vor. Achten Sie dabei auf die richtige Verwendung von *друг, приятель* und *товарищ.*

1. Siegfried ist Ihr bester Freund. 2. Gerd ist ein alter Jugendfreund. 3. William ist ein (eher flüchtiger) amerikanischer Freund. 4. Manfred ist ein Studienfreund.

für
для, за, на, по

для (*Präposition*) → *кого́? чего́?*
- **1.** Verweist auf die Zielperson, für die etwas bestimmt ist; **2.** gibt den Zweck an; **3.** weist auf Abweichungen von der Norm hin.
- ***Kollokationen*: 1.** для **кого́** (для бра́та, для Ди́рка, для дете́й); **что** для **кого́** (ку́рсы для начина́ющих, места́ для пассажи́ров с детьми́, литерату́ра для дете́й, ваго́н для некуря́щих); **2. что** для **чего́** (су́мка для проду́ктов, о́вощи для су́па); хорошо́ для здоро́вья; для побе́ды; **3.** для **чего́** (того́ вре́мени, своего́ во́зраста).
- ***Satzbeispiele*: 1.** Прогу́лки поле́зны для дете́й. Я всё сде́лаю для вас. Э́та зада́ча сли́шком трудна́ для меня́. Для кого́ вы купи́ли э́тот пода́рок? **2.** Для чего́ э́то тебе́ ва́жно? Мне э́то ну́жно для учёбы. **3.** Для того́ вре́мени э́то бы́ло больши́м достиже́нием. Для свои́х лет он о́чень о́пытен. Для иностра́нки она́ хорошо́ говори́т по-ру́сски.

за (*Präposition*) → *кого́? что́? чем?*
- **1. Für jemanden**, für einen bestimmten **Zweck**, ein **Ziel**, eine Sache **eintreten**, sich einsetzen; **2.** verweist auf den **Grund**, die Ursache von Reaktionen; **3.** gibt den **Gegenwert**, **Preis** für eine Ware oder eine Dienstleistung an; **4.** etwas **anstelle** von jemandem tun; **5.** bezeichnet die **Aufeinanderfolge** gleichartiger zeitlicher, räumlicher und sprachlicher Einheiten; hier im Unterschied zum Akkusativ (1.–4.) in Verbindung mit dem **Instrumental**.
- ***Kollokationen*: 1.** за **кого́** (выступа́ть за президе́нта, голосова́ть за президе́нта); за **что** (боро́ться за незави́симость, отда́ть жизнь за свобо́ду страны́, выступа́ть за права́ челове́ка, голосова́ть за предложе́ние); **2.** за **что** (благодари́ть за по́мощь, хвали́ть за рабо́ту, наказа́ть за преступле́ние); **3.** за **что** (рабо́тать за пла́ту, сде́лать перево́д кни́ги за

де́ньги, плати́ть за поку́пки; ма́рка за 100 рубле́й; цена́ за килогра́мм); **4.** за **кого́** (подписа́ть докуме́нт за дире́ктора, сде́лать рабо́ту за дру́га, оста́ться за нача́льника, есть за двои́х, вы́полнить зада́ние за больно́го однокла́ссника); **5. что** за **чем** (день за днём, ме́сяц за ме́сяцем, год за го́дом; метр за ме́тром, шаг за ша́гом; сло́во за сло́вом, предложе́ние за предложе́нием; чита́ть кни́гу за кни́гой).

- ***Satzbeispiele*: 1.** „Гри́нпи́с" акти́вно бо́рется за охра́ну окружа́ющей среды́. Они́ сража́лись за ро́дину. За кого́ вы голосу́ете? **2.** Большо́е спаси́бо за твоё письмо́. Мы благодари́м вас за приглаше́ние. **3.** Я купи́л э́ту кни́гу за 52 до́ллара. За рабо́ту мне заплати́ли 3000 рубле́й. **4.** Сде́лай э́то за меня́. Я за тебя́ всё сде́лаю. Он рабо́тает за двои́х. **5.** Незаме́тно проходи́л день за днём. Неде́лю за неде́лей мы рабо́тали на стро́ительстве. Шаг за ша́гом он приближа́лся к це́ли.

на (*Präposition*) → *что? кого́? чего́?*

- **1.** Verweist auf einen bestimmten Zeitraum oder Zeitpunkt; **2.** gibt die Zweckbestimmung in quantitativer oder materieller Hinsicht an.
- ***Kollokationen*: 1.** на **что** (на две неде́ли, на о́сень, на мно́го лет); соста́вить пла́ны на бу́дущее; освободи́ться на три дня, прие́хать на пять дней; назна́чить собра́ние на сего́дня, на семь часо́в, на пото́м; **2. что** на **кого́** (стадио́н на 50000 зри́телей, стол на трёх челове́к); **что** на **что** (зал на 200 мест, купи́ть конфе́т на два до́ллара; ткань на ю́бку, това́ры на э́кспорт, де́ньги на путеше́ствие).
- ***Satzbeispiele*: 1.** У меня́ больши́е пла́ны на о́тпуск. Ми́ша уе́хал на неде́лю. Ка́тя купи́ла проду́кты на уик-э́нд. **2.** Я заказа́л стол на четырёх челове́к. В э́том зда́нии есть зал на ты́сячу зри́телей. Оте́ц да́л мне де́ньги на пое́здку в Рим.

по (*Präposition*) → *чему́? како́му предме́ту? како́й специа́льности?*

- Verweist auf die Tätigkeit, das **Fachgebiet** von Personen oder Gremien bzw. Fachbüchern.
- ***Kollokationen*:** специали́ст по электро́нике, врач по глазны́м боле́зням, коми́ссия по вопро́сам культу́ры, организа́ция по защи́те приро́ды, уче́бник по ру́сскому языку́, спра́вочник по грамма́тике по́льского языка́.
- ***Satzbeispiele*:** Оле́г специали́ст по информа́тике. Мой дя́дя врач по ушны́м боле́зням. Ви́ктор член коми́ссии по вопро́сам тра́нспорта. Мне ну́жен уче́бник по бота́нике.

Nacht <u>für</u> Nacht → ка́ждую ночь.
sich <u>für</u> jemanden/etwas interessieren → интересова́ться кем/чем-н.
schwärmen <u>für</u> jemanden/etwas → восторга́ться кем/чем-н.
an und <u>für</u> sich → в су́щности
<u>für</u> den Fall, dass ... → в слу́чае, е́сли ...

Упражне́ния

(A) 1 Präzisieren Sie die hervorgehobenen Wörter durch die Angaben in Klammern.

M Мой оте́ц <u>врач-специали́ст</u> (→ вну́тренние боле́зни).
Мой оте́ц врач-специали́ст по вну́тренним боле́зням.

1. Мой оте́ц <u>специали́ст</u> (→ матема́тика). 2. Мой ста́рший брат <u>тре́нер</u> (→ лёгкая атле́тика). 3. Моя́ сестра́ <u>профе́ссор</u> (→ ру́сская литерату́ра). 4. Е́ю напи́сано не́сколько <u>уче́бных посо́бий</u> (→ литерату́ра и ру́сский язы́к). 5. Ежего́дно она́ вме́сте со свои́ми колле́гами организу́ет <u>олимпиа́ду</u> (→ ру́сский язы́к).

2 *Для* oder *на*? Setzen Sie die jeweils passende Präposition und die fehlenden Endungen ein.

1. – Ско́лько сто́ит са́мый дешёвый биле́т ... (1) у́тренн____ цирков____ представле́н____?
   – ... (2) дет____ 40 рубле́й, а ... (3) взро́сл____ 80 рубле́й.
   – Два биле́та ... (4) 15 часо́в ... (5) дет____, пожа́луйста.
   – Вот, пожа́луйста. С тебя́ 80 рубле́й.
2. – Зо́я, ... (1) ско́лько дней ты е́дешь в Москву́?
   – ... (2) неде́л____.
   – Ты не смогла́ бы купи́ть ... (3) мо____ сестр____ матрёшку? Коне́чно, я дам тебе́ де́ньги ... (4) э́т____ вещь____. Изде́лия ру́сских наро́дных про́мыслов о́чень до́роги.
3. – Ли́за, у тебя́ есть уче́бник по биоло́гии ... (1) 10 кла́сс____?
   – Есть.
   – Не могла́ бы ты дать мне его́ ... (2) не́сколько дне́й?
   – Е́сли он тебе́ ну́жен, я дарю́ тебе́ его́.
   – Ли́зочка, большо́е спаси́бо. А вот э́ти цветы́ ... (3) тебя́.

(B) 3 Ordnen Sie die präpositionalen Fügungen nach ihrer Bedeutung in die entsprechende Spalte der Tabelle ein.

рабóтать за дóллары, специалúст по информáтике, благодарúть за кнúгу, кнúга для Я́на, ценá за кнúгу, плáны на канúкулы, шкаф для посýды, ткань на плáтье, вáжно для мúра, борóться за мир, уéхать на две недéли, комúссия по правáм человéка.

Zielperson	Zweck, Ziel	Grund	Gegenwert	Zeitraum/ Zeitpunkt	Spezialgebiet

4 Geben Sie „*für*" im Russischen richtig wieder.

– Вчерá я купúл подáрок (1) мо____ подрýг____. Я дýмаю, онá бýдет óчень радá э́той энциклопéдии. У неё скóро день рождéния.
– О, э́то отлúчный подáрок. (2) скóлько мáрок ты купúл её?
– (3) 125 мáрок.
– Кáтя интересýется (4) рýсск____ культýр____?
– Да, онá специалúст (5) рýсск____ язык____. Онá лю́бит Россúю. Лéтом мы вмéсте поéдем (6) нéсколько недéль во Владивостóк. Там живёт её подрýга.
– Во Владивостóк? В доперестрóечные временá он был закры́тым (7) инострáнц____ гóродом.
– Да, а тепéрь он откры́т (8) все____.

5 Sagen Sie russisch, dass Sie

– Spezialist/in für Bildende Kunst des 18. Jahrhunderts sind;
– für drei Wochen nach Russland fliegen;
– sich sehr für die russische Kunst und Kultur interessieren;
– für einen noch intensiveren Kulturaustausch mit Russland sind;
– für die deutschen Fernsehzuschauer einen Film über die Ermitage drehen werden.

весь, це́лый; совсе́м, соверше́нно, вполне́

весь, вся, всё, все (*Pronomen*) → *кто? что?*

- **1.** Bezieht sich auf einen **bestimmten**, von seinem Beginn bis zu seinem Ende andauernden **Zeitraum**, hier meistens nur im Singular gebraucht; **2.** ganz, ungeteilt, alles ohne Ausnahme, nichts ausgelassen, bezieht sich auf **Erscheinungen** in ihrer vollständigen **Ganzheit**; 1./2. im Deutschen jeweils mit **bestimmtem Artikel** zu übersetzen: **der** ganze usw.; **3.** in einigen (festen) Redewendungen, hier nicht durch це́лый zu ersetzen.
- ***Kollokationen*: 1.** весь **что** (день, ве́чер, вся жизнь, всё ле́то, все кани́кулы); **2.** ~ **кто** (наро́д, вся страна́, всё населе́ние); ~ **что** (дом, вся библиоте́ка, всё письмо́); прочита́ть всю кни́гу, вы́пить весь стака́н молока́; **3.** от всей души́, от всего́ се́рдца.
- ***Satzbeispiele*: 1.** Весь день я был в шко́ле. Вчера́ я всё вре́мя был до́ма. Всё ле́то мы жи́ли в дере́вне. Все кани́кулы я провёл в гора́х. **2.** Вся семья́ была́ в гостя́х у ба́бушки. Весь го́род встре́тил космона́втов. За ве́чер он прочита́л весь рома́н. **3.** От всего́ се́рдца жела́ю тебе́ успе́хов. От всей души́ жела́ю вам здоро́вья.

це́лый, -ая, -ое, -ые; цел, -а́, -о, -ы → *кто? что?*

- **1.** Bezieht sich auf einen **nicht genau bestimmten**, von seinem Beginn bis zu seinem Ende andauernden **Zeitraum**, in dem irgendetwas geschieht; nur in der Langform gebräuchlich; wird vorwiegend in der **Umgangssprache** verwendet; oft mit der Nuance der Übertreibung; **2.** ganz, vollständig, ungeteilt; hat **verstärkende Bedeutung**; nur in der Langform gebräuchlich; 1./2. im Deutschen im Singular mit **unbestimmtem** oder im Plural **ohne Artikel** zu übersetzen; vorwiegend in der **Umgangssprache** verwendbar; **3.** ganz, heil, unversehrt in Bezug auf zerbrechliche Gegenstände; meist in prädikativer Stellung und in der Kurzform; **4.** Begriff aus der Mengenlehre, hier auch als Substantiv verwendet: це́лое.
- ***Kollokationen*: 1.** це́лый **что** (день, -ая жизнь, -ое у́тро, -ых три часа́, -ых две неде́ли); прожда́ть ~ час, не писа́ть ~ год; отдыха́ть -ых два ме́сяца, чита́ть -ыми вечера́ми; **2.** ~ **кто** → населе́ние (го́род, -ые сёла); ~ **что** (пиро́г, -ая кни́га, -ые тетра́ди); съесть -ое я́блоко, вы́пить ~ стака́н молока́; рабо́та -ых поколе́ний; ~ ряд вопро́сов; **4.** -ые чи́сла, -ое.

- ***Satzbeispiele*: 1.** Он прождáл тебя́ цéлый час. Мáма болéла цéлую недéлю. Мы не ви́делись цéлую вéчность. В дорóге мы бы́ли цéлых пять дней. **2.** Он съел цéлый пирóг. Культýра – э́то и рабóта рук, умá цéлых поколéний. Мы вы́пили цéлую буты́лку сóка. Он не мог ответи́ть на цéлый ряд вопрóсов. **3.** Вáза упáла, но остáлась целá. Стекля́нные двéри цéлы. **4.** Дéти решáли задáчу с цéлыми чи́слами.

совсéм (*Adverb*) → *какóй* (кто, что)*? как?*

- Ganz, in vollem Maße, in bedeutendem Ausmaß; verstärkt zusätzlich die Bedeutung des Adjektivs, Verbs bzw. Adverbs als Beziehungswort; mit vorangestelltem не durch „nicht ganz" und mit nachgestelltem не oder нет durch „ganz und gar nicht" zu übersetzen; совсéм weitgehend synonym mit вполнé, совершéнно und абсолю́тно (*umgangsspr.*).
- ***Kollokationen*:** совсéм **какóй** кто (мáленький ребёнок, молодáя дочь, другóе поколéние, мáленькие дéти); ~ **какóй** что (другóй харáктер, другóе дéло, нóвые брю́ки), ~ **как** (темнó, прóсто); ~ (не) измени́ться, ~ не умéть, ~ не знать, ~ не понимáть, ~ не чýвствовать; ~ стемнéло, ~ рассвелó; ~ оди́н; (не) ~ здорóв, ~ бли́зко.
- ***Satzbeispiele*:** Онá ещё совсéм молодáя жéнщина. Сын у негó совсéм мáленький. Наш дéдушка ужé совсéм стар. Плáтье совсéм ещё нóвое. Я совсéм забы́л об э́том. Всё бы́ло не совсéм так, как Жéня пи́шет. Дождь совсéм перестáл. Я егó совсéм не знáю. В шесть часóв вéчера ужé бы́ло совсéм темнó.

совершéнно (*Adverb*) → *какóй* (кто, что)*? как?*

- Ganz, in vollem Maße, in bedeutendem Ausmaß; um eine Bedeutungsnuance **kategorischer** als совсéм; **nicht mit vorangestelltem не** zu verwenden; mit nachgestelltem не oder нет durch „**ganz und gar nicht**" wiederzugeben;
  Synonyme: совсéм, вполнé, абсолю́тно (*umgangsspr.*).
- ***Kollokationen*:** совершéнно **какóй** кто (незнакóмый человéк, другóе поколéние, чужи́е лю́ди); ~ **какóй** что (другóй харáктер, нóвое плáтье), ~ **как** (вéрно, прáвильно); почýвствовать себя́ ~ чужи́м, быть (оставáться, казáться) ~ спокóйным.
- ***Satzbeispiele*:** Мне помогли́ совершéнно чужи́е лю́ди. У сестры́ совершéнно другóй харáктер. Я совершéнно забы́ла об э́том. Я егó совершéнно не знáю. Он стал совершéнно седы́м. Футбóл её совершéнно не интересýет. Наканýне экзáмена Ли́за былá совершéнно спокóйной.

вполне́ → *Adverb*

- **Oft mit Verneinung:** nicht ganz; in Verbindung mit vorangestelltem не weitgehend synonym mit не совсе́м.
- ***Kollokationen*:** (не) вполне́ дово́лен, ~ сча́стлив.
- ***Satzbeispiele*:** Мой брат ещё не вполне́ здоро́в. Я с ва́ми (не) вполне́ согла́сна. А́нтье вполне́ мо́жет хорошо́ учи́ться. Мы (не) вполне́ дово́льны результа́тами. По-мо́ему, он (не) вполне́ сча́стлив.

Vorsicht, Fehlerquelle!

ganz gut russisch können	→ дово́льно хорошо́ говори́ть по-ру́сски
im Ganzen	→ в о́бщем
ganz gleich	→ безразли́чно
ganz im Norden	→ на са́мом се́вере
ganz am Anfang (Ende)	→ в са́мом нача́ле (конце́)

Упражне́ния

(A) 1 Übersetzen Sie. Achten Sie auf die unterschiedliche Wiedergabe von *весь* und *це́лый* im Deutschen.

1. Вы́пей *всё* кака́о.
2. Вы́учи *всё* стихотворе́ние.
3. Ка́ти *всю* неде́лю здесь не́ было.
4. *Весь* ме́сяц он жил у ба́бушки.
5. *Всю* жизнь он рабо́тал учи́телем.

1. На столе́ стои́т *це́лый* кувши́н кака́о.
2. Я учи́ла его́ *це́лый* час.
3. Она́ была́ больна́ *це́лую* неде́лю.
4. *Це́лый* ме́сяц у него был о́тпуск.
5. *Це́лую* жизнь он провёл в Сиби́ри.

2 Setzen Sie *весь* oder *це́лый* in der erforderlichen Form ein.

Ле́на, твоё письмо́ шло ... две неде́ли (1). Меня́ о́чень опеча́лило, что твой оте́ц уже́ ... ме́сяц (2) более́т. От ... души́ (3) жела́ю ему́ скоре́йшего выздоровле́ния. А мы вот уже́ ... год (4) живём в А́нкламе. Ско́ро я пере́еду в Га́мбург, там я буду́ ... два го́да (5) обуча́ться но́вой специа́льности. Я так ра́да, что тепе́рь мне не придётся ... день (6) сиде́ть до́ма.
Ле́ночка, от ... се́рдца (7) жела́ю тебе́ и твое́й семье́ всего́ са́мого до́брого.

3 Übersetzen Sie. Begründen Sie den Gebrauch von *вполне́* und *совсе́м.*

1. – Оле́г, я *совсе́м* забы́л спроси́ть тебя́. Я слы́шал от твое́й сестры́, что твой оте́ц не *совсе́м* здоро́в. Как он чу́вствует себя́ сейча́с?
   – Спаси́бо, сейча́с ничего́. Пра́вда, о́чень похуде́л и *совсе́м* поседе́л.
   – А как здоро́вье ма́тери?
   – А ма́ма, к сча́стью, чу́вствует себя́ *вполне́* хорошо́.
2. – Ты знако́м с но́вым игроко́м?
   – Нет, я его́ *совсе́м* не зна́ю. А ты?
   – Он игра́ет вме́сто То́ли. Он ещё *совсе́м* мо́лод, но игра́ет отли́чно. Да и тре́нер *вполне́* дово́лен им.

4 Beantworten Sie die Fragen unter Verwendung von *вполне́* oder *совсе́м.*

1. Бу́дет ли Гри́шин выходи́ть на старт на 100 ме́тров? (... исключено́)
2. Кто за него́ бу́дет выходи́ть на старт? (молодо́й Ивано́в, ... неда́вно на́чал тренирова́ться у ...)
3. Почему́ не Па́шин? (не ... дово́лен результа́тами во вре́мя трениро́вки)
4. Па́шин согла́сен с э́тим реше́нием? (не ...)

(B) 5 Sagen Sie russisch, dass Sie ...

– die ganze Woche gut trainiert haben;
– bei einem ganz jungen Trainer trainieren;
– gestern eine ganze Stunde trainiert haben;
– mit Ihren Ergebnissen noch nicht ganz zufrieden sind;
– ein ganzes Jahr in Amerika trainieren werden.

Gebiet
террито́рия, о́бласть, райо́н, край

террито́рия → *чья? чего́? кака́я?*

- **1.** Territorium, Hoheitsgebiet eines Staates bzw. Staatenbundes; **2.** Gebiet, Raum, Fläche mit bestimmten Grenzen.
- ***Kollkationen*: 1.** террито́рия **чья/чего́** (Росси́и, Европе́йского сою́за); **2. чья/чего́ ~** (го́рода, шко́лы, заво́да, па́рка, о́бласти, райо́на); **~ кака́я** (небольша́я, охраня́емая).

- ***Satzbeispiele*: 1.** Э́то часть террито́рии ФРГ. **2.** Росси́я занима́ет са́мую большу́ю террито́рию Земли́. На террито́рии санато́рия нахо́дится о́зеро.

о́бласть → *чья? чего́? кака́я?*

- **1.** Gebiet, (Erd-)Fläche bestimmter Ausdehnung, Territorium; **2.** Gebiet, Region, Teil des Landes mit einer großen Stadt als Zentrum, administrativ-territoriale Einheit in Russland; **3.** Gebiet im übertragenen Sinne, Bereich, Fach, in dem sich jemand auskennt, besondere Fähigkeiten hat; hier nur im Singular.
- ***Kollokationen*: 1.** о́бласть **чего́** (ту́ндры, тайги́); **2.** ~ **чья/чего́** (страны́, Евро́пы); ~ **кака́я** (Моско́вская, лесна́я, се́верные -и, чернозёмные -и), населе́ние -и, перее́хать в э́ту ~, жить в э́той -и; **3.** ~ **чего́** (зна́ний, нау́ки, медици́ны, культу́ры, интере́сов, де́ятельности); ~ **кака́я** (но́вая, ва́жная, интере́сная); име́ть о́пыт в -и торго́вли, рабо́тать в -и чего́-н. (хи́мии, фи́зики, биоло́гии).
- ***Satzbeispiele*: 1.** Че́рез неде́лю мы дости́гли о́бласти ве́чных снего́в. **2.** Мой друг живёт в Ту́льской о́бласти. Он роди́лся в Моско́вской о́бласти. Мы осмотре́ли ю́жные о́бласти страны́. Полта́вская о́бласть вхо́дит в соста́в Украи́ны. **3.** Ви́ктор Ива́нович специали́ст в о́бласти я́дерной фи́зики. Её спосо́бности осо́бенно прояви́лись в о́бласти му́зыки.

райо́н → *чего́? како́й?*

- Das Substantiv „район“ ist aus dem Französischen ‚le rayon‘ entlehnt u. kommt ursprünglich aus dem Latein ‚radius‘ – „Strahl“ oder „Kreisumfang“.
  1. Gebiet, **Teil** einer Verwaltungseinheit; **2.** ein relativ **kleines Territorium**, das ein in sich geschlossenes Ganzes in den Grenzen einer größeren territorialen Einheit bildet; **3. Gegend**, bestimmter Raum, in dessen Grenzen irgendwelche Handlungen passieren.
- ***Kollokationen*: 1.** райо́н **како́й** (се́верный, за́падный, ю́жный, восто́чный, приро́дный, го́рный, лесно́й, степно́й, у́гольный); **2.** ~ **чего́** (управле́ния, угледобы́чи (*Kohleförderung*); ~ **како́й** (экономи́ческий, промы́шленный, кри́зисный, отста́лый, развито́й); **3.** райо́н **чего́** (бо́я, войны́, большо́го строи́тельства).
- ***Satzbeispiele*: 1.** В се́верных райо́нах страны́ уже́ мно́го сне́га. **2.** Э́то ва́жный экономи́ческий райо́н. **3.** Он е́дет в райо́н строи́тельства.

край → *чегó? какóй?*

- Gebiet, Land, Gegend; hier bedeutungleich mit странá.
- ***Kollokationen*: 1.** край **чегó** (рек, лесóв); ~ **какóй** (богáтый, плодорóдный, леснóй); поéхать в э́тот ~, жить в э́том краю́, путешéствовать по э́тому -ю.
- ***Satzbeispiele*:** В нáшем краю́ мнóго озёр. Я рéдко бывáю в э́тих края́х. Прирóда нáшего крáя óчень своеобрáзна.

Упражнéния

(A) 1 *Территóрия* oder *óбласть*? Setzen Sie richtig ein.

Я родилáсь и вы́росла в дрéвнем рýсском гóроде Белозéрске Вологóдской ... (1). Мой роднóй гóрод располóжен на берегý Бéлого óзера. ... (2) вокрýг óзера осóбенно краси́ва. Мои́ роди́тели рабóтают в краевéдческом музéе. На ... (3) музéя мнóго дрéвних церквéй. Я люблю́ бывáть там. Осóбенно меня́ интересýют сохрани́вшиеся вáлы дрéвнего кремля́. К нам чáсто приезжáют специали́сты, рабóтающие в ... (4) искýсства и истóрии. Я тóже хочý стать специали́стом в ... (5) дрéвнего искýсства.

(B) 2 Ordnen Sie *край, óбласть* und *райóн* auf einer Worttreppe nach der zunehmenden Größe.

3 Ergänzen und beantworten Sie die Fragen. Achten Sie dabei auf die richtige Verwendung von *край, óбласть, райóн* und *территóрия.*

1. Какýю странý назывáют ... озёр?
2. Как____ ... занимáют лесá в вáшей землé?
3. Как____ ... наýки вас интересýет бóльше всегó?
4. Как____ ... в экономи́ческом отношéнии явля́ется сáмым разви́тым в вáшей странé?

gemeinsam
óбщий, совмéстный

óбщий, -ая, -ее, -ие (*Adjektiv*) → *кто? что?* (*neutral*)

- **1.** Etwas **Gemeinsames**, das **alle** Beteiligten **betrifft** oder ihnen **allen gehört**, wird mit Gegenstands- und Tätigkeitsbezeichnungen, seltener mit Personenbezeichnungen verbunden; **2.** kann in Verbindung mit мнóго und мáло auch ohne Beziehungswort **als Substantiv** im Genitiv Singular gebraucht werden;
  Gegensatz: ли́чный, чáстный.
- ***Kollokationen*: 1.** óбщий **кто** (враг, друг); ~ **что** (ры́нок, -ая рабóта, -ее дéло, -ие интерéсы); найти́ ~ язы́к; **2.** имéть мнóго óбщего.
- ***Satzbeispiele*: 1.** Нас объединя́ют óбщие интерéсы. Мы дéлаем óбщее дéло. У нас с ним óбщие плáны. Я легкó нашёл с ней óбщий язы́к. У нас мнóго óбщих знакóмых. **2.** Нас свя́зывает мнóго óбщего.

совмéстный[сн]**, -ая, -ое, -ые** (*Adjektiv*) → *что?* (*neutral*)

- Bezeichnet wie óбщий etwas **Gemeinsames**, das **alle** Beteiligten **betrifft** oder ihnen **allen gehört**, wird mit Gegenstands- und Tätigkeitsbezeichnungen, jedoch **nicht mit Personenbezeichnungen** verbunden; hebt stärker als óбщий die engeren zwischenmenschlichen oder partnerschaftlichen Beziehungen zwischen den Beteiligten hervor; kann im Unterschied zu óбщий **nicht als Substantiv** gebraucht werden;
  Gegensatz: ли́чный, чáстный.
- ***Kollokationen*:** совмéстный **что** (-ая рабóта, -ое предприя́тие, -ое заявлéние); в результáте -ой рабóты.
- ***Satzbeispiele*:** В нáшем гóроде рýсские и нéмцы стрóят совмéстное предприя́тие. Э́то совмéстная рабóта учёных нáшего институ́та. Мой брат рабóтает на совмéстном российско-австри́йском предприя́тии.

Упражнéния

1 Ordnen Sie *óбщий* und *совмéстный* der jeweils richtigen Wortgruppe zu.

1. ____________________	2. ____________________
фи́рма	начáльник
дом	друг
счёт	интерéсы

2 Ergänzen und beantworten Sie die Fragen. Achten Sie dabei auf die richtige Verwendung von *óбщий* und *совмéстный.*

1. Вы хотéли бы основáть с вáшим дрýгом (вáшей подрý-гой) ... фи́рму?
2. Какýю ... цель вы преслéдуете?
3. У вас есть ... друзья́?
4. Каки́е ... интерéсы свя́зывает вас с вáшими друзья́ми?
5. С кем вы хотéли бы соверши́ть ... поéздку?

Gespräch
разговóр, бесéда, собесéдование

разговóр → *с кем? о чём? какóй?*

- **1. Inoffizielles, ungezwungenes, vertrauliches** Unterhaltungsgespräch zum gegenseitigen Informations- und Meinungsaustausch, oft auch zu belanglosen Themen; weitgehend synonym mit бесéда (1.); **2.** Telefongespräch.
- ***Kollokationen*: 1.** разговóр **с кем** (с брáтом, с роди́телями); ~ **о чём** (о семьé, об учёбе); ~ **какóй** (интерéсный, корóткий); тéма -а; начáть/начинáть ~, вести́ ~, учáствовать в -е, подслýшать/подслýшивать ~ когó-н.; **2.** ~ по телефóну, телефóнный ~.
- ***Satzbeispiele*: 1.** В разговóре учáствовали мои́ роди́тели. Мы вели́ разговóр о литератýре. Он вмешáлся в разговóр двух подрýг. **2.** Мне нáдо заказáть разговóр с Берли́ном. Разговóр по телефóну продолжáлся нéсколько минýт.

бесéда → *с кем? о чём? по чемý? какáя? на какýю тéму?*

- **1.** Unterhaltungsgespräch **offiziellen** oder auch persönlichen **Charakters** zu bestimmten Themen; weitgehend synonym mit разговóр (1.); im Vergleich damit häufig inhaltsreicher, tiefgründiger; **2. Interview**, Diskussion; bedeutungsähnlich mit собесéдование.
- ***Kollokationen*: 1.** бесéда **с кем** (с друзья́ми, с дирéктором завóда); ~ **о чём** (о ромáне „Áнна Карéнина", о нóвом фи́льме); ~ **какáя** (дрýжеская, официáльная, деловáя); **2.** ~ **с кем** (с писáтелем, с поли́тиком); ~ **о чём** (о литератýре, о разви́тии биолóгии); ~ **по чемý** (по тéме „Человéк и óбщество"); ~ **какáя** (интерéсная, дли́нная); ~ **на какýю тéму** (на интерéсную тéму, на полити́ческие тéмы).
- ***Satzbeispiele*: 1.** Бесéда молоды́х людéй продолжáлась до пóзднего вéчера. Мéжду глáвами обóих государств состоя́-

лась делова́я бесе́да. **2.** Корреспонде́нт вёл интере́сную бесе́ду с изве́стным худо́жником.

собесе́дование → *с кем? на каку́ю те́му?*
- Aufnahme-, Anstellungs- oder **Prüfungsgespräch**; **wissenschaftliches** Gespräch, mit einem **Kolloquium** vergleichbar.
- ***Kollokationen*:** собесе́дование **с кем** (с выпускнико́м гимна́зии, с кандида́том на рабо́чее ме́сто); ~ **на каку́ю те́му** (на истори́ческую те́му, на ра́зные те́мы); провести́/проводи́ть ~, пригласи́ть/приглаша́ть кого́-н. на ~, устро́ить ~.
- ***Satzbeispiele*:** Та́ня с успе́хом прошла́ собесе́дование и поступи́ла в вуз. Профе́ссор пригласи́л меня́ на собесе́дование. На каку́ю те́му бу́дет сего́дня собесе́дование?

Упражне́ния

(A) 1 Ordnen Sie *бесе́да* und *разгово́р* der jeweils richtigen Gruppe zu.

1. ______________________	2. ______________________
телефо́нн___	делов___
междугоро́дн___	ва́жн___
междунаро́дн___	нау́чн___

(B) 2 *Бесе́да*, *разгово́р* oder *собесе́дование*? Setzen Sie richtig ein.

– Ри́та, я хочу́ пригласи́ть тебя́ в кино́ на фильм „Утомлённые со́лнцем“. По́сле показа́ фи́льма состои́тся ... (1) с режиссёром Михалко́вым.
– Пра́вда!? Я бы с удово́льствием пошла́, но, к сожале́нию, за́втра у меня́ ... (2) с профе́ссором Комаро́вым.
– Ах, а я совсе́м забы́л об э́том. Жаль, но ничего́ не поде́лаешь. Ри́та, к сожале́нию, мне ну́жно прерва́ть наш___ ... (3). Я перезвоню́ тебе́.

groß
большо́й, вели́кий, кру́пный, высо́кий

большо́й, -а́я, -о́е, -и́е → *кто? что? по чему́?* (*neutral*)
1. **Räumlich, zahlenmäßig** groß, groß**flächig,** von großer **Ausdehnung**, großem **Ausmaß**; Komparativ: бо́льший (Langform), бо́льше (Kurzform);
2. großes, **intensives**, tiefes, starkes **Empfinden**, Erleben;

3. groß, **bedeutend**; wird in dieser Bedeutung nicht gesteigert;
4. groß, **erwachsen**, besonders in der Umgangssprache verbreitet.
Gegensatz: небольшо́й, ма́ленький (1., 3., 4.).

- ***Kollokationen*: 1.** большо́й **кто** (-ая гру́ппа, -ая семья́); ~ **что** (зал, лес, -и́е глаза́); ~ **по чему́** (по террито́рии, по пло́щади, по чи́сленности населе́ния); **2.** ~ **что** (успе́х, -ая любо́вь, -ое чу́вство); вы́полнить зада́ние с -и́м трудо́м; **3.** ~ **кто** (поэ́т, учёный); ~ **что** (вопро́с, -ое собы́тие); игра́ть -у́ю роль, име́ть -о́е значе́ние; **4.** ~ **кто** (сын, -а́я дочь).
- ***Satzbeispiele*: 1.** Я живу́ в большо́м го́роде. У нас больша́я соба́ка. В про́шлом ме́сяце у нас бы́ли больши́е расхо́ды. **2.** Спекта́кль произвёл на меня́ большо́е впечатле́ние. Шко́льники слу́шали конце́рт с больши́м внима́нием. **3.** Менделе́ев сде́лал большо́е нау́чное откры́тие. **4.** У них уже́ больши́е де́ти. Како́й у вас большо́й сын!

вели́кий, -ая, -ое, -ие; вели́к, -а́, -о́/-о, -и́/-и → *кто? что? что кому́? что для кого́?*

- **1.** Räumlich, **großflächig** von großer Ausdehnung, großem Ausmaß;
  2. sehr groß, gewaltig; oft in Verbindung mit **Abstrakta**, die psychische Zustände bezeichnen; in der Kurz- und in der Langform gebräuchlich; weitgehend synonym mit большо́й (1.), огро́мный; (*hoher Stil*);
  3. zu groß, bezeichnet in prädikativer Stellung das **Übermaß**, in dieser Bedeutung **nur** in der **Kurzform** gebräuchlich; (*neutral*);
  Gegensatz: мал (-а́, -о́; -ы́);
  4. groß, hervorragend, **bedeutend**, ungewöhnlich begabt (in Bezug auf Menschen); weitgehend synonym mit большо́й (3.), гениа́льный, тала́нтливый;
  5. bedeutend, (in Bezug auf bestimmte bedeutende geschichtliche Zeitabschnitte, Ereignisse, Werke) (*hoher Stil*); auch als Substantiv gebräuchlich: вели́кое.
- ***Kollokationen*: 1.** вели́кий **что** (лес, -ая вселе́нная, -ое мо́ре, -ие го́ры); -ое разнообра́зие чего́-н.; **2.** ~ **что** (страх, -ая ра́дость, -ое сча́стье); вели́к **что** (страх, интере́с); быть, станови́ться, каза́ться -им; **3.** вели́к **что** кому́ (костю́м отцу́, -а́ руба́шка бра́ту, -о́ пальто́ де́вочке, -и́ ту́фли сестре́); вели́к **что** для кого́ (-и́ боти́нки для сы́на, -о́ пла́тье для до́чери); **4.** ~ **кто** (наро́д, учёный, писа́тель, князь, -ая актри́са); **5.** ~ **что** (по́двиг, рома́н; -ая эпо́ха, -ое вре́мя, -ие идеа́лы).
- ***Satzbespiele*: 1.** По́ле показа́лось мне вели́ким. О́зеро так велико́, что его́ называ́ют мо́рем. **2.** К вели́кой ра́дости отца́, мы, наконе́ц, все встре́тились в родно́м до́ме. Велика́

любо́вь ру́сских к Пу́шкину. **3.** Э́то пальто́ мне велико́. Сапоги́ краси́вые, но Зо́е велики́. **4.** Алекса́ндра Льво́вна Толста́я – мла́дшая и люби́мая дочь вели́кого ру́сского писа́теля. **5.** 20 октября́ 1721 го́да по реше́нию Сена́та Петра́ I ста́ли называ́ть Вели́ким. За го́ды правле́ния Петра́ I в Росси́и произошли́ вели́кие преобразова́ния. От вели́кого до смешно́го - оди́н шаг (*посло́вица*).

кру́пный, -ая, -ое, -ые → *кто? что?*

- **1.** In Bezug auf Menschen und andere Lebewesen von beachtlicher **körperlicher Größe**; wird vor allem in der Umgangssprache verwendet;
  Gegensatz: ма́ленький;
  2. in Bezug auf Gegenstände, Obst u. Früchte von **großem Ausmaß**, beachtlicher **Größe**, **Ausdehnung**; dabei wird oft vom Einzelnen, Besonderen abstrahiert; weitgehend synonym mit большо́й (1.);
  Gegensatz: ма́ленький, ме́лкий;
  3. groß, mächtig, **leistungsstark** im Hinblick auf die materiellen Möglichkeiten, in ökonomischer Hinsicht;
  Gegensatz: ме́лкий, ма́лый;
  4. groß, sehr gewichtig, bedeutend, **einflussreich**; weitgehend synonym mit большо́й (3.) und вели́кий (4.).
- ***Kollokationen*: 1.** кру́пный **кто** (мужчи́на, ребёнок, -ая соба́ка); **2.** кру́пный **что** (виногра́д, карто́фель; -ая су́мма); **3.** кру́пный **кто** (землевладе́лец, -ая буржуази́я); ~ **что** (-ое хозя́йство, -ое предприя́тие, -ые де́ньги); **4.** ~ **кто** (писа́тель, учёный); ~ **что** (тала́нт, -ая побе́да).
- ***Satzbeispiele*: 1.** По двору́ бе́гал кру́пный пёс (*Hund*). **2.** По стеклу́ стуча́ли кру́пные ка́пли дождя́. Смотри́, каки́е у нас кру́пные помидо́ры! **3.** Под Ту́лой не́сколько кру́пных промы́шленных предприя́тий. **4.** В конфере́нции принима́ли уча́стие мно́гие кру́пные специали́сты в о́бласти медици́ны и биоло́гии.

высо́кий, -ая, -ое, -ие; высо́к, -а́, -о/-о́, -и/-и́ → *кто? что?*

- Groß von **Wuchs**, in prädikativer Stellung in der Kurz- und in der Langform gebräuchlich;
  Gegensatz: ни́зкий, ма́ленький.
- ***Kollokationen*:** высо́кий **кто** (челове́к, -ая де́вушка); высо́к **кто** (мужчи́на, же́нщина -а́); высо́кий **что** (рост); челове́к высо́кого ро́ста.
- ***Satzbeispiele*:** Ни́на де́вушка высо́кого ро́ста.

Упражнéния

(A) **1** *Большóй* oder *крýпный*? Unterstreichen Sie die sprachlich gebräuchlichere und stilistisch bessere Variante.

Большóй/Крýпный (1) мáстер своегó дéла
У моегó дя́ди *большáя/крýпная* (2) фéрма. Среди́ фéрмеров óбласти дя́дя Фéдя считáется *большúм/крýпным* (3) специали́стом полевóдства и овощевóдства. Егó *большóй/крýпный* (4) картóфель знáют и óчень цéнят всю́ду. В э́том годý он вы́растил и сáмые *большúе/крýпные* (5) помидóры и огýрцы.

2 *Велúкий* oder *крýпный*? Ersetzen Sie die Formen von *большóй* durch passende Wörter mit gleicher Bedeutung.

Знáете ли вы э́ту странý?

1. Э́та <u>большáя</u> странá богáта прирóдными ресýрсами. 2. В середи́не восьмидеся́тых годóв XX вéка в э́той странé начали́сь <u>большúе</u> преобразовáния. 3. В э́той странé мнóго <u>больши́х</u> городóв с <u>больши́ми</u> промы́шленными предприя́тиями. 4. В э́той странé ещё мнóго <u>больши́х</u> проблéм. 5. Лю́ди, котóрые живýт в э́той странé, отличáются своéй <u>большóй</u> терпи́мостью и <u>большóй</u> любóвью к своéй роди́не. 6. Мнóгие инострáнцы, котóрые имéют тéсный контáкт с людьми́ э́той страны́, с востóргом говоря́т об их <u>большóм</u> гостеприи́мстве. 7. Нарóд э́той страны́ горди́тся свои́ми <u>больши́ми</u> поэ́тами, учёными и спортсмéнами.

(B) **3** Ordnen Sie *большóй, велúкий, высóкий* und *крýпный* der jeweils richtigen Gruppe zu.

1. __________	2. __________	3. __________	4. __________
апельси́н	ýжас	пáрень	энциклопéдия
виногрáд	страх	мужчи́на	бýква
зернó	князь	дéвушка	сéрдце
снежи́нки	держáвы	ю́ноша	семья́

4 *Большóй, велúкий, высóкий* oder *крýпный*? Setzen Sie das jeweils richtige Wort in der erforderlichen Form ein. Falls einige Varianten möglich sind, begründen Sie es.

На какóй фильм вы бы пошли́?
В нáшем гóроде есть ... (1) кинотеáтр с тремя́ ... (2) зáлами. Он нахóдится в ... (3) здáнии напрóтив рáтуши. На э́той недéле в пéрвом зáле демонстри́руется стáрый америкáн-

ский детекти́в ... (4) а́нгло-америка́нского режиссёра А́льфреда Хи́чкока „Семе́йный за́говор“. Э́тот фильм я смотре́л уже́ не́сколько раз. Гла́вную роль исполня́ет актёр ... (5) ро́ста из США, не могу́ вспо́мнить его́ фами́лию. Во второ́м за́ле идёт неме́цкий фильм „..., (6) свобо́да но́мер 7“. В гла́вной ро́ли ... (7) актёр Ганс А́льберс. В тре́тьем за́ле мо́жно посмотре́ть америка́нский фильм „Тита́ник“. Фильм расска́зывает о са́мой ... (8) морско́й катастро́фе XX ве́ка. Са́мое ... (9) пассажи́рское су́дно, постро́енное в 1911 году́, затону́ло во вре́мя пе́рвого пла́вания из го́рода Саутхе́мптон в Нью-Йо́рк. Э́тот фильм прошёл с ... (10) успе́хом почти́ во всех ... (11) города́х ми́ра. И на меня́ он то́же произвёл ... (12) впечатле́ние.

5 Ergänzen und beantworten Sie die Fragen des Interviews anstelle des russischen Unternehmers möglichst unter Verwendung von *большо́й, вели́кий, высо́кий* oder *кру́пный.*

1. Господи́н Моро́зов, вы явля́етесь одни́м из са́мых ... росси́йских предпринима́телей. У вас знамени́тая фами́лия. Скажи́те, вы не ро́дственник ... росси́йского предпринима́теля Са́вввы Моро́зова?
2. Ва́ше фармацевти́ческое предприя́тие име́ет уже́ не́сколько филиа́лов в ... города́х Росси́и. В чём секре́т ва́шего ... успе́ха?
3. С каки́ми ... зарубе́жными фи́рмами вы сотру́дничаете?
4. И ещё, мо́жно спроси́ть вас из пусто́го любопы́тства: во вре́мя ва́ших пое́здок вас посто́янно сопровожда́ет молодо́й челове́к о́чень ... ро́ста. Э́то ваш телохрани́тель?

gut
хоро́ший, до́брый

хоро́ший, -ая, -ее, -ие → *кто? что?*
хоро́ш, -а́, -о́; -и́ → *чем? в чём? для кого́? для чего́?*

• **1.** Gut, **gelungen**, Qualität positiv bewertend, erfolgreich, den Anforderungen im vollen Umfang entsprechend;
Gegensatz: плохо́й;
2. gesund, stark, kräftig;
Gegensatz: плохо́й;
3. erfahren, **geschickt** in seinem Fach; musterhaft, beispielgebend;
4. verweist auf positive moralische Eigenschaften: **gütig**, herzlich;

5. hinreichend groß, bedeutsam von der **Menge** her, besonders verbreitet in der Umgangssprache;
6. nah, freundschaftlich in den persönlichen Beziehungen zueinander, nur in der Langform gebräuchlich.

• ***Kollokationen*: 1.** хоро́ший **что** (кли́мат, -ая пого́да, -ее настрое́ние, -ие усло́вия); хоро́ш **чем** (простото́й, всем); счита́ться, оказа́ться хоро́шим; хоро́ш **в чём** (в отноше́нии к тре́бованиям); хоро́ш **для кого́/чего́** (для семьи́, для де́ла); **2. ~ что** (слух, -ее здоро́вье, -ее зре́ние (*Augen*)); **3. ~ кто** (инжене́р, лы́жник, сын, студе́нт); **4. ~ кто** (челове́к, оте́ц, -ая мать, -ие роди́тели); **5. ~ что** (-ая зарпла́та, -ие де́ньги); хорошо́ плати́ть, зараба́тывать; **6. ~ кто** (знако́мый, -ая подру́га).

• ***Satzbeispiele*: 1.** Спаси́бо за хоро́ший сове́т. Е́сли ты что́-нибудь де́лаешь, де́лай э́то хорошо́. **2.** У неё хоро́шая па́мять. У моего́ бра́та хоро́шее зре́ние. **3.** Петро́в не то́лько хоро́ший специали́ст, но и хоро́ший организа́тор. Ни́на хоро́шая де́вочка, она́ всегда́ помога́ет ма́ме. **4.** На́ши сосе́ди хоро́шие и просты́е лю́ди. У меня́ о́чень хоро́шие роди́тели. **5.** За э́ти карти́ны пла́тят хоро́шие де́ньги. **6.** То́ля мой хоро́ший друг. В э́том го́роде у меня́ мно́го хоро́ших знако́мых.

до́брый, -ая, -ое, -ые; добр, -а́, -о, -ы/-ы́ → *кто? к кому́? что?*

• **1. Gutherzig**, gütig in Bezug auf Menschen, Taten, gut sein zu anderen, als Prädikat nur in der Kurzform,
Gegensatz: злой;
2. gutmütig, wohlwollend, gewogen, nützlich;
3. günstig in Bezug auf Nachrichten;
4. gut, **einwandfrei**, tadelfrei; weitgehend synonym mit хоро́ший (1.).
Gegensatz: плохо́й;
5. mengenmäßig reichlich, in Verbindung mit einer **Maßeinheit**, außerdem oft mit Zahlwörtern, **nur** in der **Umgangssprache** anzutreffen;
6. in **Gruß**- und **Wunschformeln**; in den Wunschformeln nur in der Kurzform.

• ***Kollokationen*: 1.** до́брый **кто** (челове́к, -ая же́нщина, -ые лю́ди); до́брый **что** (хара́ктер, -ое се́рдце, -ые глаза́); быть, счита́ться до́брым; (не) о́чень до́брый; добр **к кому́** (ко мне, к де́тям, к лю́дям); **2. ~ что** (сове́т, -ое сло́во, -ое отноше́ние); **3. ~ что** (знак, -ое изве́стие); **4. ~ что** (-ое и́мя, -ая па́мять); оста́вить по себе́ до́брую па́мять; **5. ~ что** (метр, киломе́тр); **6.** до́брое у́тро, до́брый день, до́брый ве́чер; всего́ до́брого; бу́дь(те) добр(ы́), <по>жела́ть кому́-н. до́брого здоро́вья.

- ***Satzbeispiele*: 1.** Все считáют её óчень дóброй жéнщиной. У Йры ýмные и дóбрые глазá. Спасúбо, вы бы́ли óчень добры́ ко мне. **2.** От неё слóва дóброго не услы́шишь. **3.** Онá принеслá мне дóброе извéстие. **4.** У нас мнóго дóбрых традúций. **5.** До ближáйшей дерéвни два дóбрых киломéтра. **6.** Дóброе ýтро! Желáю тебé всегó дóброго! Бýдьте добры́, помогúте мне, пожáлуйста!

Vorsicht, Fehlerquelle!

Gute Nacht! → Спокóйной нóчи!
Gute Besserung! → Поправля́йтесь! Выздорáвливайте!
Gute Reise! → Счастлúвого (дóброго) путú!
Guten Appetit! → Прия́тного аппетúта!

Упражнéния

1 Ersetzen Sie möglichst die hervorgehobenen Wörter durch bedeutungsähnliche Wörter und heben Sie bei der Übersetzung die unterschiedlichen Bedeutungsnuancen hervor.

1. Он <u>хорóший</u> отéц. 2. Онá <u>дóбрая</u> мать. 3. У них <u>хорóший</u> сын и <u>хорóшая</u> дочь. 4. Отéц <u>хорóший</u> специалúст по информáтике. 5. У негó <u>дóброе</u> сéрдце.

2 Behaupten Sie das Gegenteil.

1. Пéтя – <u>плохóй</u> студéнт. 2. Он ýчится <u>плóхо</u>. 3. У негó <u>плохáя</u> пáмять. 4. Он <u>злой</u> человéк. 5. У негó <u>плохóе</u> здорóвье. 6. У негó <u>плохóй</u> харáктер.

3 *Дóбрый* oder *хорóший*? Setzen Sie richtig ein.

– ... вéчер (1), бáбушка!
– Ах, Игорёк, ... вéчер (2)! Как ... (3), что ты пришёл.
– Бáбушка, как ты себя́ чýвствуешь?
– Спасúбо, ничегó. А как твоú делá, Игорёк? Дóма всё ... (4)?
– У нас всё ... (5). Бáбушка, будь ... (6), помогú мне! Мне нýжно подготóвить реферáт о жúзни и твóрчестве Перóва. У тебя́ ведь ... (7) библиотéка.
– Конéчно, помогý. У меня́ дáже есть óчень ... (8) репродýкции.
– Ах, бáбушка, ты моя́ спасúтельница, ты так ... (9) ко мнé. Ты сáмая ... (10) и сáмая ... (11) бáбушка в мúре.

4 Stellen Sie in einem Brief Ihre Familie und Ihre Freunde vor. Verwenden Sie dabei möglichst oft *до́брый* oder *хоро́ший* in der erforderlichen Form.

heiraten
вы́йти/выходи́ть за́муж, жени́ться, <по->жени́ться

вы́йти (е)/**выходи́ть** (и) **за́муж** → *за кого́? когда́? как?*

- Einen **Mann** heiraten;
  Gegensatz: развести́сь/разводи́ться.
- ***Kollokationen*:** вы́йти/выходи́ть за́муж **за кого́** (за студе́нта, за у́много мужчи́ну, за сы́на знако́мого); ~ **когда́** (ра́но, по́здно); ~ **как** (реши́тельно, уда́чно); ~ в во́зрасте 30-й лет; ~ по любви́, ~ по расчёту.
- ***Satzbeispiele*:** Моя́ сестра́ вы́шла за́муж в два́дцать пять лет. Она вы́шла за́муж за врача́. Ни́на уда́чно вы́шла за́муж.

жени́ться (и) → *на ком? когда́? как?*

- Eine **Frau** heiraten;
  Gegensatz: развести́сь/разводи́ться.
- ***Kollokationen*:** жени́ться **на ком** (на студе́нтке, на краси́вой де́вушке, на у́мной же́нщине, на до́чери сосе́да); ~ **когда́** (неда́вно, по́здно); ~ **как** (неожи́данно, уда́чно); ~ в 18 лет; ~ по любви́.
- ***Satzbeispiele*:** Бори́с собира́ется жени́ться на де́вушке, вме́сте с кото́рой он учи́лся в университе́те. Оте́ц сове́тует сы́ну жени́ться. В свои́ два́дцать шесть лет он успе́л два́жды жени́ться и два́жды развести́сь.

<по->жени́ться (и) → *когда́? (umgangsspr.)*

- Einander heiraten (aus der Sicht beider Ehepartner); wird **nicht** im Singular verwendet; ist nur in der Umgangssprache gebräuchlich (offiziell: вступи́ть/вступа́ть в брак, заключи́ть/заключа́ть брак);
  Gegensatz: развести́сь/разводи́ться.
- ***Kollokationen*:** <по->жени́ться **когда́** (весно́й, о́сенью, в 1984 году́, год наза́д); ~ по любви́, ~ по расчёту.
- ***Satzbeispiele*:** Мы пожени́лись о́сенью. Они́ реши́ли пожени́ться, что́бы она́ смогла́ оста́ться в Герма́нии.

Упражне́ния

1 Schreiben Sie die richtige Variante heraus und begründen Sie Ihre Entscheidung.

1. Две тре́ти всех не́мцев *выхо́дят за́муж/же́нятся* в во́зрасте от 25 до 35 лет. 2. Па́рни обы́чно *выхо́дят за́муж/же́нятся* по́зже, чем де́вушки. 3. Большинство́ молоды́х люде́й *выхо́дит за́муж/же́нится* по любви́. 4. Не́которые де́вушки *выхо́дят за́муж* за ста́рых мужчи́н/*же́нятся* на ста́рых мужчи́нах по расчёту.

2 Wer heiratet wen? Wer hat wen geheiratet?

1. он → она́; 2. сестра́ → друг; 3. брат → учи́тельница; 4. Ле́на → Ко́ля; 5. дочь сосе́да → ру́сский.

3 Ergänzen und beantworten Sie die Fragen. Achten Sie dabei auf die richtige Verwendung der russischen Entsprechungen von „heiraten".

1. В како́м во́зрасте ваш оте́ц ... на ва́шей ма́тери?
2. В како́м году́ они́ ... ?
3. В како́м во́зрасте вам хоте́лось бы ... ?
4. На како́й же́нщине вам хоте́лось бы ... ?
5. За како́го мужчи́ну вам хоте́лось бы ... ?
6. Како́го мне́ния вы о лю́дях, кото́рые ... по расчёту?

heiß
горя́чий, жа́ркий

горя́чий, -ая, -ее, -ие; горя́ч, -а́, -о́, -и́ → *что? чему́?*

- **1.** Heiß, eine **hohe Temperatur** aufweisend, bezogen auf Luft, Wasser, Metalle, Essen, Getränke, Kopf und Hände; in diesen Kollokationen auch in der Kurzform gebräuchlich;
  Gegensatz: холо́дный, хо́лодно,
  2. heiß, heftig, glühend, leidenschaftlich, lebhaft in übertragener Bedeutung, bezogen auf **starke Gefühle** und ausgeprägte Temperamente, Musik und Wünsche, mit Problemen und Konflikten beladene Diskussionen und Auseinandersetzungen.
- ***Kollokationen*: 1.** горя́чий **что** (во́здух, ко́фе, обе́д, лоб, компре́сс, утю́г, -ая вода́, -ие лучи́ со́лнца); горячо́ **чему́**

(голове́, рука́м); стать горя́чим; **2. ~ что** (приве́т, бой, -ая любо́вь, -ее жела́ние); горячо́ люби́ть.

- ***Satzbeispiele*: 1.** Хоти́те горя́чего ча́я? Суп ещё горя́чий, ешь! У тебя́ горя́чий лоб, у тебя́ температу́ра. Горячо́ рука́м. У нас на да́че есть газ и горя́чая вода́. **2.** Э́то её са́мое горя́чее жела́ние. Он горячо́ лю́бит её. Вокру́г э́той пробле́мы разверну́лась горя́чая диску́ссия.

жа́ркий, -ая, -ое, -ие; жа́рок, -рка́, -о, -и → *что? кому́? чему́?*

- **1.** Drückend, glühend heiß, mit hohen Temperaturen verbunden, bezogen auf **Sonne, Tag, Wetter, Jahreszeit, Klima, Länder** mit hohen Durchschnittstemperaturen; in prädikativer Stellung meistens in der Kurzform gebräuchlich;
  Gegensatz: холо́дный;
  2. heiß, heftig, leidenschaftlich, lebhaft in übertragener Bedeutung, bezogen auf Kuss, Kampf; weitgehend synonym mit горя́чий (2.).
- ***Kollokationen*: 1.** жа́ркий **что** (а́вгуст, кли́мат, -ое со́лнце, -ие лучи́ со́лнца, -ие стра́ны); **2. ~ что** (бой, поцелу́й, -ая диску́ссия); жа́рко спо́рить.
- ***Satzbeispiele*: 1.** Был жа́ркий ию́льский день. В э́том году́ у нас бы́ло жа́ркое ле́то. Сего́дня жа́рко. Мне жа́рко. **2.** Они́ вели́ жа́ркую диску́ссию по актуа́льным полити́ческим вопро́сам.

Упражне́ния

1 Ordnen Sie *горя́чий* und *жа́ркий* der jeweils richtigen Gruppe zu.

1. ______________________	2. ______________________
вода́	день
чай	пого́да
лоб	ме́сяц
ру́ки	ию́ль

2 Verbinden Sie *горя́чий* bzw. *жа́ркий* mit den folgenden Substantiven. Entscheiden Sie sich jeweils für das passendere Adjektive.

голова́, кли́мат, лу́чи со́лнца, ме́сяц, напи́ток, пироги́, пого́да, ру́ки, слёзы, утю́г.

3 Ersetzen Sie *горя́чий* überall dort, wo Ihnen das möglich und sinnvoll erscheint.

Как вы ду́маете, где на́ша семья́ проведёт о́тпуск?
Ещё зимо́й у *горя́чего* (1) ками́на на́ша семья́ вела́ *горя́чую* (2) диску́ссию о том, где мы бу́дем отдыха́ть ле́том. Жена́ лю́бит отдыха́ть у мо́ря и предложи́ла пое́хать в Испа́нию. И на́ша ма́ленькая до́чка лю́бит бе́гать по *горя́чему* (3) песку́. Я же стара́юсь избега́ть *горя́чих* (4) луче́й со́лнца, поэ́тому предложи́л провести́ о́тпуск в Норве́гии. У на́шего сы́на есть *горя́чая* (5) мечта́: побыва́ть в Санкт-Петербу́рге у своего́ дру́га. В конце́ концо́в мы реши́ли пое́хать в ...

4 *Горя́чий* oder *жа́ркий*? Setzen Sie richtig ein.

В ле́тний день
В ... (1) пого́ду я чу́вствую себя́ пло́хо. Сего́дня был оди́н из са́мых ... (2) ию́льских дней. Да́же вода́ в бассе́йне ста́ла почти́ ... (3). Что́бы избежа́ть ... (4) луче́й со́лнца, я не выходи́л днём из до́ма. Я пил то́лько минера́льную во́ду. Я чита́л, что в не́которых ... (5) стра́нах ме́стные жи́тели в ... (6) дни пьют то́лько ... (7) зелёный чай.

5 Beantworten Sie die Fragen mit *горя́чий* oder *жа́ркий* in der jeweils erforderlichen Form.

1. Что вы предпочита́ете пить в ... дни? ... и́ли холо́дные напи́тки?
2. Вы лю́бите пить ... чай?
3. Как вы отно́ситесь к ... диску́ссиям о нало́говой рефо́рме?
4. Что мо́жно де́лать в ... пого́ду?
5. Почему́ в ... день необходи́мо избега́ть ... луче́й со́лнца?

heißen
называ́ться, звать, зна́чить

называ́ться (е) → *чем? каки́м и́менем? как?*
- Heißen, **Gegenstände, Pflanzen** und **Tiere** benennen, **Städte, Straßen, Plätze, Sehenswürdigkeiten** mit dem **Namen** nennen, nur im **unvollendet**en Aspekt zu verwenden, im Russischen in der 1. und 2. Person ungebräuchlich.

- ***Satzbeispiele*****:** Как называ́ется э́тот тюльпа́н? Он называ́ется Чёрный принц (-ым -ем). Ра́ньше э́та ста́нция метро́ называ́лась проспе́кт Ма́ркса, а тепе́рь Охо́тный ряд. Как э́то называ́ется по-ру́сски?

звать (е) → *кого́ как?*
- Heißen, **Personen** mit dem Vor**namen** (und Vatersnamen bzw. Familiennamen bei Deutschen/Ausländern) und **Tiere** mit dem Rufnamen **nennen**; in dieser Bedeutung nur im **unvollendet**en Aspekt in der **3. Person Plural** und im Infinitiv gebräuchlich.
- ***Kollokationen*****:** звать **кого́ как** (меня́ Ульри́ке, бра́та То́рстен); ~ по и́мени, по фами́лии, по и́мени и о́тчеству.
- ***Satzbeispiele*****:** Как тебя́ (вас) зову́т? Как тебя́ (вас) звать? Меня́ зову́т Бори́с. На́шу учи́тельницу зову́т Ната́лья Петро́вна. Его́ зову́т Франц Мю́ллер. Его́ бра́тьев зва́ли Кла́ус(-ом) и Зи́гфрид(-ом).

зна́чить (и) → *что?*
- Heißen, **bedeuten**; **nur** im **unvollendet**en Aspekt zu verwenden, in der **1. und 2. Person ungebräuchlich**.
- ***Satzbeispiele*****:** Что э́то зна́чит? По-ру́сски э́то сло́во зна́чит „па́мятник“. Э́то зна́чит, что она́ сего́дня не придёт.

Achtung, Fehlerquelle!

das heißt (d.h.) → то есть (т.е.)
Wie heißt es in dem Lied ...? → Как э́то звучи́т в пе́сне ...?

Упражнения

(A) 1 *Звать* oder *называ́ться*? Setzen Sie das jeweils richtige Verb in der erforderlichen Form ein.

1. – Как вас ... ?
   – Меня́ ... Бернд Шу́льце.
2. – Как ... э́то живо́тное?
   – Пу́ма.
   – А как ... пу́му?
   – Чёрт(ом).
3. – Как ... э́та пло́щадь?
   – Э́то пло́щадь Го́голя. Его́ и́мени и о́тчества не по́мню.
   – Его́ ... Никола́й Васи́льевич.

4. – Как ... слéдующая стáнция метрó?
   – Ýлица Тверскáя.
   – Как э́та стáнция рáньше ...?
   – Ýлица Гóрького.
   – Спаси́бо.

(В) 2 Ergänzen und beantworten Sie die Fragen. Achten Sie dabei auf den richtigen Gebrauch von *звать, знáчить* und *называ́ться.*

1. Как ... слéдующая останóвка?
2. Как ... э́та плóщадь?
3. Что ... слóво „вы́ставка" по-немéцки?
4. Как ... брáтьев Иогáнна Штрáуса?
5. Как ... сáмая извéстная оперéтта Штрáуса по-немéцки?

Herr
господи́н, хозя́ин

господи́н → *чегó?*

- **1.** Anrede **vor Familiennamen** und herausgehobenen **Dienststellungen**, nicht jedoch vor Vor- und Vatersnamen (bei Gesprächen unter Russen wird als Anredeform gelegentlich auch nur der Familienname verwendet [Петрóв, как вы считáете?]; mögliche Anredeform für **namentlich unbekannte** männliche Personen der **älteren Generation**; verbreitete **Anredeform** des Geschäftspartnes in Verbindung mit dem Familiennamen **in Geschäftsbriefen**;
  Gegensatz: госпожá;
  2. Herr, nur im **übertragen**en Sinne gebräuchlich, etwa in festen Redewendungen in der Bedeutung „von niemandem abhängig sein; imstande sein, schwierige Situation ohne fremde Hilfe zu bewältigen; zuverlässig sein"; in dieser Bedeutung synonym mit хозя́ин (2.).
- ***Kollokationen*: 1.** господи́н **кто** (Ивано́в; мини́стр, посóл, профéссор, генерáльный дирéктор); **2. ~ чегó** (положéния, ситуáции, своéй судьбы́, своегó врéмени).
- ***Satzbeispiele*: 1.** Дáмы и господá! Уважáемый господи́н Ми́шкин! **2.** Он во всём господи́н положéния.

хозя́ин → *когó? чегó? какóй?*

- **1. Hausherr**, Familienoberhaupt, Eigentümer; **2. Herr,** nur in übertragener Bedeutung, etwa in festen Redewendungen im Sinne

„von niemandem abhängig sein; imstande sein, schwierige Situation ohne fremde Hilfe zu bewältigen; zuverlässig sein“; nur in dieser Bedeutung synonym mit господи́н (2.).

- ***Kollokationen*: 1.** хозя́ин **кого́** (соба́ки, ко́шки); ~ **чего́ (**до́ма, да́чи); ~ **како́й** (гостеприи́мный, приве́тливый); подня́ть тост за хозя́ина до́ма, обрати́ться к хозя́ину, познако́миться с хозя́ином да́чи; **2.** ~ **чего́** (положе́ния, ситуа́ции, свое́й судьбы́, своего́ вре́мени).
- ***Satzbeispiele*: 1.** Гостеприи́мный хозя́ин пригласи́л нас к себе́ и угости́л нас вку́сным ча́ем с мёдом. Мы попроща́лись с хозя́ином до́ма и пое́хали домо́й. Кто хозя́ин соба́ки? **2.** Он во всём хозя́ин положе́ния.

Упражне́ния

1 Reden Sie die Personen so an, wie es die sprachliche Etikette im Russischen vorschreibt. Entscheiden Sie, ob Sie die Anredeform *„господи́н“* verwenden oder weglassen müssen.

1. Добро́ пожа́ловать в Росси́ю, ... президе́нт.
2. Разреши́те познако́мить вас с ... Ве́гнером.
3. ... профе́ссор Степа́нов, мо́жно вам зада́ть ещё оди́н вопро́с?
4. Уважа́емый ... Вале́рий Миха́йлович, благодари́м вас за приглаше́ние.
5. Уважа́емый ... дире́ктор!

2 Schreiben Sie aus den folgenden Fragmenten aus einem Telefongespräch jeweils die in dieser Situation gebräuchlichen Anredeformen heraus und begründen Sie Ihre Entscheidung.

1. Я рад, что вы познако́мили меня́ с *господи́ном/хозя́ином* Серге́евым.
2. До́ктор Серге́ев о́чень гостеприи́мный *господи́н/хозя́ин.*
3. Карти́ны А́нны, до́чери *господи́на/хозя́ина* до́ма, произвели́ на меня́ большо́е впечатле́ние.
4. Переда́йте, пожа́луйста, *господи́ну/хозя́ину* Серге́еву и его́ семье́ серде́чный приве́т.
5. О́чень жаль, что вы не смо́жете прие́хать к нам в ма́е. Я понима́ю вас, вы, как говори́тся, не *господи́н/хозя́ин* своего́ вре́мени.

3 Ergänzen und beantworten Sie die Fragen. Achten Sie dabei besonders auf die richtige Verwendung von *господи́н* und *хозя́ин.*

1. Где ... до́ма?
2. Э́то же ... Верши́нин?
3. Вы знако́мы с ... Шрёдером?
4. Он всегда́ ... положе́ния?
5. Вы знако́мы с сы́ном ... до́ма?

4 *Господи́н* oder *хозя́ин*? Setzen Sie richtig ein. Falls beide Varianten möglich sind, begründen Sie es.

В рестора́не
– Здра́вствуйте, ... (1) Петро́в. Я Ян Ри́хтер, страхово́й аге́нт конце́рна „Нестле́".
– Здра́вствуйте, ... (2) Ри́хтер. Вы говори́ли по телефо́ну с мои́м отцо́м.
– А, зна́чит, вы сын ... (3) э́того рестора́на.
– Мой оте́ц любе́зно про́сит вас подожда́ть его́ мину́т де́сять.
– Хотя́ я, как говоря́т, не ... (4) своего́ вре́мени, но я подожду́.
– Я о́чень рад, ... (5) Ри́хтер. Разреши́те предложи́ть вам ча́шку ко́фе?
– От ча́шки ко́фе я не откажу́сь.

hören
<у->слы́шать, <п(р)о->слу́шать

<у->слы́шать (и) → *кого́? о ком? от кого́? что? о чём? как?*

- **1. Jemanden** oder **etwas** hören, mit dem Gehör **wahrnehmen**, erfassen; **2. etwas** hören, **erfahren**, Informationen erhalten; **3.** hören können, **Gehör haben**, hier nur **unvollendeter Aspekt** gebräuchlich; **4.** etwas Gesagtes bekräftigen, jemanden ermuntern, entsprechend zu handeln; Verwendung der 2. Person Singuar bzw. Plural (Höflichkeitsform) von слу́шать in der Umgangssprache.
- ***Kollokationen*: 1.** <у->слы́шать **кого́** (тебя́, вас); ~ **что** (му́зыку, вопро́с, разгово́р сосе́дей, шум за окно́м); **2. ~ что** (но́вости, интере́сное предположе́ние); ~ **о ком** (о дру́ге, о подру́ге); ~ **о чём** (о сме́рти де́душки, о боле́зни тёти); ~ **от кого́** (от друзе́й, от сестры́); **3.** слы́шать **как** (пло́хо, хорошо́).

- *Satzbeispiele*: **1.** Я тебя́ не слы́шу, говори́ гро́мче. Я не слы́шал звонка́. Вы услы́шали стук в дверь? Она́ слы́шала, как пла́кал ребёнок. **2.** Я давно́ об э́том ничего́ не слы́шал. Э́то я впервы́е услы́шал от него́. Мы услы́шали об э́том собы́тии то́лько сего́дня. Мы слы́шали, что он бо́лен. Ты уже́ слы́шал о том, что На́дя вы́шла за́муж? **3.** Де́душка совсе́м не слы́шит, он глухо́й. Говори́те гро́мче, ба́бушка пло́хо слы́шит. **4.** Обяза́тельно поезжа́й, слы́шишь!

<п(р)о->слу́шать (е) → *кого́? что? как?*

- **1.** Hinhören, jemandem aufmerksam **zu**hören, sich bei einem **Telefonanruf** melden, hier nur im **unvollendeten Aspekt** gebräuchlich: слу́шаю, sich etwas anhören; **2. auf jemanden hören**, jemandes Ratschläge befolgen (auch слу́шаться); **3. Lehrveranstaltungen** regelmäßig **hören**, besuchen; **4.** einen **Sender hören**, empfangen; **5.** umgangssprachlich bei der **Anrede von Personen** gebräuchlich, um deren Aufmerksamkeit auf sich zu ziehen, eine Aufforderung oder Bitte einzuleiten, die eigene Entrüstung zum Ausdruck zu bringen (Да послу́шай же!).
- *Kollokationen*: **1.** <п(р)о->слу́шать **кого́** (отца́, учи́теля, расска́зчика); ~ **что** (му́зыку, пе́ние, расска́з); ~ **как** (внима́тельно, с интере́сом, с удово́льствием); **2.** слу́шать(ся) **кого́** (отца́, ста́ршего бра́та); **3.** <п(р)о->слу́шать **что** (уро́к, курс ле́кций лу́чших профессоро́в, ле́кцию доце́нта из Москвы́); **4.** слу́шать **что** (моско́вское ра́дио, Неме́цкую волну́, ра́дио Би-Би-Си).
- *Satzbeispiele*: **1.** Я могу́ часа́ми слу́шать Мо́царта. Прослу́шайте прогно́з пого́ды на за́втра. Он уме́ет внима́тельно слу́шать. Слу́шаю (вас). **2.** Меня́ никто́ не слу́шает. Не слу́шай его́. Он во всём меня́ слу́шает. Она́ послу́шала на́шего сове́та и не пое́хала туда́. **3.** В пе́рвом семе́стре мы слу́шаем ле́кции по психоло́гии. Сове́тую тебе́ послу́шать ле́кции э́того профе́ссора. **4.** Ка́ждое у́тро я слу́шаю ра́дио. Осо́бенно я люблю́ слу́шать моско́вское ра́дио. **5.** Послу́шай меня́, отдохни́! Слу́шай, мо́жет быть, ты переду́маешь? Слу́шайте, что он говори́т.

Упражнéния

1 Erklären Sie den Unterschied im Gebrauch von *слы́шать* und *слу́шать.*

– Зóя, я *слы́шала* (1), что у вас в гостя́х твоя́ подру́га Я́на.
– Да, Я́на приéхала в пя́тницу. *Слу́шай* (2), О́ля, приходи́ к нам, я познакóмлю тебя́ с Я́ной.
– Обязáтельно приду́. У вас ужé есть какиé-нибудь плáны на воскресéнье?
– Да, мы идём в Большóй на „Пи́ковую дáму". Я́на лю́бит *слу́шать* (3) му́зыку Чайкóвского. У неё есть почти́ все егó произведéния на компáкт-ди́сках. Но онá ещё не *слу́шала* (4) егó концéрты в ру́сском теáтре.
– Онá *слу́шает* (5) тóлько клáссику?
– В основнóм клáссику, но Я́на привезлá нéсколько компáкт-ди́сков с зáписями поп-гру́ппы „Ми́стер президéнт".
– О, я ужé *слы́шала* об э́той гру́ппе. *Послу́шаем* (6) вмéсте?

2 *Слу́шать* oder *слы́шать*? Ergänzen Sie das passende Verb in der erforderlichen Form und begründen Sie Ihre Entscheidung.

1. Хор из Москвы́ пел прекрáсно, и все ... егó с больши́м внимáнием. 2. Моя́ сестрá óчень лю́бит ... ру́сские нарóдные пéсни. 3. Извини́те, вы ..., какóй нóмер прогрáммы сейчáс объяви́ли? 4. Говори́те, пожáлуйста, грóмче, нáша бáбушка плóхо ... 5. Э́ту му́зыку я ... на концéрте в пéрвый раз. 6. Ты ..., что в э́том году́ певцы́ Большóго теáтра приéдут на гастрóли в наш гóрод.

immer
всегдá, всё

всегдá → *Adverb* (*neutral*)
- **Jederzeit**, jedes Mal, stets, **ständig**, dauernd;
- **Gegensatz:** никогдá.
- ***Kollokationen*:** не всегдá, как ~, ~ помогáть, быть ~ готóвым.
- ***Satzbeispiele*:** На вокзáле всегдá мнóго нарóду. Онá всегдá готóва помóчь. Я бу́ду пóмнить её всегдá. По вечерáм онá всегдá дóма. Я всегдá рáда вам. Мы всегдá прáзднуем Рождествó вмéсте. Он всегдá в хорóшем настроéнии.

всё → *Adverb* (*umgangsspr.*)

- **1.** Weist als Adverb vor Adverbien im Komparativ und vor Verben darauf hin, dass die genannten **Eigenschaften bzw. Tätigkeiten** zunehmen, **sich verstärken**, ist vornehmlich in der **Umgangssprache** und hier oft auch in Verbindung mit ещё und бо́льше gebräuchlich; **2.** wird umgangssprachlich auch als Adverb wie всегда́ in der Bedeutung „immer“, „die ganze Zeit“, „**ständig**“, „fortwährend“ gebraucht.
- ***Kollokationen*: 1.** всё лу́чше, ~ быстре́е и быстре́е, ~ бо́льше, ~ ча́ще; **2.** ~ ещё; ~ сно́ва и сно́ва.
- ***Satzbeispiele*: 1.** Он у́чится всё ху́же. Она́ пры́гает всё вы́ше. Му́зыка стано́вится всё гро́мче. Дождь всё ещё идёт. Они́ всё ещё не пришли́. **2.** Ты всё шу́тишь. Она́ всё боле́ет. Что ты всё до́ма сиди́шь? Иди́ погуля́й. Ты всё ещё не спишь?

Упражне́ния

1 *Всегда́* oder *всё*? Setzen Sie richtig ein.

Ви́ктор и его́ хо́бби
Год наза́д моему́ бра́ту подари́ли компью́тер. С тех пор Ви́ктор ... (1) ре́же хо́дит на дискоте́ку. В свобо́дное вре́мя он почти́ ... (2) сиди́т за компью́тером. Кро́ме компью́тера Ви́ктора ничего́ не интересу́ет. Он ... (3) ча́ще хо́дит к своему́ дру́гу, кото́рый то́же о́чень интересу́ется электро́никой. Они́ почти́ ... (4) говоря́т на одну́ те́му. И в шко́ле успева́емость Ви́ктора стано́вится ... (5) лу́чше и лу́чше.

2 *Все́гда* oder *всё*? Beantworten Sie die Fragen und heben Sie ausdrücklich hervor, dass das (*nicht*) *immer* so ist.

1. Вы ещё у́читесь или уже́ рабо́таете?
2. Когда́ вы встаёте?
3. Вы ка́ждый день де́лаете у́треннюю заря́дку?
4. Вы ча́сто гото́вите за́втрак са́ми?
5. Когда́ начина́ются у вас заня́тия (когда́ начина́ется ваш рабо́чий день)?
6. Вам нра́вится учёба (рабо́та)?

в (*Präposition*) → *где? куда́? когда́?*

- **1.** Weist in Verbindung mit einem Substantiv auf einen **abgeschlossenen** oder begrenzten **Raum** bzw. **Rauminhalt**, einen (Stand-)**Ort** oder Zielort hin; **2.** wird für **Zeitangaben** in Verbindung mit **Monatsnamen** und **Jahreszahlen** sowie Bezeichnungen von Zeitabschnitten verwendet.
- ***Kollokationen*: 1.** в ... **где** (сиде́ть в ко́мнате, находи́ться в шкафу́; жить в го́роде, учи́ться в шко́ле, гуля́ть в па́рке); в ... **куда́** (пое́хать в о́тпуск, в А́льпы, ходи́ть в теа́тр); **2.** в ... **когда́** (отдыха́ть в ма́е, роди́ться в 1998 году́, жить в два́дцать пе́рвом ве́ке, учи́ться в молоды́е го́ды).
- ***Satzbeispiele*: 1.** Докуме́нты в се́йфе. Я живу́ в дере́вне. Он прово́дит о́тпуск в Гре́ции. Она́ е́дет в го́ры. **2.** Мой день рожде́ния в феврале́. Гёте у́мер в 1832 году́. Учёный жил в девятна́дцатом ве́ке. В де́тстве она́ жила́ у ба́бушки.

на (*Präposition*) → *где? куда́? когда́?*

- **1.** Verweist in Verbindung mit einer Reihe von Substantiven (Himmelsrichtungen, Stockwerk u.a.) und geographischen Namen auf einen ausgedehnten **flächenhaften** offenen Raum, (Stand-)**Ort** oder Zielort bzw. auf das **Ziel des Aufenthalts** in irgendeinem Raum; **2.** wird bei **Zeitangaben** in Verbindung mit **неде́ля, дни, кани́кулы** verwendet; **3.** in Verbindung mit Sprachbezeichnungen.
- ***Kollokationen*: 1.** на ... **где** (отдыха́ть на ю́ге, жить на пе́рвом этаже́, рабо́тать на заво́де, быть на стадио́не, на конце́рте, на пра́ктике, на ро́дине; жить на Кавка́зе, на Ура́ле, на Аля́ске, на Камча́тке); на ... **куда́** (пое́хать на ро́дину, на юг, на пра́ктику, пойти́ на заво́д, на ле́кцию, на конце́рт, подня́ться на пя́тый эта́ж; лете́ть на Кавка́з); **2.** на ... **когда́** (на э́той/на про́шлой/на сле́дующей неде́ле, на днях, на кани́кулах); **3.** переводи́ть текст на ру́сский язы́к.
- ***Satzbeispiele*: 1.** Он в командиро́вке на се́вере Росси́и. Мы живём на второ́м этаже́. Мой брат рабо́тает сле́сарем на автозаво́де. Та́ня пое́хала на пра́ктику. Бори́с возврати́лся на ро́дину. Мы идём на конце́рт. **2.** На э́той неде́ле в кино́ идёт неме́цкий фильм. На сле́дующей неде́ле мы пое́дем в дере́вню. **3.** Я перевожу́ текст на неме́цкий язы́к.

по (*Präposition*) → *чему́?*
- **1.** Weist in **Verbindung mit** einem näher zu bestimmenden **Substantiv** auf ein **Fach** oder **Spezialgebiet** hin; **2.** bezeichnet den Empfang von Sendungen mittels **Nachrichtentechnik**.
- ***Kollokationen*: 1.** по **чему́** (ле́кция по фи́зике, экза́мен по исто́рии, чемпио́н ми́ра по футбо́лу); **2.** по **чему́** <по->смотре́ть фильм по телеви́зору, переда́<ва́>ть соревнова́ния по телеви́дению, <по->слу́шать после́дние изве́стия по ра́дио.
- ***Satzbeispiele*: 1.** Сего́дня мы пи́шем сочине́ние по литерату́ре. Он сдал экза́мен по матема́тике. В на́шем го́роде прохо́дят соревнова́ния по лёгкой атле́тике. Мой брат чемпио́н страны́ по ша́хматам. Свен хо́чет стать специали́стом по информа́тике. **2.** Дава́йте посмо́трим футбо́л по телеви́зору! Ты уже́ слы́шал после́дние изве́стия по ра́дио?

че́рез (*Präposition*) → *когда́?*
- Weist auf einen **Zeitraum in der Zukunft** hin, bezieht sich auf ein Geschehen nach Ablauf dieses Zeitraums.
- ***Kollokationen*:** че́рез **когда́** (~ час, ~ не́сколько мину́т, ~ два дня, ~ ме́сяц, ~ год).
- ***Satzbeispiele*:** Она́ прие́дет к нам че́рез неде́лю. Фильм начнётся че́рез пять мину́т. Кани́кулы начну́тся че́рез ме́сяц. Че́рез полчаса́ мы уезжа́ем.

Упражне́ния

(A) 1 Verbinden Sie die folgenden Substantive mit *в* oder *на* zu Ortsangaben. Beachten Sie, dass die Substantive immer nur mit einer der beiden Präpositionen kombinierbar sind.

Жить: Герма́ния, се́вер, го́род, большо́й дом, пя́тый эта́ж, трёхко́мнатная кварти́ра;
рабо́тать: шко́ла, фа́брика, заво́д, предприя́тие, больни́ца, апте́ка, магази́н, музе́й;
быть: институ́т, ле́кция, экза́мен, кино́, теа́тр, клуб, конце́рт, спортза́л, стадио́н.

(B) 2 Übersetzen Sie die präpositionalen Fügungen und ordnen Sie die Präpositionen *в, на, по* und *чéрез* nach ihrer Bedeutung und Rektion in die folgende Tabelle ein.

в Швейцáрию, на Кавкáз, на юг, чéрез недéлю, на слéдующей недéле, в Швейцáрии, на ю́ге, в ию́ле, в 1998 годý, в гости́нице, на пя́тый этáж, на пя́том этажé, экзáмен по фи́зике, чемпионáт ми́ра по фехтовáнию.

	Ort geograph. Namen	Himmelsrichtung geograph. Namen Etage	Zeit	Zeitraum in der Zukunft	Spezial-gebiet
D.					
A.					
P.					

3 *В, на, по* oder *чéрез*? Setzen Sie die sinngemäß fehlenden Präpositionen ein.

Áнтье
Áнтье живёт (1) сéверо-востóке Гермáнии (2) мáленькой дерéвне. (3) нéсколько недéль ей испóлнится 14 лет. Онá ýчится (4) седьмóм клáссе. Áнтье óчень лю́бит матемáтику и инострáнные языки́. (5) слéдующей недéле онá бýдет принимáть учáстие в олимпиáде (6) матемáтике. (7) свобóдное врéмя Áнтье óчень лю́бит читáть и игрáть в настóльный тéннис. Áнтье чемпиóнка шкóлы (8) настóльному тéннису. Лéтом онá будет отдыхáть (9) Áльпах.

4 Ergänzen und beantworten Sie die Fragen. Achten Sie dabei auf die richtige Verwendung von *в, на, по* und *чéрез.*

1. ... какóм годý и ... какóм гóроде вы родили́сь? 2. Где располóжен ваш роднóй гóрод? 3. Где вы хотéли бы жить: ... гóроде и́ли ... дерéвне? 4. ... какóм годý и где вы нáчали учи́ться? 5. ... каки́м предмéтам вы сдáли и́ли бýдете сдавáть экзáмены? 6. Где вы хотéли бы рабóтать (где вы рабóтаете)? 7. ... какóм мéсяце начнýтся вáши лéтние кани́кулы (начнётся ваш óтпуск)? 8. Где вы хотéли бы провести́ ваш óтпуск? 9. Когдá (... скóлько нéдель) начнýтся вáши кани́кулы (начнётся ваш óтпуск)?

5 Sagen Sie, dass

1. Sie im Süden Deutschlands in einem Dorf in den Alpen zu Hause sind.
2. Sie in einem kleinen Haus in der zweiten Etage wohnen.
3. Sie kürzlich die letzten Prüfungen in Mathematik und Informatik abgelegt haben.
4. Sie in drei Wochen in einem Werk in Köln als Ingenieur zu arbeiten beginnen.
5. Sie in den vergangenen Wochen viel an Ihrer Diplomarbeit gearbeitet haben.
6. Sie in der Freizeit oft ins Theater, Konzert und ins Stadion gehen.
7. Sie in diesem Jahr an Landesmeisterschaften in der Leichtathletik teilnehmen werden.
8. die Meisterschaften in einem Monat in Berlin sein werden.

jeder
ка́ждый, любо́й, вся́кий

ка́ждый, -ая, -ое, -ые (*bestimmendes Pronomen*) → *кто? что?* (*neutral*)

- Jeder **Einzelne** aus einer Reihe gleich(artig)er Personen oder Gegenstände als Teil einer Gesamtheit, weist in einer Reihe von Fällen auf die Regelmäßigkeit eines Geschehens hin; tritt ebenso wie любо́й und вся́кий meistens in Verbindung mit Substantiven im **Singular** auf; verbindet sich im Plural als einziges der drei Pronomen mit су́тки und полчаса́; ohne Beziehungswort auch wie ein Substantiv gebräuchlich, hier jedoch nur auf Personen beziehbar.
- ***Kollokationen*:** ка́ждый **кто** (челове́к, учёный); ~ **что** (час, день, ме́сяц, год, го́род, дом); -ые пять мину́т; ~ из спортсме́нов, ~ из уча́стников; -ую неде́лю.
- ***Satzbeispiele*:** Та́ня прихо́дит к нам ка́ждую пя́тницу. Ка́ждое у́тро я де́лаю заря́дку. У ка́ждого студе́нта есть студе́нческий биле́т. Ка́ждому своё. Ка́ждый э́то зна́ет. Не ка́ждого мо́жно поня́ть. Ка́ждый име́ет пра́во на свобо́ду сло́ва. Э́то мо́жет сде́лать ка́ждый из нас. Ка́ждые полчаса́ радиоста́нция на́шей земли́ передаёт информацио́нный вы́пуск.

любо́й, -а́я, -о́е, ы́е (*bestimmendes Pronomen*) → *кто? что?* (*umgangsspr.*)

- Jeder **beliebige**, jedweder, jeglicher, egal wer oder was, wird ebenso wie ка́ждый und вся́кий meistens in Verbindung mit Substantiven im **Singular** verwendet; ohne Beziehungswort auch wie ein Substantiv gebräuchlich, hier jedoch **nur** auf Personen beziehbar.

- ***Kollokationen*:** любо́й **кто** (ма́льчик, -а́я де́вочка); ~ **что** (-а́я кни́га, -о́е я́блоко, -ы́е конфе́ты); -о́й це́ной; в ~ час, в -у́ю мину́ту, в -о́е вре́мя, в -о́м слу́чае; ~ из вас; <с->де́лать -у́ю рабо́ту.
- ***Satzbeispiele*:** Э́то зна́ет любо́й шко́льник. Я должна́ испо́льзовать любу́ю возмо́жность. Звони́ мне в любо́е вре́мя. Информа́цию мо́жно получи́ть в любу́ю мину́ту дня и но́чи. Купи́ мне любы́х конфе́т. Любо́й из вас сде́лал бы так же. Любо́й на ва́шем ме́сте согласи́лся бы. Э́то мо́жет сде́лать любо́й из нас.

вся́кий, -ая, -ое, -ие (*bestimmendes Pronomen*) → *кто? что?* (*neutral*)

- Jeder **mögliche**, jederlei, jedweder; wird meistens in Verbindung mit Substantiven im **Singular** verwendet; steht oft nach **без**, ohne Beziehungswort auch wie ein Substantiv zu verwenden, hier jedoch nur auf Personen beziehbar.
- ***Kollokationen*:** вся́кий **кто** (учи́тель, учени́к); ~ **что** (раз, -ая наде́жда); без -ого сомне́ния, без -ого труда́, без -их затрудне́ний; во -ом слу́чае, на ~ слу́чай.
- ***Satzbeispiele*:** Вся́кий раз он приноси́л ей цветы́. Бори́с берётся за вся́кую рабо́ту. Ле́кцию он слу́шал без вся́кого интере́са. Возьми́ с собо́й на вся́кий слу́чай зонт. Вся́кому де́лу своё вре́мя. Вся́кий челове́к э́то до́лжен знать. Вся́кому своё. Вся́кий э́то зна́ет. Вся́кий своё хва́лит. Э́то мо́жет сде́лать вся́кий.

Упражне́ния

(A) 1 Notieren (oder nennen) Sie die Wortverbindungen, in denen Sie *любо́й* und *вся́кий* nicht gegeneinander austauschen können. Begründen Sie Ihre Entscheidung.

Любо́й челове́к (1), без *вся́кого* сомне́ния (2), хоте́л бы име́ть настоя́щего дру́га. Я сча́стлива, что у меня́ есть тако́й друг. Мы испо́льзуем *вся́кую* возмо́жность (3), что́бы вме́сте провести́ *вся́кую* свобо́дную мину́ту (4). Вме́сте мы трениру́емся во *вся́кую* пого́ду (5). Мы гото́вимся к чемпиона́ту земли́ по лёгкой атле́тике. На Са́шу мо́жно положи́ться. *Вся́кий* раз (6), когда́ мне ну́жен его́ сове́т, я могу́ позвони́ть ему́ в *любо́е* вре́мя (7). Я уве́рена, что он помо́жет мне во *вся́ком* слу́чае (8). Без *вся́кого* преувеличе́ния (9) мо́жно сказа́ть, что Са́ша настоя́щий друг.

(B) 2 *Ка́ждый, вся́кий,* oder *любо́й*? Setzen Sie die Wörter in der erforderlichen Form richtig ein. Falls mehrere Varianten möglich sind, begründen Sie diese.

Мы живём на берегу́ Балти́йского мо́ря. ... в на́шей семье́ (1) о́чень лю́бит э́то мо́ре. Поэ́тому мы испо́льзуем ... возмо́жность (2), что́бы провести́ свобо́дное вре́мя на берегу́ мо́ря. Обы́чно без ... спе́шки (3) мы отправля́емся на велосипе́дах к мо́рю. ... раз (4) мы берём с собо́й фотоаппара́т. Мо́ре краси́во в ... вре́мя го́да (5). Без ... преувели-че́ния (6) мо́жно сказа́ть, что ... (7), кто одна́жды уви́дел на́ше мо́ре, никогда́ не забу́дет его́.

3 Geben Sie Kurzantworten.Verwenden Sie *ка́ждый, вся́кий* oder *любо́й* und die Vorgaben in Klammern.

1. Когда́ мы мо́жем прие́хать к тебе́? (В ... вре́мя) 2. Когда́ мы мо́жем осмотре́ть Кра́сную пло́щадь? (В ... день) 3. Посети́м ли мы Третьяко́вскую галере́ю? (В ... слу́чае) 4. Ты ча́сто хо́дишь в теа́тр? (... ме́сяц) 5. Как ча́сто ты занима́ешься йо́гой? (... сре́ду и ... воскресе́нье) 6. Помога́ют тебе́ заня́тия йо́гой снима́ть стресс? (Без ... сомне́ния)

4 Fragen Sie die Auskunft in Moskau, ob ...

1. zu jeder Stunde Stadtrundfahrten stattfinden.
2. Sie in jedem Fall die Tretjakowgalerie sehen werden.
3. jede Touristengruppe den Kreml besichtigt.
4. Sie zu jeder Zeit Karten für ein Ballett im Bolschoitheater bekommen.
5. Sie vom Roten Platz zum Arbat mit jedem Bus fahren können.

jemand
кто́-то, кто́-нибудь, кто́-либо, ко́е-кто́

кто́-то → *unbestimmtes Pronomen* (*neutral*)

- Jemand, eine real existierende Person, die dem Sprecher jedoch unbekannt ist, über die er nichts sagen kann oder will; wird sowohl in der Umgangs- als auch in der Schriftsprache verwendet, von allen russischen Entsprechungen für „jemand" am gebräuchlichsten.
- ***Satzbeispiele*:** Вас кто́-то зовёт к телефо́ну. К вам кто́-то пришёл. Кто́-то вас спра́шивал. Кто́-то стучи́т в дверь. Я

ви́дел, что Са́ша с ке́м-то разгова́ривал. Э́то был кто́-то друго́й. Я кому́-то дал кни́гу, кому́ не по́мню. Брат к кому́-то пошёл.

кто́-нибудь → *unbestimmtes Pronomen* (*neutral*)

- **Irgendjemand**, überhaupt jemand, irgendeine beliebige Person, deren **Existenz** dem Sprecher völlig **gleichgültig** und die ihm oft auch **unbekannt** ist, tritt häufig in **Fragen, Bitten,** Aufforderungen und Wünschen auf, daneben auch in Aussagesätzen mit verallgemeinernden Aussagen oder bei Ausdruck künftigen Geschehens; unterscheidet sich von кто́-либо vor allem dadurch, dass es sowohl in der Schriftsprache auch in der **Umgangssprache** stark verbreitet ist; typisch für publizistischen und wissenschaftlichen Stil.
- ***Kollokationen*:** попроси́ть кого́-нибудь, позвони́ть кому́-нибудь, поговори́ть с ке́м-нибудь, вспо́мнить о ко́м-нибудь.
- ***Satzbeispiele*:** Позови́ кого́-нибудь к телефо́ну. Дава́йте пригласи́м кого́-нибудь из друзе́й. Е́сли кто́-нибудь придёт ко мне, попроси́те его́ подожда́ть меня́. Кто́-нибудь уже́ зна́ет об э́том? Кто́-нибудь из вас ви́дел э́тот фильм? Я возьму́ слова́рь у кого́-нибудь.

кто́-либо → *unbestimmtes Pronomen* (*buchspr.*)

- **Irgendjemand**, irgendein beliebiger, dessen **Existenz** dem Sprecher völlig **unbekannt** und **gleichgültig** ist, wird seltener als die anderen russischen Entsprechungen für „jemand" gebraucht, tritt häufig in **Fragen, Bitten,** Aufforderungen und Wünschen auf, ist vorwiegend in der **Schriftsprache** und hier in publizistischen und wissenschaftlichen Texten anzutreffen; weitgehend synonym mit кто́-нибудь; in seiner Bedeutung jedoch noch um eine Nuance allgemeiner und unbestimmter.
- ***Kollokationen*:** попроси́ть кого́-либо, позвони́ть кому́-либо, поговори́ть с ке́м-либо, вспо́мнить о ко́м-либо.
- ***Satzbeispiele*:** Попроси́ кого́-либо написа́ть реце́нзию. Я хочу́ обрати́ться к кому́-либо.

ко́е-кто́ → *unbestimmtes Pronomen* (*neutral*)

- Jemand, dieser oder jener, eine bestimmte Person, die der Sprecher zwar kennt, über die er seinen Gesprächspartner aber absichtlich in Unkenntnis lässt; sowohl in der Umgangs- als auch in der Schriftsprache gebräuchlich.
- ***Kollokationen*:** попроси́ть ко́е-кого́, позвони́ть ко́е-кому́, поговори́ть ко́е с ке́м, зайти́ ко́е к кому́.
- ***Satzbeispiele*:** К нам сего́дня придёт ко́е-кто́ из на́ших друзе́й. Мне на́до ко́е к кому́ забежа́ть. Он поговори́л ко́е с ке́м. Ко́е у кого́ горе́л свет. Он встре́тился ко́е с ке́м.

Упражнéния

(A) 1 Vergleichen Sie die Satzpaare und bringen Sie bei der Übersetzung die Bedeutungsunterschiede der Hervorhebungen deutlich zum Ausdruck.

1. *Ктó-то* спроси́л о тебé и ждёт в коридóре.
2. Óля проси́ла передáть *комý-то* э́ту статью́, но я забы́л, комý.
3. Недáвно на стадиóне я ви́дела, кáжется, *когó-то* из твоéй комáнды.

1. Éсли *ктó-нибудь* спрóсит обо мнé, ты мне скажи́.
2. Óля проси́ла передáть э́ту статью́ *комý-нибудь* из твои́х друзéй.
3. Éсли уви́дишь *когó-нибудь* из моéй комáнды, скажи́, что приéду зáвтра.

2 Vergleichen Sie die Satzpaare und bringen Sie bei der Übersetzung die Bedeutungsunterschiede der Hervorhebungen deutlich zum Ausdruck.

1. К вам *ктó-то* пришёл.
2. Кóля был у *когó-то* из свои́х друзéй.
3. Сегóдня И́ра встрéтится с *кéм-то* из Москвы́.

1. К вам *кóе-ктó* пришёл.
2. Кóля был *кóе у когó* из свои́х друзéй.
3. Сегóдня И́ра встрéтится *кóе с кéм* из Москвы́.

3 Formulieren Sie den hervorgehobenen Sachverhalt bewusst unbestimmt, deuten Sie jedoch an, dass Sie wissen, wer gemeint ist.

Моéй подругé óчень нрáвится <u>оди́н молодóй человéк</u> (1). Сегóдня онá случáйно уви́дела, кàк он разговáривал с <u>её одноклáссницей Мáшей</u> (2). Вéчером Зóя позвони́ла Мáше и поинтересовáлась <u>незнакóмцем, с котóрым онá бесéдовала</u> (3). Онá узнáла, Мáша знакóма <u>с Олéгом</u> (4). Она сказáла, что в суббóту онá со свои́м дрýгом пойдёт на дискотéку. Мáша пригласи́ла Зóю пойти́ вмéсте с ни́ми тудá. Там онá познакóмит её <u>с Олéгом</u> (5). Зóя с нетерпéнием ждёт суббóты.

4 *Ктó-нибудь* oder *ктó-то*? Setzen Sie richtig ein.

1. – Меня́ (1) спрáшивал?
   – Да, (2) спрáшивал вас по телефóну. Но он не представи́лся.

2. – Где здесь по́чта?
   – По-мо́ему, на э́той у́лице нет по́чты. Но лу́чше спроси́те ещё (3).
3. – Са́ша сам перевёл э́тот текст?
   – По-мо́ему, ему́ (4) помо́г.

(B) 5 Vervollständigen Sie die Fragen und beantworten Sie sie unbestimmt. Achten Sie auf die richtige Verwendung von *кто́-нибудь, кто́-то* und *ко́е-кто́* in der erforderlichen Form.

1. Мне уже́ ... звони́л? (ваш собесе́дник зна́ет, кого́ вы имее́те в виду́)
2. ... отве́тил на на́ше предложе́ние вака́нтной до́лжности? (не ва́жно, кто)
3. Есть ли среди́ кандида́тов ..., кто име́ет хоро́шие ша́нсы на вака́нтную до́лжность?
4. Попроси́те ... из ва́шего отделе́ния просмотре́ть заявле́ния о приёме на рабо́ту.
5. Вы уже́ пригласи́ли к нам ... из кандида́тов?

6 Was sagen Sie in folgenden Situationen? Verwenden Sie *кто́-нибудь, кто́-то* oder *ко́е-кто́* in der erforderlichen Form.

1. Ва́ши друзья́ обеща́ли позвони́ть вам из Росси́и. Вас весь день не́ было до́ма. До́ма был ваш брат.
2. Вы говори́те по телефо́ну с подру́гой. Вдруг вы слы́шите стук в дверь.
3. Вы предлага́ете знако́мой два пода́ренных вам биле́та в кино́. В э́тот день у вас ва́жная встре́ча с деловы́ми людьми́ из Росси́и. Но у бра́та ва́шей знако́мой сего́дня день рожде́ния. Вы спра́шиваете её, нет ли у неё знако́мых, кото́рые хоте́ли бы пойти́ в кино́.
4. Вы про́сите подру́гу, кото́рая рабо́тает перево́дчицей, сро́чно перевести́ делово́е письмо́ на испа́нский язы́к. Но она́ о́чень занята́. Вы про́сите её поговори́ть с одно́й (одни́м) из её колле́г.
5. Вы звони́те знако́мой, кото́рая ждёт вас. Вы про́сите её подожда́ть вас. Вы должны́ зайти́ к одному́ из свои́х колле́г, но не хоти́те называ́ть его́ и́мени.

тепéрь → *Adverb*

- Jetzt, gegenwärtig, nun, bei bestimmten Gegebenheiten; weist im Vergleich zu сейчáс einen **größeren Bedeutungsumfang** auf, bezieht sich nicht nur auf den gegenwärtigen Zeitpunkt, sondern kann darüber hinaus auch einen **in der Gegenwart länger andauernden Zeitraum** in sich einschließen, ist dennoch oftmals durch сейчáс ersetzbar;
  Gegensatz: рáньше, потóм, пóзже.
- ***Kollokationen*:** тепéрь **что дéлать** (быть, находи́ться, читáть, вспоминáть, оцéнивать, дýмать).
- ***Satzbeispiele*:** Тепéрь я живý в дерéвне. Моя́ сестрá окóнчила шкóлу и тепéрь рабóтает в магази́не своегó отцá. Тепéрь нам нáдо идти́. Тепéрь онá студéнтка. Егó тепéрь нет в Тóмске. Тепéрь он говори́т по-рýсски лýчше, чем рáньше.

сейчáс → *Adverb*

- Zum jetzigen Zeitpunkt, **in diesem Moment**, in diesem Augenblick, **zu genau dieser Zeit**, gegenwärtig; bezieht das Jetzt relativ stark auf den Augenblick oder eine relativ kurze Zeitspanne; weitgehend synonym gebraucht mit тепéрь;
  Gegensatz: рáньше, пóзже, потóм.
- ***Kollokationen:*** сейчáс **что дéлать** (быть, находи́ться, читáть, вспоминáть, оцéнивать, дýмать).
- ***Satzbeispiele*:** Сейчáс у нас кани́кулы. Сейчáс мы отдыхáем. Её сейчáс здесь нет, позвони́те, пожáлуйста, чéрез минýт дéсять. Ни́на дóлго болéла, но сейчáс онá вы́здоровела. Сейчáс я схожý в магази́н, а потóм придý к тебé. Сейчáс идёт дождь. Сейчáс пять часóв утрá. Я сейчáс зáнят. Сейчáс он говори́т по-рýсски лýчше, чем рáньше.

Упражнéния

1 *Сейчáс* oder *тепéрь*? Unterstreichen Sie das sinngemäß besser passende Wort.

– Сáша, ты *сейчáс/тепéрь* (1) большóй специали́ст по компьютерам, мне нужнá твоя́ пóмощь. Ты не смог бы зайти́ ко мне *сейчáс/тепéрь* (2)?

– К сожале́нию, *сейча́с/тепе́рь* (3) у меня́ нет вре́мени, я спешу́. У меня́ *сейча́с/тепе́рь* (4) заня́тия по англи́йскому языку́.
– Ах, у тебя́ *сейча́с/тепе́рь* (5) англи́йский, а я ду́мала, что ты свобо́ден.
– *Сейча́с/тепе́рь* (6) я занима́юсь англи́йским по вечера́м. Пото́м я зайду́ к тебе́.

2 *Сейча́с* oder *тепе́рь*? Setzen Sie richtig ein und begründen Sie Ihre Entscheidung.

Ра́ньше мы жи́ли в ма́ленькой дере́вне, а ... (1) мы живём в большо́м го́роде. Мне здесь не о́чень нра́вится. В дере́вне мы жи́ли в своём до́ме, а ... (2) мы живём в трёхко́мнатной кварти́ре. Мой отец рабо́тает ... (3) на большо́м заво́де, а моя́ мать пока́ не рабо́тает. У меня́ ... (4) зи́мние кани́кулы. В на́шей дере́вне у меня́ бы́ло мно́го друзе́й, а ... (5) я ча́сто оди́н и скуча́ю. В дере́вне оста́лись мои́ ба́бушка и де́душка. У них ... (6) мно́го свобо́дного вре́мени. Они́ уже́ пенсионе́ры. ... (7) мы ча́сто звони́м друг дру́гу.

Jugend
молодёжь, мо́лодость, ю́ность

молодёжь → *чья? чего́? кака́я?*

- Jugend, junge Generation, junge Leute als **Sammelbegriff**, als **Altersgruppe**;
  Gegensatz: старики́.
- ***Kollokationen*:** молодёжь **кака́я** (росси́йская, совреме́нная, уча́щаяся, хоро́шая); ~ **чья/чего́** (всей Земли́, Евро́пы); фестива́ль -и, дом -и, кни́га для -и, зако́н о права́х -и; расска́з о -и; помо́чь/помога́ть -и, вы́ступить/выступа́ть пе́ред -ью.
- ***Satzbeispiele*:** Молодёжь у нас хоро́шая. Писа́тель пи́шет о пробле́мах совреме́нной молодёжи. 27 ию́ня в Росси́и отмеча́ется День молодёжи. Госуда́рство должно́ забо́титься бо́льше о молодёжи. Зна́ете ли вы ко́нкурс „Молодёжь иссле́дует“?

мо́лодость → *чья? кого́? кака́я?*

- Jugend, Jugendzeit; **Altersstufe** etwa **zwischen** dem **19. und 30. Lebensjahr**, meistens subjektbezogen gebraucht;
  Gegensatz: де́тство, ста́рость.

- ***Kollokationen*:** мо́лодость **чья/кого́** (моя́, отца́, ма́тери); ~ **кака́я** (ра́нняя, ве́чная, втора́я, тяжёлая, счастли́вая, незабыва́емая); быть не пе́рвой -и, в дни -и; го́ды -и, идеа́л -и, впечатле́ние -и, воспомина́ние -и; грусти́ть об ухо́дящей -и.
- ***Satzbeispiele*:** В мо́лодости все краси́вы. В мо́лодости Окса́на занима́лась фигу́рным ката́нием. Моя́ мо́лодость прошла́ в э́том го́роде. В мо́лодости она́ люби́ла танцева́ть. Ты уже́ прочита́л воспомина́ния мо́лодости писа́теля? Е́сли бы мо́лодость зна́ла, а ста́рость могла́.

ю́ность → *чья? кого́? кака́я?*

- **1.** Jugend, **Teenager**, frühe Jugendzeit **zwischen 13 und 19 Jahren**; **Gegensatz:** де́тство, взро́слость, ста́рость;
  2. Jugend in übertragener Bedeutung als junge Generation gebraucht, Jugendliche, hier weitgehend synonym mit молодёжь; **Gegensatz:** старики́.
- ***Kollokationen*:** **1. чья/кого́** ю́ность (моя́, отца́, ма́тери); ~ **кака́я** (счастли́вая, беззабо́тная); го́ды -и, друзья́ -и, воспомина́ния -и, мечта́ -и, встре́ча с -ью; **2. ~ чья** (ми́ра, плане́ты, Земли́).
- ***Satzbeispiele*:** **1.** В ю́ности он на́чал писа́ть стихи́. У меня́ была́ счастли́вая ю́ность. В ю́ности я хоте́л стать лётчиком. Э́та му́зыка напомина́ет мне вре́мя ю́ности. Я провела́ свою́ ю́ность в большо́м го́роде. Мы с ю́ности привы́кли к труду́. **2.** „Ю́ность ми́ра про́тив войны́" – под таки́м назва́нием прошла́ вы́ставка молоды́х худо́жников.

Упражне́ния

(A) 1 *Молодёжь* oder *мо́лодость*? Setzen Sie richtig ein.

1. Мой де́душка ча́сто расска́зывает о свое́й ... 2. У него́ была́ тру́дная ..., э́то бы́ло вре́мя по́сле войны́. 3. ... должна́ была́ не то́лько учи́ться, но и мно́го рабо́тать. 4. ... того́ вре́мени росла́ без телеви́дения и компью́терной те́хники. 5. Но всё же де́душка с удово́льствием вспомина́ет о свое́й ...

(B) 2 Ersetzen Sie überall dort, wo Ihnen das möglich erscheint, das hervorgehobene durch ein sinnentsprechendes Wort.

Воспомина́ния о *мо́лодости* (1)
У меня́ была́ интере́сная *мо́лодость* (2). Ча́сто мы встреча́лись в клу́бах, где *молодёжь* (3) организо́вывала вечера́ для *молодёжи* (4). Мы приглаша́ли к себе́ худо́жников и спортсме́нов, занима́лись в кружка́х, тренирова́лись в спор-

ти́вных се́кциях. Уже́ в мое́й ра́нней *ю́ности* (5) я учи́лась игра́ть на скри́пке. По́зже я игра́ла в изве́стном *молодёжном* орке́стре (6). Во вре́мя на́ших гастро́лей за грани́цу меня́ о́чень интересо́вала жи́знь *молодёжи* (7).

3 Fragen Sie Ihren russischen Gesprächspartner, ...

- wo er seine Jugend verlebt oder verlebt hat (1);
- ob er eine glückliche Jugend hat bzw. hatte (2);
- wie er die heutige Jugend einschätzt (3);
- ob er in seiner frühen Jugend schon wusste, was er werden wollte (4);
- ob er den Wettbewerb „Jugend forscht“ kennt (5);
- was er davon hält, an einem Jugendfestival teilzunehmen (6).

jung
молодо́й, ю́ный

молодо́й, -а́я, -о́е, -ы́е; мо́лод, -а́, -о, -ы
→ *кто*? *что*?

- **Jung** an Jahren in Bezug auf Menschen zwischen **19 und 35 Jahren**, Pflanzen; ohne Beziehungswort auch wie ein Substantiv in der Bedeutung „Jungverheiratete, Jungvermählte“ gebräuchlich; **2.** für junge Menschen charakteristische Erscheinungen; **3.** jung, erst seit kurzem existierend, neu; stets in Verbindung mit Gegenstandsbezeichnungen;
  Gegensatz zu 1.–3.: немолодо́й, ста́рый.
- ***Kollokationen*: 1.** молодо́й **кто** (челове́к, -а́я же́нщина); конфере́нция молоды́х учёных; ~ **что** (-о́е де́рево, -ое расте́ние, -ое поколе́ние, -ое вино́); в молодо́м во́зрасте; **2.** ~ **что** (-а́я душа́, -о́е лицо́, -ы́е ру́ки); **3.** ~ **что** (го́род, теа́тр).
- ***Satzbeispiele*: 1.** Молоды́е лю́ди с интере́сом слу́шали писа́теля. Он ещё совсе́м мо́лод. Он познако́мился с молодо́й же́нщиной. На стро́йку прие́хала гру́ппа молоды́х специали́стов. **2.** У старика́ оказа́лся не по во́зрасту молодо́й го́лос. В за́ле звуча́л молодо́й смех. **3.** На́ша шко́ла ещё молода́я, она́ была́ постро́ена год наза́д.

ю́ный, -ая, -ое, ые; юн, -а́, -о, -ы → *кто*?

- **Sehr jung** an Jahren in Bezug auf Menschen **zwischen 13 und 19 Jahren** (Teenager); jugendlich, jung in Verbindung mit Interessengemeinschaften an den Schulen;
  Gegensatz: ста́рый.

- ***Kollokationen*****:** ю́ный **кто** (спортсме́н, натурали́ст, корреспонде́нт, -ая де́вушка); ~ что (-ое поколе́ние, -ые го́ды); в ю́ном во́зрасте, с ю́ных лет.
- ***Satzbeispiele*****:** Уже́ в ю́ном во́зрасте он на́чал игра́ть в те́ннис. Ю́ные го́ды отца́ прошли́ в э́том го́роде.

Упражне́ния

1 Ordnen Sie *молодо́й* und *ю́ный* der jeweils richtigen Gruppe von Beziehungswörtern zu.

1. ______________________	2. ______________________
де́вушка	челове́к
па́рень	же́нщина
натурали́ст	профе́ссор

2 Unterstreichen Sie das hier jeweils passende Adjektiv.

- *Молодо́й/ю́ный* челове́к (1), где здесь встреча́ются *молоды́е/ю́ные* (2) натурали́сты?
- Вы говори́те о кружке́, кото́рым руково́дит Зина́ида Петро́вна?
- Э́то *молода́я/ю́ная* же́нщина (3) сре́днего ро́ста?
- Нет, Зина́иде Петро́вне почти́ 60 лет, но она́ сохрани́ла *молодо́е/ю́ное* се́рдце (4). Она́ о́чень лю́бит занима́ться с детьми́.
- Ах, э́то Зина́ида Петро́вна! Я её зна́ю. Она́ по профе́ссии инжене́р и руководи́т кружко́м *молоды́х/ю́ных* те́хников (5).
- Сейча́с *молоды́е/ю́ные* (6) натурали́сты на экску́рсии.

3 *Молодо́й* oder *ю́ный*? Setzen Sie richtig ein.

- Вы зна́ете ... (1) челове́ка за сосе́дним столо́м?
- Да, он учи́тель неме́цкого языка́ и руководи́т кружко́м ... (2) корреспонде́нтов.

- Я слы́шал, что твоя́ сестрёнка уча́ствовала в ко́нкурсе ... (1) музыка́нтов-исполни́телей и заняла́ второ́е ме́сто. Поздравля́ю!
- Спаси́бо. Мы о́чень ра́ды за Та́ню. Она́ впервы́е уча́ствовала в тако́м ко́нкурсе. В нём при́няли уча́стие не то́лько ру́сские, но и неме́цкие шко́льники. А са́мому ... (2) уча́стнику бы́ло всего́ 11 лет.
- А кто был чле́ном жюри́?
- В основно́м ... (3) изве́стные пиани́сты, лауреа́ты междунаро́дных ко́нкурсов.

Junge

120 **ма́льчик, ю́ноша**

ма́льчик, → *како́й?*

- Junge, Knabe **bis** zu einem **Alter** von etwa **14**, höchstens 16 Jahren; **Gegensatz:** де́вочка.
- ***Kollokationen*****:** ма́льчик **како́й** (ма́ленький, до́брый, невысо́кого ро́ста); и́мя -а, роди́тели -а, дружи́ть с -ом, ~ шести́ лет.
- ***Satzbeispiele*****:** Ма́льчику всего́ 7 лет, но он прекра́сно игра́ет в те́ннис. Ваш сын спорти́вный ма́льчик. У нас в семье́ шесть дете́й, и все ма́льчики.

ю́ноша → *како́й?*

- Junge, junger Mann im Alter etwa **zwischen 13 und 19 Jahren, Teenager**;
  Gegensatz: де́вушка.
- ***Kollokationen*****:** ю́ноша **како́й** (до́брый, взро́слый, высо́кого ро́ста).
- ***Satzbeispiele*****:** В на́шей гру́ппе 7 де́вушек и 9 ю́ношей. Ю́ноше ско́ро два́дцать лет.

Упражне́ния

1 *Ма́льчик* oder *ю́ноша*? Ordnen Sie das jeweils passende Substantiv dem entsprechenden Partnerwort zu.

1. де́вушка и 2. де́вочка и

2 Ordnen Sie *ма́льчик, мужчи́на* und *ю́ноша* auf einer Worttreppe nach ihrem Alter. Beginnen Sie mit der ältesten Person.

3 *Ма́льчик* oder *ю́ноша*? Setzen Sie richtig ein.

У меня́ дво́е дете́й. Мой сын у́чится в пя́том кла́ссе. В его́ кла́ссе 12 ... (1) и 10 де́вочек. Почти́ ка́ждый ... (2) интересу́ется компью́тером. Мой сын о́чень бы́стро подружи́лся с

... (3), у кото́рых таки́е же интере́сы. Дочь у́чится в медици́нском учи́лище. В её гру́ппе 19 де́вушек и всего́ оди́н ... (4). Э́тот ... (5) по́льзуется большо́й популя́рностью среди́ де́вушек гру́ппы.

Kinder
де́ти, ребя́та

де́ти → *чьи? каки́е?*

- **1.** Kinder, Mädchen und Jungen **bis 12–13** Jahre;
  Gegensatz: взро́слые;
  2. Kinder im Verhältnis zu ihren Eltern, Söhne und Töchter beliebigen Alters;
  Gegensatz: старики́.
- ***Kollokationen*: 1.** де́ти **чьи** (мои́, моего́ бра́та, э́того до́ма); ~ **каки́е** (ма́ленькие, здоро́вые, счастли́вые; шко́льного во́зраста); фильм для -е́й; ве́рить -ям, занима́ться с -ьми́, обуча́ть дете́й чте́нию, игра́ть с -ьми́; **2.** ~ **чьи** (мои́, сестры́, Ири́ны); ~ **каки́е** (взро́слые); ~ от пе́рвой жены́, люби́ть -е́й; горди́ться свои́ми -ьми́.
- ***Satzbeispiele*: 1.** В магази́не есть большо́й вы́бор игру́шек для дете́й ра́зного во́зраста. Де́ти игра́ют в саду́. **2.** У меня́ тро́е дете́й. У Ивано́вых нет дете́й. Он горди́тся свои́ми детьми́. Её де́ти рабо́тают учителя́ми.

ребя́та → *чьи? каки́е?* (*umgangsspr.*)

- **1.** Bezeichnet Kinder, Mädchen und Jungen im frühen Alter, bis **12–13** Jahre, in der Umgangssprache auch in der **Anrede** sehr verbreitet, in Bezug auf Kinder zwischen 3 und 13 Jahren weitgehend synonym mit де́ти, in Bezug auf junge Leute etwa ab 13 Jahre in der Regel nur noch ребя́та, hier dann aber in der Bedeutung „Jungs“, „Leute“;
  Gegensatz: взро́слые;
  2. Kinder im Verhältnis zu ihren Eltern, Söhne und Töchter beliebigen Alters; hier bedeutungsähnlich mit де́ти.
- ***Kollkationen*: 1.** ребя́та **каки́е** (весёлые, здоро́вые, взро́слые; дошко́льного во́зраста, сре́днего ро́ста); **2.** ~ **чьи** (инжене́ра, дире́ктора); ~ **каки́е** (ме́стные, хоро́шие, дру́жные, с на́шего двора́, на́шего кла́сса, на́шей шко́лы).
- ***Satzbeispiele*: 1.** Ребя́та игра́ют в мя́ч. Ребя́та хо́дят в шко́лу. Ребя́та у́чатся игра́ть в ша́хматы. Ребя́та, дава́йте пойдём в кино́! Ребя́та, переста́ньте шуме́ть! **2.** Мои́ ребя́та уже́ вы́росли. У неё ма́ленькие ребя́та.

Упражнения

1 *Дéти* oder *ребя́та*? Setzen Sie das passende Wort richtig ein. Falls beide Varianten möglich sind, begründen Sie es.

1. На урóке рýсского языкá во вторóм клáссе
   Учи́тель: ..., а сейчáс мы бýдем читáть скáзку.
2. На урóке хи́мии в восьмóм клáссе
   Учи́тель: ..., бýдьте осторóжны при проведéнии э́того óпыта!
3. Из интервью́
   – У вас есть ...?
   – Да, у меня́ двóе ... .
4. Из разговóра
   – Кем ты хóчешь стать?
   – Я óчень люблю́ ..., поэ́тому хочý стать дéтским врачóм.

klein
мáленький, небольшóй, мáлый, мéлкий

мáленький, -ая, -ое, -ие → *кто? что? комý? для когó? по чемý? в какóй стéпени?* (*neutral*)

1. Allgemeine Bedeutung für **klein**, von geringem **Ausmaß**, von geringer Größe, Ausdehnung; in **geringem Grade**; **2.** klein von **Wuchs**, von der **Anzahl**, Bedeutung; **3.** klein, **minderjährig**;
Gegensatz: большóй (1.–3.).

- ***Kollokationen*: 1.** мáленький **что** (дом, -ая странá, -ое óзеро); ~ **по чемý** (по плóщади, по территóрии); ~ **в какóй стéпени** (óчень, сли́шком); **2.** ~ **кто** (мужчи́на, -ая семья́); ~ **что** (недостáток, -ая сýмма, -ое преимýщество); <с->дéлать ~ огóнь; допусти́ть -ую оши́бку; **3.** ~ **кто** (ребёнок, мáльчик).
- ***Satzbeispiele*: 1.** Я роди́лся в мáленьком гóроде. Кóфе нам пóдали в мáленьких краси́вых чáшках. **2.** Э́то мáленькое дéло. Учени́к допусти́л в своём сочинéнии мáленькую оши́бку **3.** Дéти ещё мáленькие. Он плóхо пóмнит то врéмя, когдá сам был мáленьким.

небольшóй, -áя, -óе, -и́е → *кто? что? по чемý?*

- Klein, von geringer Größe, Anzahl, Dauer, Bedeutung; weitgehend synonym mit мáленький (1.,2.);
  Gegensatz: большóй.

- ***Kollokationen*****:** небольшо́й **кто** (-ая гру́ппа тури́стов); ~ **что** (дом, сад, -а́я про́сьба, -а́я пое́здка, -о́е расстоя́ние); ~ **по чему́** (по вре́мени, по коли́честву); -о́го ро́ста; нач(ин)а́ть с -о́го.
- ***Satzbeispiele*****:** Мой брат небольшо́го ро́ста. Я живу́ в небольшо́м ую́тном до́ме. У меня́ к вам небольша́я про́сьба. Я взял с собо́й небольшу́ю су́мму де́нег.

ма́лый, -ая, -ое, -ые; мал, -а́, -о́, -ы́ → *кто? кому́? для кого́? что? по чему́?*

- **1.** Klein von der **Größe**, der **Anzahl**, **minderjährig**, in diesen Bedeutungen synonym mit ма́ленький in bestimmten Verbindungen, im Vergleich dazu mit größerem emotionalem Gehalt; außerdem gebräuchlich mit großem Anfangsbuchstaben in Titeln, Namen von Einrichtungen und geografischen Bezeichnungen; **2. zu klein**, von geringerer Größe als notwendig, bezeichnet in prädikativer Stellung das **Untermaß**; hier **nur** in der **Kurzform** gebräuchlich;
  Gegensatz: большо́й (1.); вели́к, -а́, -о́, -и́ (2.).
- ***Kollokationen*****: 1.** ма́лый **что** (вы́бор, -ая высота́); Ма́лый **что** (теа́тр, -ая А́зия); мал **по чему́** (по величине́, по разме́ру); иску́сство -ых форм; с ма́лых лет; **2.** ~ **кто** (ребёнок, ма́льчик); ~ **что** (костю́м, пиджа́к); ~ **кому** (бра́ту, мне); ~ **для кого́** (для ма́мы, для Бори́са).
- ***Satzbeispiele*****: 1.** Конце́рт состои́тся в Ма́лом за́ле консерва́тории. Мой брат рабо́тает на ма́лом предприя́тии. Ребёнок ещё мал. Он мал ро́стом. Ра́зница ме́жду на́ми о́чень мала́. Мал золотни́к, да до́рог (*Klein, aber fein*). **2.** Пиджа́к вам мал. Ша́пка мала́. Пла́тье мало́. Боти́нки малы́. Бра́ту э́та руба́шка мала́. Для тако́й рабо́ты он ещё мал.

ме́лкий, -ая, -ое, -ие; ме́лок, мелка́, -о, -и/-и́ → *кто? для кого́? что?*

- Klein, unbedeutend in Bezug auf die gesellschaftliche Stellung, auf die Größe, den Umfang, auf die wirtschaftlichen Möglichkeiten, auf die Bedeutung;
  Gegensatz: кру́пный.
- ***Kollokationen*****:** ме́лкий **кто** (челове́к, слу́жащий, бизнесме́н, крестья́нин, реме́сленник, буржуази́я; скот); ~ **что** (шрифт, -ая ры́ба, -ая ссо́ра, -ое хозя́йство, -ое предприя́тие, -ие я́годы; -ие де́ньги; -ие интере́сы); ме́лок **для кого́** (для меня́, для молоды́х люде́й); идти́ -ими шага́ми; напи́санное -им шри́фтом; разорва́ть на -ие кусо́чки.
- ***Satzbeispiele*****:** У меня́ нет ме́лких де́нег. В на́шей стране́ мно́го ме́лких хозя́йств.

der kleine Bruder	→	мла́дший брат
die kleine Schwester	→	мла́дшая сестра́
im kleinen Kreise	→	в у́зком кругу́

Упражнения

(A) 1 *Ма́ленький* oder *ма́лый*? Schreiben Sie die jeweils richtige Variante heraus.

- Ви́ктор, у меня́ к тебе́ *ма́ленькая/ма́лая* (1) про́сьба. Пожа́луйста, купи́ 4 биле́та на конце́рт класси́ческой му́зыки.
- Хорошо́. В пя́тницу в *Ма́леньком/Ма́лом* (2) за́ле консервато́рии состо́ится ве́чер фортепиа́нной му́зыки.
- А в суббо́ту мы соверши́м *ма́ленькую/ма́лую* (3) поéздку за́ город.

(B) 2 Ordnen Sie *ма́ленький, ма́лый* und *ме́лкий* der jeweils richtigen Gruppe zu.

1. ______________	2. ______________	3. ______________
крестья́нин	ребёнок	иску́сство ... форм
со́бственник	ма́льчик	зал консервато́рии
шрифт	сын	А́зия

3 *Ма́ленький, ма́лый, ме́лкий* oder *небольшо́й*? Setzen Sie das passende Wort in der erforderlichen Form ein.

Я живу́ в ... (1) го́роде. Я учу́сь в 7 кла́ссе. Наш класс ... (2). В нём всего́ 16 челове́к. Мои́ люби́мые предме́ты: исто́рия, литерату́ра и геогра́фия. Сего́дня на уро́ке исто́рии мы говори́ли о разви́тии ... (3) буржуази́и в ца́рской Росси́и. А на уро́ке литерату́ры мы обсужда́ли рома́н Фа́лла́ды „... (4) челове́к, что де́лать?“ (*Kleiner Mann, was nun?*). На уро́ках геогра́фии мы смотре́ли документа́льный фильм о разви́тии тури́зма в стра́нах ... (5) А́зии.

4 Ergänzen und beantworten Sie die Fragen möglichst unter Verwendung von *ма́ленький, ма́лый, ме́лкий* oder *небольшо́й*.

1. В како́м го́роде вы хоте́ли бы жить? В большо́м и́ли ... ?
2. У вас больша́я и́ли ... семья́?
3. У ва́шей сестры́ больши́е и́ли ... де́ти?
4. Как вы счита́ете, каки́м о́бразом госуда́рство должно́ подде́рживать ... предпринима́телей?

5. Почему́ необходи́мо чита́ть текст, напи́санный ... шри́фтом, пре́жде чем подпи́сывать како́й-либо догово́р?
6. Каки́е стра́ны отно́сятся к ... А́зии?

kurz
коро́ткий, кра́ткий

коро́ткий, -ая, -ое, -ие; ко́роток, -ка́, -о/-о́, -и/-и́ → *что?*

- **1.** Kurz in Bezug auf die **räumliche Entfernung**, **Länge**; in festen Wortverbindungen, z.B. коро́ткая па́мять (*Gedächtnis*);
  Gegensatz: дли́нный;
  2. kurz im Hinblick auf die **zeitliche** Ausdehnung, Dauer;
  Gegensatz: до́лгий, дли́тельный, продолжи́тельный;
  3. kurz knapp in Bezug auf die Darstellung, den **Umfang der Ausführungen**, ohne jegliche Details;
  Gegensatz: дли́нный, подро́бно.
- ***Kollokationen*: 1.** коро́ткий **что** (-ая у́лица, -ое пла́тье); пальто́ коротко́, рукава́ (*Ärmel*) коротки́; ко́ротко <по–>стричь(ся); **2. ~ что** (переры́в, -ая встре́ча, -ая бесе́да; -ие дни); день ко́роток, неде́ля коротка́; **3. ~ что** (расска́з, текст, -ая бесе́да, -ая речь, -ое сообще́ние); отве́т ко́роток, бесе́да коротка́; в коро́тких слова́х; ко́ротко сообщи́ть/сообща́ть о чём-н.; ко́ротко и я́сно (*kurz und bündig*).
- ***Satzbeispiele*: 1.** Это коро́ткая у́лица. У него́ коро́ткие во́лосы. Подстриги́те, пожа́луйста, ко́ротко (не сли́шком ко́ротко)! **2.** Та́ня реши́ла зада́чу за коро́ткое вре́мя. Ле́тние но́чи коротки́. К сожале́нию, на́ша жизнь коротка́. **3.** Он написа́л коро́ткое письмо́. Её отве́т был ко́роток. Я люблю чита́ть коро́ткие исто́рии. Он ко́ротко изложи́л суть де́ла. Я бу́ду ко́роток (*Ich fasse mich kurz*).

кра́ткий, -ая, -ое, -ие; кра́ток, кратка́, -о, -и → *что?*

- **1.** Kurz im Hinblick auf die **zeitliche Dauer**; in festen Wortverbindungen, z.B. кра́ткие фо́рмы прилага́тельных; кра́ткий гла́сный; „и" кра́ткое; weitgehend synonym mit коро́ткий;
  Gegensatz: до́лгий, дли́тельный, продолжи́тельный;
  2. kurz, knapp in Bezug auf die Darstellung, den Umfang der Ausführungen, ohne jegliche Details; weitgehend synonym mit коро́ткий;
  Gegensatz: дли́нный; подро́бно (2.).
- ***Kollokationen*: 1.** кра́ткий **что** (срок, гла́сный, переры́в, -ая жизнь, встре́ча, -ое вре́мя, путеше́ствие); час кра́ток; дни

кра́тки; **2. ~ что** (расска́з, -ое изложе́ние, -ое сообще́ние); текст кра́ток, определе́ния кра́тки; в кра́тких слова́х; кра́тко изложи́ть/излага́ть что-н.; быть -им (*sich kurz fassen*).

- ***Satzbeispiele*: 1.** За кра́ткий срок он написа́л свою́ дипло́мную рабо́ту. О кра́ткой любви́ не жале́й. **2.** Ма́стер сде́лал кра́ткое сообще́ние о хо́де рабо́ты. В э́той кни́ге опублико́ваны кра́ткие биогра́фии всех вели́ких писа́телей XIX ве́ка. Я бу́ду кра́ток. Я стара́юсь, что́бы речь моя́ была́ литерату́рна, определе́ния кра́тки и точны́ (Чехов). Он кра́тко рассказа́л о своём путеше́ствии.

Vorsicht, Fehlerquelle!

kurz und heftig atmen	→	бы́стро и ча́сто дыша́ть
Kann ich dich kurz sprechen?	→	Мо́жно тебя́ на мину́тку?
seit kurzer Zeit	→	с неда́вних пор, с неда́внего вре́мени
kurz und schmerzlos	→	бы́стро и безболе́зненно
kurz nach 9 Uhr	→	в нача́ле деся́того
zu kurz kommen	→	быть обойдённым (обделённым)
den kürzeren ziehen	→	оста́ться/остава́ться в про́игрыше
Kurzarbeiter	→	рабо́тающий непо́лную рабо́чую неде́лю

Упражнения

1 Verbinden Sie *коро́ткий* und *кра́ткий* mit den folgenden Substantiven.

во́лосы, гла́сный, доро́га, „и“, па́мять, пла́тье, ю́бка, фо́рма прилага́тельного.

2 Ersetzen Sie überall dort, wo es möglich ist, *коро́ткий* durch *кра́ткий.*

- Кто э́та де́вушка на фотогра́фии в *коро́ткой* (1) ю́бке с *коро́ткими* (2) волоса́ми?
- Э́то Ве́ра. За *коро́ткое* (3) вре́мя мы ста́ли хоро́шими друзья́ми. Ве́ра журнали́стка. Она́ пи́шет *коро́ткие* (4) исто́рии для дете́й. Кро́ме э́того, Ве́ра хоро́шая бегу́нья на *коро́ткие* (5) диста́нции. 100 ме́тров она́ пробега́ет за 12 секу́нд.
- Непло́хо.

3 *Коро́ткий* oder *кра́ткий*? Schreiben Sie die jeweils treffendere Variante heraus.

1. На уро́ке ру́сского языка́
   - *Коро́ткие/Кра́ткие* (1) фо́рмы прилага́тельных отлича́ются от по́лных свои́ми граммати́ческими и стилисти́ческими осо́бенностями.

2. На уро́ке неме́цкого языка́ в ру́сской шко́ле
   - Обрати́те внима́ние на то, что в неме́цком языке́ есть до́лгие и *коро́ткие/кра́ткие* (2) гла́сные. *Коро́ткие/Кра́ткие* (3) гла́сные произно́сятся бо́лее *ко́ротко/кра́тко* (4), чем ру́сские гла́сные. Гла́сный произно́сится *ко́ротко/кра́тко* (5), е́сли за ним сле́дует согла́сный и́ли гру́ппа согла́сных.

3. В парикма́херской
   - Как вас подстри́чь?
   - Пожа́луйста, не сли́шком *ко́ротко/кра́тко* (6).

4. В магази́не
   - Све́та, почему́ ты не хо́чешь купи́ть э́то пальто́?
   - Оно́ о́чень краси́во, но рукава́ мне сли́шком *коротки́/кра́тки* (7).

Land
страна́, земля́, дере́вня

страна́ → *чья? кого́? чего́? кака́я?*

- Land als politischer Begriff, Staat, geographisch und politisch durch Grenzen abgeschlossenes Gebiet.
- ***Kollokationen*:** страна́ **чья/кого́** (моя́, на́ша, друзе́й); стра́ны (*hier meistens im Plural*) **чего́** (А́зии, Сре́дней Евро́пы, Лати́нской Аме́рики); ~ **кака́я** (европе́йская, сре́днеазиа́тская, больша́я, промы́шленная, отста́лая, го́рная); террито́рия -ы́; населе́ние -ы́, наро́д -ы́, столи́ца -ы́, географи́ческое положе́ние -ы́, исто́рия -ы́, е́здить по -е́, знать -у́, знако́миться со -о́й, горди́ться свое́й -о́й.
- ***Satzbeispiele*:** Росси́я - са́мая больша́я страна́ Земли́. Я живу́ в краси́вой стране́. Они́ путеше́ствуют по ра́зным стра́нам За́падной Евро́пы. Вы уже́ познако́мились с э́той страно́й? Каки́е стра́ны грани́чат с Росси́ей?

земля́ → *чья? кого́? чего́? кака́я?*

- **1.** (Fest-)Land; Teil der Erde, der nicht mit Wasser bedeckt ist; nur im Singular gebräuchlich; in dieser Bedeutung synonym mit су́ша; **2.** Land, Boden, Grundbesitz; **3.** größeres, verwaltungstechnisch teilweise selbständiges Territorium innerhalb eines Staates, z.B. Bundesland.
- ***Kollokationen*: 1.** земля́ и вода́; **2.** земля́ **чья/кого́** (крестья́нина, фе́рмеров Ивано́вых); ~ **чья/чего́** (кооперати́ва, предприя́тия); ~ **кака́я** (хоро́шая, плодоро́дная); обраба́тывать -ю; **3.** ~ **кака́я** (федера́льная, ча́стная); федера́льная земля́ Тюри́нгия.
- ***Satzbeispiele*: 1.** На горизо́нте показа́лась земля́. Все на корабле́ ви́дели, что земля́ бли́зко. **2.** Крестья́не обраба́тывают зе́млю. У него́ 3 гекта́ра земли́. **3.** В соста́в Герма́нии вхо́дят 16 земе́ль. Я живу́ в федера́льной земле́ Ге́ссен.

дере́вня → *чья? кого́? кака́я?*

- Land, dörfliche Gegend mit viel Landwirtschaft und Natur, Provinz als Gegensatz zur Stadt.
- ***Kollokationen*:** дере́вня **чья/кого́** (моя́, на́ша); ~ **кака́я** (краси́вая, больша́я); го́род и ~; жить в -е; быть из -и.
- ***Satzbeispiele*:** Он вы́рос в дере́вне. Она́ прово́дит кани́кулы в дере́вне. Ле́том мы обы́чно е́здим в дере́вню.

Achtung, Fehlerquelle!

an Land schwimmen → <по->плы́ть к бе́регу
zu Lande (reisen, fahen) → по су́ше
warme Länder → тёплые края́

Упражнения

(A) 1 *Земля́* oder *страна́*? Schreiben Sie das jeweils passende Wort unter die entsprechende Abbildung.

2 *Земля́* oder *страна́*? Schreiben Sie die jeweils treffendere Variante heraus.

– Вы из како́й *земли́/страны́* (1)?
– Из Герма́нии.
– Я о́чень люблю́ э́ту *зе́млю/страну́* (2). В како́й федера́льной *земле́/стране́* (3) вы живёте?
– В *земле́/стране́* (4) Ме́кленбург-Предпомера́ния, в го́роде Швери́не.
– Э́тот го́род я зна́ю. Он же нахо́дится на се́вере ва́шей *земли́/страны́* (5)?
– Соверше́нно ве́рно. Швери́н - администрати́вный центр на́шей *земли́/страны́* (6).

(B) 3 *Дере́вня, земля́* oder *страна́*? Setzen Sie das jeweils passende Wort richtig ein.

В ... (1) озёр
Обы́чно мы прово́дим о́тпуск в тёплых ... (2). В про́шлом году́ мы отдыха́ли две неде́ли в Ита́лии и неде́лю в ... (3) Ба́ден-Вю́ртемберг, а в э́том году́ мы бы́ли в Финля́ндии, кото́рую называ́ют ... (4) озёр. Там мы жи́ли у фи́нского крестья́нина в ... (5). У него́ есть уча́сток ... (6) в во́семь гекта́ров. Не́сколько дней мы путеше́ствова́ли по все____ ... (7). Осо́бенно нам понра́вились леса́ и озёра э́то____ ... (8).

4 Sagen Sie Ihrem russischen Gast, dass ...

1. Sie schon einige Male in seinem Land zu Gast waren;
2. Sie schon oft in fernen Ländern waren;
3. es in Deutschland 16 Bundesländer gibt und Sie im Land ... leben;
4. Sie auf dem Land leben;
5. Sie 10 Hektar Land besitzen.

lange
до́лго, давно́

до́лго (*Adverb*) → *что де́лать?*

- Lange, über einen **langen Zeitraum** anhaltend, bezeichnet vor allem die **Zeitdauer**;
  Gegensatz: недо́лго, ко́ротко.

- ***Kollokationen*:** до́лго **что де́лать** (ждать, жить, иска́ть, е́хать).
- ***Satzbeispiele*:** Мой брат до́лго молча́л. Мы до́лго е́хали на по́езде. Мы до́лго разгова́ривали. Как до́лго тебе́ пришло́сь ждать? Я ждал её до́лго, о́коло трёх часо́в. Он до́лго расска́зывал о свое́й пое́здке.

давно́ (*Adverb*) → *что де́лать?*

- **1. Lange zurückliegend**, lange her; **2.** lange, **seit langem**, schon seit langer Zeit;
  Gegensatz: неда́вно.
- ***Kollokationen*:** давно́ **что де́лать** (ждать, жить в Росси́и).
- ***Satzbeispiele*:** **1.** Э́то бы́ло давно́. Мы о́чень давно́ не ви́делись. **2.** Я давно́ живу́ в Берли́не. Ты давно́ меня́ ждёшь?

Achtung, Fehlerquelle!

für wie lange?	→ на како́й срок?
das hat noch lange Zeit!	→ э́то не к спе́ху!
es ist schon lange her, seit ...	→ прошло́ уже мно́го вре́мени с тех пор, как ...

Упражне́ния

1 Vergleichen Sie die Satzpaare und bringen Sie bei der Übersetzung die Bedeutungsunterschiede der Hervorhebungen deutlich zum Ausdruck.

1. Мы *до́лго* говори́ли по телефо́ну.	1. Мы *давно́* не говори́ли по телефо́ну.
2. Мы *до́лго* не ви́делись, почти́ год.	2. Мы уже́ *давно́* не ви́делись.
3. Я *до́лго* жил в США, о́коло 20 лет.	3. Я *давно́* живу́ в США.
4. Он *до́лго* расска́зывал о свое́й рабо́те.	4. Он *давно́* не расска́зывал о свое́й рабо́те.

2 *До́лго* oder *давно́*? Setzen Sie das jeweils passende Wort richtig ein.

1. – Вы прие́хали из далёкой Сиби́ри. Вы ... (1) там живёте?
   – Всю жизнь.
   – Как ... (2) бы́ли вы в доро́ге?
   – О́чень ... (3), почти́ пять дне́й.

2. – С кем ты так ... (4) говори́ла по телефо́ну?
   – С Ка́тей, мы с ней уже́ ... (5) не ви́делись.

3. – Ты ... (6) ждёшь меня́?
   – Нет, не ... (7), мину́т де́сять.

3 Fragen Sie Ihren russischen Bekannten,

1. ob er (sie) schon lange in München arbeitet;
2. wie lange er (sie) in seiner Heimat nicht war;
3. wie lange er (sie) in München noch arbeiten wird.

Lehrer(in)
учи́тель (ница), преподава́тель (ница)

учи́тель (ница) → *чей?* (*чья?*) *чего́? како́й?* (*кака́я?*)

- **1.** Lehrer(in) in der **Schule**; allgemein als **Berufsbzeichnung**; Nominativ **Plural** учителя́; **2. Begründer** einer (wissenschaftlichen) **Richtung**, auch erzieherisches Vorbild; hier nur in der männlichen Form gebräuchlich; Nominativ **Plural** учи́тели, *hoher Stil*.
- ***Kollokationen*: 1.** учи́тель (ница) **чей** (**чья**) (мой (моя́)); ~ **чего́** (математи́ки, ру́сского языка́, рисова́ния); ~ **како́й** (**кака́я**) (шко́льный, молодо́й (-а́я), о́пытный (-ая), люби́мый (-ая)); ~ ста́рших кла́ссов; стать -ем (-ей); рабо́тать -ем (-ей); день -я, дипло́м -я, профе́ссия -я, недоста́ток -е́й, ме́сто -я; Заслу́женный наро́дный ~; **2.** ~ **чей** (мой, его́, но́вого поколе́ния худо́жников).
- ***Satzbeispiele*: 1.** Ученики́ уважа́ли и немно́го боя́лись своего́ учи́теля. В Росси́и день учи́теля отмеча́ется в пе́рвое воскресе́нье октября́. **2.** Эйнште́йн был учи́телем но́вого поколе́ния фи́зиков. Худо́жник оста́вил себе́ в учи́тели одного́ боже́ственного Рафаэ́ля. Хоро́шая кни́га всегда́ была́ для меня́ лу́чшим учи́телем.

преподава́тель (ница) → *чей?* (*чья?*) *чего́? како́й?* (*кака́я?*)

- Fachlehrer(in), Lektor, Dozent in der **Hochschule, Fachhochschule, Fachschule;** weitgehend synonym mit учи́тель (1.).
- ***Kollokationen*:** преподава́тель (ница) **чей** (**чья**) (мой (моя́), их); ~ **чего́** (Моско́вского университе́та, ву́за, те́хникума, лати́нского языка́, литературове́дения); ~ **како́й** (**кака́я**), (хоро́ший (-ая), ста́рый (-ая)); люби́ть -я (-у); рабо́тать -ем (-ей).

- ***Satzbeispiele*:** Он стал хоро́шим преподава́телем. Преподава́тель ру́сского языка́ был о́чень дово́лен: все студе́нты отли́чно сда́ли экза́мен по э́тому предме́ту.

Упражне́ния

1 Ordnen Sie *преподава́тель (ница)* und *учи́тель (ница)* der jeweils richtigen Gruppe zu.

1. ______________________	2. ______________________
се́льской шко́лы	университе́та
мла́дших кла́ссов	вы́сшего худо́жественного учи́лища
гимна́зии	те́хникума
но́вого поколе́ния худо́жников	Институ́та германи́стики

2 *Преподава́тель (ница)* oder *учи́тель (ница)*? Setzen Sie das jeweils passende Wort in der richtigen Form ein.

– Кто вы по профе́ссии?
– Я ... (1).
– Где вы рабо́таете?
– Уже́ не́сколько лет я рабо́таю ... (2) ру́сского языка́ и языкозна́ния в университе́те.
– Почему́ вы вы́брали профе́ссию ... (3)?
– Во-пе́рвых, я о́чень люблю́ рабо́тать с молоды́ми людьми́, во-вторы́х, большо́е влия́ние на меня́ оказа́ла моя́ ма́ма. Она́ рабо́тает ... (4) ру́сского языка́ и литерату́ры в шко́ле. Ма́ма всегда́ сове́товала мне бо́льше чита́ть, потому́ что кни́га, по её мне́нию, лу́чший ... (5).
– В ва́шей семье́ есть ещё ... (6)?
– Да, мой муж ... (7) университе́та, преподаёт анато́мию и биоло́гию на медици́нском факульте́те.

3 Fragen Sie Ihre(n) russisch(n) Bekannte(n), ...

1. ob sie(er) sich an seinen (ihren) ersten Lehrer erinnert;
2. wie viel Jahre man in Russland studieren muss, um das Diplom eines Schullehrers zu erwerben;
3. ob sie (er) als Hochschullehrer arbeiten möchte;
4. sie (er) die Meinung teilt, dass ein gutes Buch der beste Lehrer sei.

lernen
<на->учи́ться, <вы́->учи́ть, изучи́ть/изуча́ть, обучи́ться/обуча́ться, занима́ться

<на->учи́ться (и) → 1. *у кого́? на кого́? с кем? где? как до́лго? когда́? в како́е вре́мя? с како́го вре́мени? как?* 2. *чему́? что де́лать?* (*neutral*)

- **1**. Eine Ausbildung erhalten, eine **Lehranstalt besuchen**, hier nur **mit unvollendetem Aspekt**; **2**. sich **allgemeine** Kenntnisse, Fertigkeiten, Erfahrungen, Eigenschaften auf einem bestimmten (Fach-)Gebiet folgerichtig und systematisch aneignen, Fähigkeiten zur Ausführung von Tätigkeiten erwerben, relativ oft in Verbindung mit Verbalsubstantiven, den Lerngegenstand (Substantiv) nicht wie im Deutschen durch ein Akkusativ-, sondern durch ein **Dativobjekt** bezeichnen, hier etwa gleichbedeutend mit изучи́ть/изуча́ть + Akkusativ .
- ***Kollokationen*:** **1.** учи́ться **у кого́** (у тре́нера, у изве́стного худо́жника); ~ **на кого́** (на врача́, на сле́саря); ~ **с кем** (с бра́том, с друзья́ми); ~ **где** (в шко́ле, в гимна́зии, на ку́рсах); ~ **как до́лго** (всю жизнь, пять лет, три ме́сяца); ~ **когда́/в како́е вре́мя** (по утра́м, днём, по́сле обе́да, в свобо́дное вре́мя); ~ **с како́го вре́мени** (с сентября́, с про́шлого го́да); ~ **как** (хорошо́, с интере́сом); **2.** <на->учи́ться **чему́** (пла́ванию, рисова́нию, игре́ на гита́ре); ~ **что де́лать** (ходи́ть, пла́вать, игра́ть на фле́йте).
- ***Satzbeispiele:*** **1**. Я учу́сь в гимна́зии. Моя́ сестра́ у́чится хорошо́. Она́ у́чится в ча́стной шко́ле с про́шлого го́да. Мой ста́рший брат у́чится на эле́ктрика. **2.** Я учу́сь игре́ на гита́ре. Де́ти у́чатся фигу́рному ката́нию у изве́стной фигури́стки. Ско́лько лет ты уже́ у́чишься игре́ на фортепиа́но? Ребёнок у́чится ходи́ть. За́ зиму она́ научи́лась хорошо́ ката́ться на конька́х.

<вы́->учи́ть (и) → *что? с кем? где? когда́? как до́лго? с како́го вре́мени? как? каки́м о́бразом?*

- Etwas **auswendig** lernen, erlernen mit dem Ziel, es sich **durch Wiederholen** einzuprägen; hauptsächlich auf die Erfüllung obligatorischer Aufgaben, z.B. Hausaufgaben, beziehen; **immer** in Verbindung **mit** einem **direkten Objekt** zu verwenden.
- ***Kollokationen*:** <вы́->учи́ть **что** (неме́цкий язы́к, уро́к, стихи́); ~ [что] **с кем** (с дру́гом, с бра́том); ~ [что] **где** (в шко́ле, в Росси́и); ~ [что] **когда́** (ра́но у́тром, по́сле о́тдыха); учи́ть [что] **как до́лго** (два часа́, де́сять мину́т); ~ [что] **с како́го вре́мени** (с утра́, со семи́ лет); <вы́->учи́ть [что]

как/каки́м о́бразом (наизу́сть, ежедне́вно, по но́вому ме́тоду); вы́учить (nur v.!) язы́к за оди́н год, aber: учи́ть (nur uv.!) язы́к два го́да (ежедне́вно).

- ***Satzbeispiele*:** Он у́чит ру́сский язы́к. Что́бы вы́учить ру́сский язы́к, ну́жно мно́го занима́ться. Вы́учи э́то стихотворе́ние наизу́сть! Они́ у́чат ру́сский язы́к в шко́ле. Це́лый день он у́чит свою́ (но́вую) роль. Мой брат у́чит слова́ по утра́м. В Росси́и де́ти у́чат неме́цкий язы́к с четвёртого кла́сса. Сын у́чит англи́йский язы́к с дру́гом. Ребя́та хорошо́ вы́учили текст пе́сни.

изучи́ть (и)/**изуча́ть** (е) → ***что?*** *где? как до́лго? с како́го вре́мени?*

- Etwas (ein Fach) **angeleitet** (im Unterricht) **lernen, durch Begreifen** erlernen, sich erschließen, sich systematische Kenntnisse auf einem bestimmten Gebiet **sorgfältig**, umfassend und in den Details aneignen; **immer** in Verbindung mit einem **direkten Objekt** gebräuchlich; weitgehend synonym mit учи́ть.
- ***Kollokationen*:** изучи́ть/изуча́ть **что** (иностра́нные языки́, филосо́фию); ~ [что] **где** (в гимна́зии, в шко́ле); изуча́ть [что] **как до́лго** (уже́ тре́тий год, пять лет); ~ [что] **с како́го вре́мени** (со второ́го кла́сса, с трёх лет).
- ***Satzbeispiele*:** Ученики́ с больши́м интере́сом изучи́ли весь материа́л. Моя́ до́чка изуча́ет францу́зский язы́к со второ́го кла́сса в ча́стной шко́ле. Мы изуча́ем исто́рию уже́ пять лет. Ру́сский язы́к я изуча́ю с четвёртого кла́сса.

обучи́ться (и)/**обуча́ться** (е) → *чему́? у кого́? на кого́? где? когда́? как до́лго? с како́го вре́мени? как?*

- Etwa gleichbedeutend mit <*на*->*учи́ться*, häufiger in der **offiziellen Geschäftssprache** verwendet, ansonsten jedoch seltener gebraucht, betont gelegentlich die die Folgerichtigkeit und Systematik der Aneignung beruflicher Kenntnisse, Fertigkeiten, Fähigkeiten.
- ***Kollokationen*: 1.** обучи́ться/обуча́ться **чему́** (пе́нию, игре́ в ша́хматы, та́нцам); ~ **у кого́** (у ма́стера, у сле́саря); ~ **на кого́** (на врача́, на то́каря); ~ **где** (в спецшко́ле, в учи́лище); ~ **когда́** (в де́тстве, в ю́ности); обуча́ться **как до́лго** (три ме́сяца, год); ~ **с како́го вре́мени** (с ма́я, с про́шлого го́да); ~ **как** (по но́вому ме́тоду, по но́вым уче́бникам).
- ***Satzbeispiele:*** Я обуча́юсь игре́ на гита́ре. Де́ти обуча́ются фигу́рному ката́нию у изве́стной фигури́стки. Ско́лько лет вы уже́ обуча́етесь игре́ на фортепиа́но? Мой знако́мый обуча́ется на ка́менщика в профессиона́льном учи́лище с про́шлого го́да. На кого́ обуча́ется твой брат?

занима́ться (е) → ***чем?*** *у кого́? где? когда́? как до́лго? с како́го вре́мени? как?* (*umgangsspr.*)

- Etwas lernen, sich in bestimmten Fächern und Tätigkeiten **üben**, sich auf den Unterricht vorbereiten, regelmäßig eine Lehranstalt besuchen, hier ähnlich wie учи́ться in der 1. Bedeutung und nur mit dem unvollendeten Aspekt gebraucht, stärker **umgangssprachlicher Stil**, den **Lerngegenstand** durch den **Instrumental** bezeichnen.
- ***Kollokationen*:** занима́ться **чем** (фи́зикой, языка́ми, пла́ванием, игро́й на инструме́нте); ~ [чем] **у кого́** (у тре́нера, у отца́); ~ **где** (в шко́ле, до́ма); ~ **когда́** (ле́том, три ра́за в неде́лю); ~ **как до́лго** (полго́да, пять лет); ~ **с како́го вре́мени** (со сле́дующего го́да, с сентября́); ~ **как** (приле́жно, с энтузиа́змом).
- ***Satzbeispiele*:** Мой сын с интере́сом занима́ется англи́йским языко́м. У кого́ вы занима́етесь ру́сским языко́м? Мне ну́жно серьёзно занима́ться неме́цким языко́м. Обы́чно мы занима́емся ру́сским языко́м по вечера́м. Ско́лько часо́в в неде́лю вы занима́етесь ру́сским языко́м? Иностра́нным языко́м мо́жно занима́ться в любо́м во́зрасте.

Упражне́ния

(A) 1 Setzen Sie anstelle der Punkte *учи́ть* oder *учи́ться* in der erforderlichen Form ein.

Я ... (1) в гимна́зии. Я ... (2) англи́йский и ру́сский языки́. Я ... (3) хорошо́, потому́ что я мно́го занима́юсь обо́ими иностра́нными языка́ми. Ка́ждый день я ... (4) но́вые слова́, чита́ю те́ксты, слу́шаю переда́чи на англи́йском и ру́сском языка́х. Вчера́ мы ... (5) стихотворе́ние Пу́шкина. Я с удово́льствием ... (6) его́. Оно́ ... (7) легко́ и бы́стро. В свобо́дное вре́мя я занима́юсь му́зыкой, я ... (8) игра́ть на флейте. По́сле оконча́ния гимна́зии я бу́ду ... (9) на коммерса́нта.

2 Ergänzen Sie *<вы́->учи́ть* oder *изучи́ть/изуча́ть* in der erforderlichen Form.

Я ... (1) ру́сский язы́к со второ́го кла́сса. Не́которые говоря́т, что ру́сский язы́к тру́дный, но э́то непра́вильно. Что́бы ... (2) язы́к, на́до то́лько регуля́рно им занима́ться. На́до ... (3) слова́ и выраже́ния, пра́вила построе́ния предложе́ний. Нельзя́ ... (4) язы́к то́лько в шко́ле и до́ма.

Язы́к на́до ... (5) всегда́ и всю́ду. Что́бы ... (6) язы́к, на́до говори́ть на э́том язы́ке. ... (7) язы́к – э́то зна́чит изучи́ть язы́к и культу́ру наро́да.

(B) 3 Kreuzen Sie Zutreffendes an.

lernen	что?	чему́?	что де́лать?	как?	где?	у кого́?	как до́лго?	на кого́?	чем?	с кем?
<вы́->учи́ть										
<на->учи́ться										
обучи́ться/ обуча́ться										
изучи́ть/ изуча́ть										
занима́ться										

4 Setzen Sie anstelle der Punkte *занима́ться, обуча́ться* oder *учи́ться* im Präsens ein.

Мой сын Ва́ня ... (1) в тре́тьем кла́ссе. В э́том учёбном году́ он ... (2) пла́ванию. Де́ти ... (3) пла́вать в бассе́йне шко́лы. Ва́ня ... (4) хорошо́. Де́ти ... (5) у о́пытного тре́нера. Сейча́с они́ ... (6) пла́вать на спине́. Они́ ... (7) в двух гру́ппах: для начина́ющих и продолжа́ющих. Кро́ме э́того, Ва́ня приле́жно ... (8) англи́йским языко́м.

5 *Занима́ться, изуча́ть, обуча́ться, учи́ть* oder *учи́ться?* Ergänzen Sie die passenden Verben in der erforderlichen Form.

– То́ля, ты в како́м кла́ссе ... (1)?
– В седьмо́м.
– Каки́е иностра́нные языки́ ты ... (2)?
– Я ... (3) англи́йский и неме́цкий языки́ со второ́го кла́сса.
– Как ты ... (4) но́вые слова́?
– Когда́ я ... (5) слова́, я стара́юсь запомина́ть их в конте́ксте. Алексе́й Ива́нович, у меня́ к вам то́же есть вопро́с. Все говоря́т, вы прекра́сно говори́те по-неме́цки. Где вы ... (6) языку́?
– Не́сколько лет наза́д я был с тури́стской гру́ппой в Берли́не. Там влюби́лся в неме́цкую де́вушку Катари́ну и вот тогда́ я на́чал основа́тельно ... (7) э́тот язы́к. А в

школе я, честно скажу́, не о́чень приле́жно ... (8) им. Не люби́л, наприме́р, ... (9) наизу́сть стихи́.
– Тепе́рь всё я́сно, чтобы ... (10) хорошо́ говори́ть по-неме́цки, на́до влюби́ться в неме́цкую де́вушку.

6. Geben Sie im Gespräch „lernen" richtig wieder.

– Что ты де́лаешь?
– Я ... (1) пра́вила у́личного движе́ния.
– Зна́чит, ты ... (2) води́ть автомаши́ну?
– Да, я уже́ два часа́ ... (3) пра́вила, но не зна́ю, кто в э́той ситуа́ции до́лжен е́хать пе́рвым.
– У меня́ есть друга́я кни́га, по кото́рой ле́гче ... (4) пра́вила у́личного движе́ния. Пожа́луйста, вот она́.
– Спаси́бо, ты действи́тельно прав. А когда́ ты ... (5) води́ть автомаши́ну?
– В про́шлом году́.
– А тепе́рь не бу́ду меша́ть тебе́, ... (6)!

Mädchen
де́вочка, де́вушка

де́вочка → *кака́я?*
- Mädchen; weibliche Person bis etwa 14 Jahre;
  Gegensatz: ма́льчик.
- ***Kollokationen*:** де́вочка **кака́я** (ма́ленькая, весёлая, пяти́ лет, высо́кого ро́ста); и́мя -и, роди́тели -и, дружи́ть с -ой, перепи́сываться с -ой.
- ***Satzbeispiele*:** У де́вочки краси́вые дли́нные во́лосы. Ва́ша де́вочка о́чень спосо́бная. Э́та ру́сская де́вочка живёт в на́шем до́ме. Де́вочке всего́ 7 лет, но она свобо́дно говори́т на двух языка́х. В кла́ссе 12 де́вочек и 14 ма́льчиков. А́нна перепи́сывается с де́вочкой из Росси́и.

де́вушка → *кака́я?*
- Mädchen im Alter etwa **zwischen 14 und 19 Jahren, Teenager**; junge Frau, in der Regel noch unverheiratet;
  Gegensatz: ю́ноша.
- ***Kollokationen*:** де́вушка **кака́я** (взро́слая, скро́мная, восемна́дцати лет, сре́днего ро́ста); люби́ть -у; познако́миться с -ой; обрати́ться к -е; жени́ться на краси́вой -е.

• ***Satzbeispiele*:** У де́вушки краси́вые ка́рие глаза́. На дискоте́ке я познако́мился с краси́вой де́вушкой. На столе́ у бра́та стои́т фотогра́фия его́ люби́мой де́вушки. В на́шей гру́ппе 7 де́вушек и 9 ю́ношей. Ю́лия ста́ла краси́вой де́вушкой.

Упражне́ния

1 *Де́вочка* oder *де́вушка*? Schreiben Sie das jeweils passende Wort unter die entsprechende Zeichnung.

2 *Де́вочка* oder *де́вушка*? Ordnen Sie das jeweils passende Substantiv dem entsprechenden Partnerwort zu.

1. ю́ноша и ...
2. ма́льчик и ...

3 *Де́вочка* oder *де́вушка*? Setzen Sie das passende Substantiv richtig ein.

Моя́ мла́дшая сестра́ у́чится в четвёртом кла́ссе. В её кла́ссе 12 ... (1) и 14 ма́льчиков. Моя́ сестра́ подружи́лась с ... (2) из Росси́и. Ната́ша хоро́шая и у́мная ... (3). Она́ ча́сто быва́ет у нас в гостя́х. Мой брат у́чится в университе́те, изуча́ет информа́тику. Неда́вно он познако́мил нас со свое́й ... (4). Ти́на не то́лько краси́вая, но и у́мная ... (5).

malen
<на->рисова́ть, <на->писа́ть

<на->рисова́ть (е) → *кого́? что? чем? с чего́? на чём? где? как?*
• **Etwas mit Farben** malen, **ausmalen**, zeichnen.
• ***Kollokationen*:** <на->рисова́ть **кого́** (челове́ка, живо́тных); ~ **что** (дом, мо́ре, цветы́); ~ **чем** (ме́лом, углём, ма́сляными кра́сками, флома́стером, акваре́лью, пасте́лью, цветны́ми карандаша́ми); ~ **с чего́** (с нату́ры, с фотогра́фии, с ко́пии,

с моде́ли); ~ **на чём** (на карто́не, на асфа́льте, на бума́ге, на доске́); ~ **где** (в тетра́ди, в блокно́те); ~ **как** (хорошо́, бы́стро); уме́ть ~.
- ***Satzbeispiele*:** Он рису́ет акваре́льными кра́сками. Де́ти рисова́ли ме́лом на асфа́льте. Моя́ сестра́ прекра́сно рису́ет птиц. Де́ти лю́бят рисова́ть.

<на->писа́ть (е) → *что? чем? с чего́? как?*
- **Bild mit Pinsel und Farbe** (von einem Künstler) **professionell** malen; wird vor allem in der Fachsprache verwendet.
- ***Kollokationen*:** <на->писа́ть **что** (портре́т, пейза́ж, карти́ну, мо́ре, вы́вески (*Firmenschilder*)); ~ **чем** (ма́слом, акваре́лью, ма́сляными кра́сками); ~ **с чего́** (с нату́ры, с фотогра́фии, с ко́пии, с моде́ли); ~ **как** (бы́стро, ме́дленно, прекра́сно, по па́мяти).
- ***Satzbeispiele*:** Ру́сский худо́жник И. Е. Ре́пин написа́л портре́т Льва́ Толсто́го. Карти́на напи́сана ма́слом. Худо́жник пи́шет Балти́йское мо́ре. Худо́жник написа́л карти́ну ма́сляными кра́сками.

Упражне́ния

1 *<На->писа́ть* oder *<на->рисова́ть*? Schreiben Sie dic inhaltlich betreffendere und stilistisch bessere Varainte heraus.

– Са́ша, э́то ты *нарисова́л/написа́л* (1) кора́бль? Тебя́ интересу́ют корабли́?
– Да, и ещё о́чень люблю́ мо́ре. Люблю́ карти́ны Айвазо́вского.
– Я чита́ла, что он *рисова́л/писа́л* (2) мо́ре в любо́е вре́мя су́ток, в любу́ю пого́ду. Са́ша, почему́ он *рисова́л/писа́л* (3) то́лько мо́ре и корабли́?
– Айвазо́вский пла́вал на вое́нных корабля́х и принима́л уча́стие во мно́гих изве́стных похо́дах, поэ́тому он *нарисова́л/написа́л* (4) мно́го поло́тен, посвящённых ру́сскому фло́ту и по́двигам ру́сских моряко́в. В во́зрасте семи́десяти лет он *нарисова́л/написа́л* (5) одну́ из са́мых лу́чших карти́н „Чёрное мо́ре“.
– Э́та карти́на мне то́же о́чень нра́вится.

2 Ordnen Sie *<на->писа́ть* und *<на->рисова́ть* der jeweils richtigen Gruppe zu.

1. ______________________	2. ______________________
пейза́ж	челове́ка
портре́т	соба́ку
натюрмо́рт	ро́зу

3 Kreuzen Sie die zutreffenden Fragewörter an.

malen	кого́?	что?	чем?	на чём?	как?
<на->писа́ть					
<на->рисова́ть					

4 Ergänzen Sie die Fragen. Achten Sie dabei auf die richtige Verwendung von *<на->писа́ть* und *<на->рисова́ть.*

1. Кто ... карти́ну „Бурлаки́ на Во́лге“ („*Wolgatreidler*“)?
2. Чем он ... э́ту карти́ну?
3. Когда́ и почему́ он ... э́ту карти́ну?
4. Вы зна́ете, в како́м во́зрасте э́тот худо́жник на́чал ...?
5. Как вы ду́маете, почему́ он ... свою́ знамени́тую истори́ческую карти́ну „Ива́н Гро́зный и его́ сын Ива́н“. Что он вы́разил в свое́й карти́не?

5 Sagen Sie Ihrem russischen Gesprächspartner, dass

– Sie viel malen;
– Sie gern Blumen malen;
– Sie mit Aquarell- und Ölfarben malen;
– Ihr(e) Lieblingsmaler(in) ... malt;
– er/sie ... gemalt hat.

Mann
мужчи́на, муж, челове́к

мужчи́на → *како́й?*

- **Allgemeine Bedeutung** für „Mann“, **männliche Person** im heiratsfähigen Alter;
  Gegensatz: же́нщина.
- ***Kollokationen*:** мужчи́на **како́й** (молодо́й, ве́жливый; сре́днего во́зраста, высо́кого ро́ста; с бородо́й, с уса́ми; с детьми́); разгова́ривать с -ой, и́мя -ы; знать -у, пригласи́ть -у, влюби́ться в -у, разгова́ривать с -ой, по́мнить о -е.
- ***Satzbeispiele*:** Я познако́милась с интере́сным мужчи́ной сре́днего во́зраста. Она́ разгова́ривает с пожилы́м мужчи́ной. Лицо́ э́того мужчи́ны показа́лось мне знако́мым.

муж (*Pl.* мужья́) → *чей? кого́? како́й?*

- **Verheirateten Mann**, **Ehe**mann; Anrede der Ehefrau gegenüber dem eigenen Mann; ist vorwiegend in der Umgangssprache gebräuchlich, sonst wird супру́г vorgezogen;

Gegensatz: жена́.

- ***Kollokationen***: муж **чей/кого́** (сестры́, подру́ги); ~ **како́й** (хоро́ший, внима́тельный, второ́й); роди́тели -а; забо́титься о -е; любо́вь -а, интере́сы -а, сестра́ -а; люби́ть своего́ -а, целова́ть -а, горди́ться -ем, говори́ть с -ем, ду́мать о -е.
- ***Satzbeispiele:*** Муж мое́й сестры́ – де́тский врач. Она́ о́чень лю́бит своего́ му́жа. Мой муж рабо́тает инжене́ром. Мы с му́жем интересу́емся иску́сством.

челове́к → *како́й?*

- Mann, Mensch; oft verbunden mit Angaben zu seiner Herkunft, Person, zu bestimmten Eigenschaften; nach Zahlwörtern.
- ***Kollokationen*:** челове́к **како́й** (делово́й, просто́й, с больши́м бу́дущем, де́ла, из наро́да, с ю́мором, с хара́ктером, со вку́сом, с при́нципами, большо́го му́жества); два -а, пять ~, гру́ппа из семи́ ~.
- ***Satzbeispiele*:** Он о́чень остроу́мный челове́к. Он челове́к с хара́ктером. Ско́лько челове́к в твоём кла́ссе? В гру́ппе два́дцать челове́к.

Упражнения

(A) 1 *Мужчи́на* oder *муж?* Streichen Sie die jeweils falsche Variante.

– Ка́тя, приходи́ в го́сти, я познако́млю тебя́ с мои́м *мужчи́ной/му́жем* (1) и на́шим сы́ном. Посмо́трим видеофи́льм о Санкт-Петербу́рге, кото́рый снял мой *мужчи́на/муж* (2).
– Спаси́бо. Я приду́. Кем рабо́тает тво́й *мужчи́на/муж* (3)?
– Мой *мужчи́на/муж* (4) рабо́тает перево́дчиком.
– А ты, Ка́тя, когда́ вы́йдешь за́муж?
– Наве́рное, никогда́. Мне не везёт с *мужчи́нами/мужья́ми* (5). Неда́вно познако́милась с о́чень интере́сным *мужчи́ной/му́жем* (6), но, к сожале́нию, он уже́ жена́т.

(B) 2 *Мужчи́на, муж* oder *челове́к*? Setzen Sie richtig ein.

Из разгово́ра на вечери́нке
– Ли́за, ты знако́ма со все́ми мои́ми гостя́ми?
– Нет, ... (1) в све́тлом костю́ме я ви́жу в пе́рвый раз.
– Э́то господи́н Шна́йдер из Герма́нии. Фи́рма моего́ ... (2) сотру́дничает с конце́рном, где рабо́тает Ян Шна́йдер. Кста́ти, Ян ... (3) с ю́мором и хорошо́ говори́т по-ру́сски.

3 Fragen Sie Ihre russische Gesprächspartnerin,
- wer der Mann auf dem Foto ist (1).
- als was ihr Mann tätig ist (2).
- wie alt ihr Mann ist (3).
- wie viel Mann in ihrem Betrieb sind (4).

Markt
ры́нок, база́р

ры́нок → *кого́? чего́? како́й?*
- **1.** Absatzmarkt; **2.** Wochenmarkt, regelmäßig stattfindende Verkaufsveranstaltung im Freien.
- ***Kollokationen*: 1.** ры́нок **кого́** (покупа́теля, продавца́); ~ **чего́** (труда́, а́кций, це́нных бума́г); ~ **како́й** (чёрный, междунаро́дный, О́бщий, мирово́й, де́нежный, агра́рный); дина́мика -а, разви́тие -а; изуче́ние конъю́нкту́ры -а; вы́бросить/выбра́сывать това́ры на ~; госпо́дство на -е; **2.** ~ **како́й** (городско́й, дереве́нский, большо́й); купи́ть/покупа́ть что-н. на -е, торгова́ть чем-н. на -е; жить недалеко́ от -а, <по->е́хать на ~.
- ***Satzbeispiele*: 1.** Мирово́й ры́нок на́чал формирова́ться в XVI ве́ке. Це́ны регули́руются ры́нком. Речь шла о положе́нии на ры́нке труда́. **2.** По суббо́там она́ хо́дит на ры́нок. Она́ торгу́ет овоща́ми на ме́стном ры́нке. Фру́кты и о́вощи лу́чше всего́ покупа́ть на ры́нке.

база́р → *како́й?* (*volkstümlich, umgangsspr.*)
- Verkaufsmarkt, Basar; etwa gleichbedeutend mit ры́нок (2.).
- ***Kollokationen*:** база́р **како́й** (нового́дний, ле́тний, кни́жный, овощно́й); ходи́ть по -у; купи́ть/покупа́ть что-н. на -е, торгова́ть чем-н. на -е; жить недалеко́ от -а, <по->е́хать на ~.
- ***Satzbeispiele*:** Как тебе́ нра́вится наш ёлочный база́р? На пра́зднике устро́или кни́жный база́р. На база́ре она́ торгова́ла цвета́ми.

Упражнения

1 Verbinden Sie *база́р* und *ры́нок* mit den folgenden Adjektiven. Entscheiden Sie sich für das jeweils passende Substantiv.

внутренний, европе́йский, ёлочный, кни́жный, чёрный, де́нежный, ... труда́, ... а́кций.

2 *Базáр* oder *рынок*? Setzen Sie das passende Substantiv in der erforderlichen Form ein.

– Сегóдня открывáется новогóдний ... (1).
– Э́то далекó отсю́да?
– Нет, недалекó от нáшего стáрого ... (2).
– Прáвда, что товáры там дешéвле?
– По-мóему, на новогóднем ... (3) цéны регули́руются ... (4).

modern
мóдный, совремéнный

мóдный, -ая, -ое, -ые; мóден, моднá, мóдна (*umgangsspr.*), **-о, -ы** → *что?*

- Modern, **modisch**, in Mode, populär sein; **nicht** auf **Personen** beziehbar;
  Gegensatz: немóдный, не мóдно.
- ***Kollokationen*:** мóдный **что** (костю́м, -ая причёска, -ая пéсенка, -ое плáтье, -ые тýфли); мóдно одевáться; быть -ым.
- ***Satzbeispiele*:** Я купи́ла себé мóдное плáтье. У вас мóдная причёска. В концé семимидеся́тых годóв лéггинсы бы́ли óчень мóдными. Э́то пальтó ужé немóдное (не мóдно). Ки́ра всегдá одевáется мóдно.

совремéнный, -ая, -ое, -ые; совремéнен, -нна, -нно, нны → *кто? что?*

- **1.** Modern, mit der Zeit gehend, an der Gegenwart, ihren Problemen und Auffassungen orientiert, dafür aufgeschlossen sein; in die jetzige Zeit passend;
  Gegensatz: отстáлый; несовремéнный.
  2. zeitgemäß, dem neuesten Stand der geschichtlichen, gesellschaftlichen, kulturellen, technischen o.ä. Entwicklung entsprechend; neuzeitlich, nicht klassisch;
  Gegensatz: устарéлый, отстáлый.
- ***Kollokationen*: 1.** совремéнный **кто** (человéк, -ая жéнщина, -ая молодёжь, -ое поколéние); быть -ым; совремéнно одевáться; **2.** ~ **что** (мéтод, -ая тéхника, -ая модéль автомоби́ля, -ое предпри́ятие, -ое пятибóрье, -ое искýсство, -ые мéтоды лечéния); быть совремéнным.
- ***Satzbeispiele*: 1.** Э́то совремéнный молодóй человéк. Он пи́шет о проблéмах совремéнной молодёжи. **2.** Предпри́ятие оснащенó совремéнной тéхникой. Егó интересýет совремéнное искýсство. На симпóзиуме врачéй речь шла о совремéнных мéтодах лечéния рáка.

Упражне́ния

1 Ordnen Sie *мо́дный* und *совреме́нный* der jeweils richtigen Gruppe zu.

1. ____________________	2. ____________________
челове́к	рюкза́к
ме́тод	костю́м
те́хника	шля́па
обстано́вка	брю́ки
пятибо́рье	очки́

2 Verbinden Sie *мо́дный* und *совреме́нный* mit den folgenden Substantiven. Entscheiden Sie sich jeweils für das passendere Adjektiv.

га́лстук, го́род, де́вушка, дом, ме́тоды иссле́дования, оде́жда, пла́тье, причёска, те́хника, ту́фли.

3 *Мо́дный* oder *совреме́нный?* Schreiben Sie die passendere Variante heraus.

– На́стя, ты о́чень хорошо́ вы́глядишь. У тебя́ *мо́дная/совреме́нная* (1) причёска.
– Спаси́бо, Ве́ра. А мне нра́вится твоё пла́тье. Оно́ сейча́с о́чень *мо́дно/совреме́нно* (2). Я слы́шала от твое́й ма́мы, ты уже́ рабо́таешь.
– Да, я рабо́таю рефере́нтом на *мо́дном/совреме́нном* (3) совме́стном неме́цко-росси́йском предприя́тии.
– Нра́вится тебе́ рабо́та?
– О́чень. Я рабо́таю на са́мом *мо́дном/совреме́нном* (4) компью́тере.

4 Fragen Sie Ihren (Ihre) russische(n) Gesprächspartner(in),

– ob er (sie) lieber klassische oder moderne Kleidung trägt (1).
– in welchem Geschäft man moderne Sachen kaufen kann (2).
– ob seine (ihre) Wohnung modern ausgestattet ist (3).
– ob er (sie) sich für moderne Kunst interessiert (4).
– ob sein (ihr) Betrieb über moderne Technik verfügt (5).

(Кому́) **на́до** + *Infinitiv*

- Müssen, drückt die **Notwendigkeit** einer Handlung aus; unpersönlicher Gebrauch; bedeutungsgleich mit ну́жно; in Geschäftsbriefen kaum gebräuchlich.
- ***Satzbeispiele*:** Мне на́до купи́ть сувени́ры. Ему́ на́до встре́титься с ва́ми. Ей на́до с ним поговори́ть. Нам на́до обсуди́ть э́тот вопро́с. Им на́до бы́ло её об э́том спроси́ть. Твои́м роди́телям на́до знать об э́том. На́до закры́ть окно́. Мне на́до писа́ть письмо́. На уро́ках на́до быть внима́тельным.

(Кому́) **ну́жно** + *Infinitiv*

- Müssen, drückt die **Notwendigkeit** einer Handlung aus; unpersönlicher Gebrauch; synonym mit на́до; in Geschäftsbriefen kaum verbreitet.
- ***Satzbeispiele*:** Мне ну́жно поговори́ть с ва́ми. Вам ну́жно обрати́ться к врачу́. Ле́не ну́жно помо́чь. Ну́жно всё де́лать хорошо́. Бори́су ну́жно ждать до семи́ часо́в. Нам ну́жно идти́. Мне ну́жно бы́ло его́ об э́том спроси́ть. Ему́ ну́жно де́лать уро́ки.

(Кому́) **необходи́мо** + *Infinitiv*

- **Unbedingt**, sehr dringend müssen; unpersönlicher Gebrauch.
- ***Satzbeispiele*:** Зада́ние тебе́ необходи́мо вы́полнить во́время. То́ле необходи́мо бо́льше занима́ться. Необходи́мо приня́ть ме́ры. Э́то необходи́мо сде́лать. Тебе́ необходи́мо бро́сить кури́ть. Вам необходи́мо прочита́ть э́ту статью́. Тебе́ необходи́мо отдохну́ть.

(Кто) **до́лжен, должна́, -о́, -ы́** + *Infinitiv*

- Müssen, drückt eine **Verpflichtung** (vgl. долг) oder Gesetzmäßigkeit aus, in dieser Bedeutung ohne Verneinung gebräuchlich.
- ***Satzbeispiele*:** Ве́щи должны́ лежа́ть на свои́х места́х. В э́то вре́мя То́ля до́лжен спать. Мы должны́ реши́ть э́тот вопро́с ещё сего́дня. Я должна́ была́ посла́ть ба́бушке телегра́мму. За́втра я должна́ пойти́ к врачу́. Мы должны́ бы́ли поду́мать об э́том ра́ньше. Я должна́ прове́рить сочине́ния.

(Кому́) **сле́дует** + *Infinitiv*

- Müssen in abgeschwächter Form, sollen, drückt mehr eine Empfehlung als eine strenge Forderung aus; unpersönlicher Gebrauch; gelegentlich auch bedeutungsgleich mit на́до und ну́жно gebraucht.
- ***Satzbeispiele*:** Вам сле́дует бро́сить кури́ть. Серёже сле́довало бы бо́льше занима́ться. Сле́дует поду́мать над её предложе́нием. Вам сле́дует э́то знать. Тебе́ сле́дует всё же поговори́ть с ним. Нам сле́довало бы ра́ньше об э́том поду́мать.

(Кому́) **прихо́дится, пришло́сь, придётся** + *Infinitiv*

- Müssen, gezwungen (durch äußere Einflüsse) etwas gegen den eigenen Willen zu tun, was man selbst nicht (unbedingt) tun möchte; unpersönlicher Gebrauch.
- ***Satzbeispiele*:** Прихо́дится ра́но встава́ть. Иногда́ мне прихо́дится ходи́ть на рабо́ту пешко́м. Ему́ пришло́сь уе́хать. Так как бы́ло уже́ по́здно, нам пришло́сь взять такси́. Мне придётся запо́лнить бланк на англи́йском языке́, потому́ что бла́нков на неме́цком языке́ нет.

Упражне́ния

(A) 1 Heben Sie in den folgenden Äußerungen noch stärker, als das schon zum Ausdruck kommt, die äußerst dringende Notwendigkeit der Handlung hervor.

1. Мне на́до прочита́ть э́ту статью́. 2. На́шему бра́ту на́до пора́ньше лечь спать. 3. Вам на́до перевести́ текст за час. 4. Нам на́до идти́, наш по́езд отхо́дит че́рез 10 мину́т. 5. Тебе́ на́до купи́ть э́ту кни́гу.

2 Verdeutlichen Sie Ihrem russischen Gesprächspartner durch Veränderungen in der Wortwahl, dass Sie gegen Ihren Willen so handeln mussten.

1. Я ра́но встал, мой самолёт вылета́ет в 5 часо́в. 2. Я вы́зову такси́, мой автомоби́ль не заво́дится. 3. Мы сде́лали крюк, потому́ что у́лицу перекры́ли на строи́тельные рабо́ты. 4. Я бу́ду переводи́ть текст весь ве́чер, за́втра у меня́ не бу́дет вре́мени. 5. Он по́нял, что не прав и согласи́лся с на́ми.

3 Sagen Sie, was Sie in folgenden Situationen tun müssen, mussten oder werden tun müssen. Verwenden Sie *ну́жно* oder Formen von *до́лжен.*

1. Ско́ро вы пое́дете в Москву́. 2. Вы пригласи́ли к себе́ госте́й. 3. Ваш ру́сский друг звони́л вам, но вас не́ было до́ма. 4. Че́рез две неде́ли бу́дет Рождество́. 5. Ва́ша сестра́ лежи́т в больни́це.

(B) 4 Informieren Sie Ihren russischen Gast über Verhaltensregeln in deutschen Hotels. Ersetzen Sie *надо* durch sinnentsprechende Wörter.

1. Вам *на́до* обрати́ться к администра́тору. 2. Вам *на́до* предъяви́ть свой па́спорт. 3. Вам *на́до* запо́лнить бланк. 4. Вам *надо* предъяви́ть ка́рточку оте́ля, что́бы получи́ть ключ от но́мера. 5. Вам *на́до* оплати́ть счёт у стола́ регистра́ции.

5 Ergänzen und beantworten Sie die Fragen. Betonen Sie jeweils angemessen differenziert die Notwendigkeit der entsprechenden Handlung.

1. Что ... де́лать, когда́ вам пло́хо? 2. Кого́ ... позва́ть, когда́ у вас высо́кая температу́ра? 3. Что ... принима́ть и пить, когда́ у вас грипп? 4. Что ... де́лать, что́бы остава́ться здоро́вым?

6 Sagen Sie Ihrem russischen Gesprächspartner, dass Sie ...

– dringend zum Arzt gehen mussten;
– ein Taxi nehmen mußten (dazu gezwungen waren), da Sie den Bus verpasst hatten;
– mit dem Rauchen aufhören müssen (da Ihr Arzt hat es Ihnen dringend empfohlen hat)
– regelmäßig Medikamente nehmen müssen;
– unbedingt mehr Sport treiben müssen.

nach
по́сле, в, че́рез, на, по

по́сле (*Präposition)* → *когда́?*

- Weist darauf hin, dass eine Handlung, ein Ereignis nach einem anderen Geschehen erfolgt, bezeichnet den **Zeitraum** oder **Zeitpunkt**;
  Gegensatz: до, пе́ред.
- ***Kollokationen*:** по́сле **когда́** (~ о́тпуска, ~ кани́кул; ~ у́жина, ~ ма́тча).
- ***Satzbeispiele*:** Э́то случи́лось по́сле войны́. Она́ пришла́ по́сле всех. Они́ встре́тились по́сле заня́тий. По́сле рабо́ты мы отпра́вились в теа́тр. Ученики́ пойду́т на вы́ставку по́сле обе́да.

в (*Präposition*) → *кудá?*
- Bezeichnet den Zielort, stets in Verbindung mit **Ortsnamen** und **sächlichen Ländernamen** im Deutschen;
  Gegensatz: из.
- ***Kollokationen*:** в **кудá** (в Мю́нхен, в Москвý, в Гермáнию, в Китáй).
- ***Satzbeispiele*:** Мы éдем в Гáмбург. Я лечý в Москвý. Они́ плывýт в Áнглию на парохóде.

чéрез (*Präposition*) → *когдá?*
- Nach **Ablauf eines Zeitraums**; wird synonym gebraucht mit спустя́.
- ***Kollokationen*:** чéрез **когдá** (~ мéсяц, ~ две недéли).
- ***Satzbeispiele*:** Я вернýлась чéрез три часá. Чéрез полчасá я наконéц нашлá егó.

на (*Präposition*) → *кудá?*
- Bezeichnet den Zielort, stets in Verbindung mit Angabe der Himmelsrichtung;
  Gegensatz: с.
- ***Kollokationen*:** на **кудá** (~ востóк, ~ сéверо-зáпад)
- ***Satzbeispiele*:** Мы лети́м на юг.

по (*Präposition*) → *когдá? как?*
- **1.** Nach einem Geschehen, bezeichnet den **Zeitpunkt**, wird gewöhnlich in Verbindung mit **substantivierten Verben** gebraucht; **2.** weist auf die **Art und Weise**, mit der eine Handlung ausgeführt wird.
- ***Kollokationen*:** **1.** по **когдá** (~ окончáнии шкóлы, ~ истечéнии срóка); **2.** ~ **как** (~ плáну, ~ компью́терной прогрáмме, ~ мóде, ~ нóтам), поступáть ~ закóну, игрáть ~ прáвилам.
- ***Satzbeispiele*:** **1.** По окончáнии университéта я бýду рабóтать учи́телем. **2.** Инженéры рабóтают по нóвому мéтоду.

Упражнéния

(A) 1 Verbinden Sie *éхать* und die folgenden Ortsangaben durch *в* oder *на*.

востóк, Гермáния, зáпад, Кёльн, Росси́я, сéвер, Фрáнция, юг.

2 *Пóсле* oder *чéрез*? Schreiben Sie die jeweils richtige Variante heraus.

– Когдá ты придёшь ко мне?
– *Пóсле/Чéрез* рабóт____ (1). К сожалéнию, у меня́ мáло врéмени. *Пóсле/Чéрез* дéсять ми́нут (2) у меня́ ещё вáжная встрéча в университéте.

– Ничегó. *Пóсле/Чéрез* нáш____ разговóр____ (3) я ещё поговорю́ с нáшим дирéктором, а потом мы реши́м дéло.

– Когдá бы́ло пострóено э́то здáние?
– Чéрез нéсколько лет *пóсле/чéрез* войн____ (4).

– Тебé дóлго пришлóсь ждать её?
– Нет, онá пришлá *пóсле/чéрез* (5) мину́т дéсять, срáзу *пóсле/чéрез* (6) шкóл____.

(B) 3 *В, на, пóсле* oder *чéрез*? Setzen Sie die sinngemäß passende Präposition ein.

Экску́рсия
Вчерá мы éздили на велосипéдах ... Бинц (1). Сначáла мы éхали ... сéвер (2), а потóм ... востóк (3). ... тр____ час____ (4) мы приéхали в Бинц – курóрт на острóве Рю́ген с прекрáсным пля́жем. ... прогу́лк____ (5) по Би́нцу мы поéхали на пляж, где мы купáлись и игрáли в волейбóл. ... нéсколько часóв (6) мы поéхали домóй ... Штральзу́нд (7).

4 Beantworten Sie die folgenden Fragen unter Verwendung von *в, на, пóсле* oder *чéрез.*

1. Кудá вы éдете? (странá, странá свéта (*Himmelsrichtung*), гóрод)
2. Какóй маршру́т вы выбирáете?
3. Когдá вы начнёте поéздку?
4. Когдá вы бу́дете в ...? (продолжи́тельность путешéствия)
5. Когдá вернётесь из поéздки?

5 Sagen Sie russisch, dass Sie ...

1. nach dem Studium für zwei Wochen nach Russland fliegen;
2. nach zwei Tagen in Moskau nach St. Petersburg fahren werden;
3. die dritte Etappe Ihrer Reise nach Süden in den Kaukasus führt;
4. nach der Teilnahme an einer Konferenz in Jalta nach Berlin zurückkehren werden.

Name
и́мя, фами́лия, назвáние, прóзвище, кли́чка

и́мя (n) (Gen. и́мени, Pl. именá) → *чьё? когó? какóе?*
- **1. Vor-** bzw. **Rufname** von **Personen**, der ihrem (Vaters-) und Familiennamen vorangestellt wird; **2. allgemein** für **Name** von Personen, bezeichnet aber auch Eigenschaften bei Tieren sowie

vereinzelt Benennungen von unbelebten Gegenständen, z.B. Schiffen, wenn sie den Namen einer bekannten Person tragen; **3.** Name im Sinne von **Ruf**, Ansehen, das eine Person auf Grund ihrer Leistungen, Eigenschaften in der Öffentlichkeit genießt.

- ***Kollokationen*: 1.** и́мя **чьё/кого́** (моё, ва́ше, дру́га, сестры́); **2. ~ како́е** (ру́сское, же́нское, изве́стное, краси́вое, ре́дкое); ~ **чьё/кого́** (сы́на, подру́ги); университе́т и́мени Ломоно́сова; письмо́ на ~ дире́ктора; наз(ы)ва́ть кого́-н. по -и, знать кого́-н. по -и; наз(ы)ва́ть кого́-н/что́-н. -ем; да(ва́)ть кому́-н. ~; во ~ ми́ра; от и́мени бургоми́стра; **3.** до́брое ~; писа́тель с мировы́м и́менем; приобрести́ ~; руча́ться за что́-н. свои́м до́брым и́менем; поро́чить че́стное ~.
- ***Satzbeispiele*: 1.** Как ва́ше и́мя? Моё и́мя Ни́на. Ни́на – э́то ру́сское же́нское и́мя. Они́ да́ли сы́ну и́мя Пётр. Учи́тель называ́ет ученико́в по имена́м. **2.** И́мя пе́рвого космона́вта Юрия Алексе́евича Гага́рина изве́стно всему́ ми́ру. Пошли́те э́то письмо́ на моё и́мя. Разреши́те мне приве́тствовать вас от и́мени на́шей делега́ции. **3.** Ломоно́сов со́здал себе́ и́мя в нау́ке. Э́тим откры́тием он приобрёл и́мя. Учёный с мировы́м и́менем чита́ет ле́кции в на́шем университе́те.

фами́лия → *кака́я? чья? кого́?*

- Erblicher (Familien-) Name, **gemeinsamer Nachname für** die Mitglieder einer **Familie**.
- ***Kollokationen*:** фами́лия **кака́я** (ру́сская, де́вичья, изве́стная); ~ **чья/кого́** (а́втора, учи́теля, журнали́ста); челове́к по -ии Ельцин, знать по -ии; спи́сок -ий; указа́ть свою́ -ию, забы́ть -ию, поменя́ть -ию; жить, писа́ть, выступа́ть под чужо́й -ей; скрыва́ться под -ей; присво́ить -ию; носи́ть -ию му́жа.
- ***Satzbeispiele*:** Как ва́ша фами́лия? Моя́ фами́лия Ивано́в. Э́то её де́вичья фами́лия. Он называ́ет его́ по фами́лии. Мне переда́ли спи́сок фами́лий уча́щихся, жела́ющих пое́хать ле́том в Росси́ю. Не забу́дьте указа́ть свою́ фами́лию! К сожале́нию, я забы́ла фами́лию э́той актри́сы. В каки́х слу́чаях мо́жно поменя́ть фами́лию? В эмигра́ции он жил под чужо́й фами́лией. По́сле заключе́ния бра́ка ей присво́или фами́лию му́жа. Он но́сит фами́лию жены́.

назва́ние → *како́е? чего́?*

- Bezeichnet den Namen von **Gegenständen, Erscheinungen, Begriffen** aus Natur und Umwelt; **Titel** von Büchern, Zeitschriften, Filmen usw.
- ***Kollokationen*:** назва́ние **како́е** (географи́ческое, интере́сное, необы́чное); ~ **чего́** (госуда́рства, федера́льной земли́,

го́рода, у́лицы; расте́ния, предме́та; кни́ги, фи́льма, о́перы, пье́сы); приду́мать ~, по́мнить ~, забы́ть/забыва́ть ~, пере-чи́слить/перечисля́ть -ия; издава́ть, выходи́ть под но́вым -ем, привы́кнуть к -ию, верну́ть чему́-н. истори́ческое (стари́нное) ~, без -ия.

- ***Satzbeispiele*:** Напиши́те назва́ния изве́стных городо́в Росси́и. К сожале́нию, я забы́л назва́ние ста́нции, на кото́рой нам выходи́ть. Тебе́ изве́стно назва́ние э́того расте́ния? На мой взгляд, э́то ре́дкое назва́ние. У журна́ла обя́зывающее назва́ние „Наш совреме́нник“. Ты по́мнишь назва́ние фи́льма? Еженеде́льная газе́та бу́дет выходи́ть под но́вым назва́нием. Мно́гим города́м Росси́и верну́ли истори́ческие назва́ния. Тру́дно привы́кнуть к но́вым назва́ниям городо́в. Он приложи́л ру́копись кни́ги без назва́ния.

про́звище → *како́е? чьё? кого́?*

- **Zusätzlicher** (inoffizieller) **Name**, mit dem jemand auf Grund bestimmter Charaktereigenschaften von ihrer Umgebung benannt wird; scherzhafter oder spöttischer **Spitzname**, in dieser speziellen Bedeutung wie кли́чка, jedoch häufiger gebraucht, **nur** auf **Menschen** bezogen.
- ***Kollokationen*:** про́звище **како́е** (ме́ткое, (не-)подходя́щее, шутли́вое, оби́дное); ~ **чьё/кого́** (бра́та, учи́теля); по -у; дать кому́-н. ~.
- ***Satzbeispiele*:** По-мо́ему, э́то неподходя́щее про́звище. Моему́ сы́ну в шко́ле да́ли про́звище. Одноклассники да́ли ему́ шутли́вое про́звище. Э́то про́звище подхо́дит к нему́. Во дворе́ его́ все зна́ли по про́звищу „ходя́чая энциклопе́дия“.

кли́чка → *чья? кого́? кака́я?*

- **1.** Rufname von **Tieren**; **2.** zusätzlicher (inoffizieller) Name, mit dem jemand wegen bestimmter Eigentümlichkeiten von seiner Umgebung benannt wird; scherzhafter oder spöttischer **Spitzname**; vereinzelt auch konspirativer **Deckname**, **nur** auf **Menschen** bezogen.
- ***Kollokationen*:** **1.** кли́чка **чья/кого́** (соба́ки, попуга́йчика); ~ **кака́я** (подходя́щая, неуда́чная); отзыва́ться на -у Не́ро, звать по -е; **2.** кли́чка шпио́на; ~ **кака́я** (шутли́вая, оби́дная, конспирати́вная); дать кому́-н. -у, носи́ть -у.
- ***Satzbeispiele*:** **1.** Попуга́йчик но́сит кли́чку Пи́нчи. Соба́ка отзыва́ется на кли́чку Лу́мпи. **2.** Э́та кли́чка не подхо́дит к ней. Во дворе́ его́ все зва́ли по кли́чке „колобо́к“. Де́ти лю́бят дава́ть кли́чки.

Упражне́ния

(A) 1 *И́мя* oder *назва́ние*? Finden Sie das richtige Wort, und setzen Sie es ein.

1. Э́тот журна́л выхо́дит под но́вым ... 2. Вы по́мните ... журна́ла? 3. Как ... гла́вного реда́ктора? 4. Э́то ру́сское ...? 5. В после́днем но́мере журна́ла опублико́ван но́вый рома́н, его́ ... я забы́л. 6. А́втор рома́на – писа́тель с миро́вым ... 7. Он опублико́вал рома́н под чужи́м ... 8. Кто зна́ет ... э́того рома́на?

(B) 2 Ersetzen Sie die hervorgehobenen Wörter durch Synonyme.

1. Мне изве́стны *имена́* всех спортсме́нов гру́ппы. 2. Та́не да́ли оби́дное *про́звище*. 3. Э́та *кли́чка* не подхо́дит к ней. 4. Почему́ вы называ́ете его́ по э́той *кли́чке*? 5. Напиши́те письмо́ на *и́мя* тре́нера.

3 Schreiben Sie die jeweils richtige Variante heraus.

1. По́сле заму́жества я ношу́ *и́мя/фами́лию* му́жа. 2. На́ша соба́ка но́сит *и́мя/кли́чку* Лу́мпи. 3. У ва́шей до́чери краси́вое *и́мя/назва́ние*. 4. В шко́ле ей да́ли оби́дное *и́мя/про́звище*. 5. Отпра́вьте письмо́ на *и́мя/назва́ние* дире́ктора шко́лы. 6. Учёный с миро́вым *и́менем/назва́нием* чита́ет ле́кции о Че́хове в на́шей гимна́зии. 7. Вам изве́стно *и́мя/назва́ние* после́дней пье́сы Че́хова? 8. Журна́л выхо́дит под но́вым *и́менем/назва́нием*.

Platz
ме́сто, пло́щадь, площа́дка, по́ле

ме́сто → *чьё? для кого́? для чего́? в чём? како́е?*

- **1.** Platz **zum Hinsetzen** in Verkehrsmitteln, Kultur- und Sportstätten und dgl.; **2. Position**, Platz, den jemand (in der Gesellschaft) innehat, **bei Leistungsvergleichen** belegt; **3.** Platz, Ort **für die Unterbringung** bestimmter Gegenstände, Freiraum; **4. Arbeitsplatz** als Arbeitsstelle; **5.** bestimmter **Platz zum Arbeiten** (zu Hause).
- ***Kollokationen*: 1.** ме́сто **чьё** (отца́, ба́бушки, моё, ва́ше); ~ **для кого́** (инвали́дов, пассажи́ров с детьми́); ~ **како́е** (прекра́сное, плохо́е); уступи́ть/уступа́ть своё ~ кому́-н.

(жéнщине, пожилóму человéку); **2. ~ в чём** (в óбществе, в жи́зни, в финáле); **какóе** (вáжное, пéрвое, послéднее); борóться за вторóе ~; **3. ~ для чегó** (чемодáнов, óбуви); освободи́ть/освобождáть ~ для холоди́льника; **4**. рабóчее ~ **чьё** (брáта, роди́телей); ~ **какóе** (нóвое, гаранти́рованное); по/терять ~, обéспечить/обеспéчивать когó-н. -им -ом (*sichern*), сохрани́ть/сохраня́ть -ие -á (*erhalten*), создáть/создавáть нóвые -ие -á; **5. ~ чьё (**шкóльника, худóжника).

- ***Satzbeispiele*: 1.** Закажи́ три мéста на теплохóд. В э́той гости́нице нет свобóдных мест. Все местá зáняты. На балкóне в кинотеáтре бы́ло мнóго свобóдных мест. Сади́сь на своё мéсто. Свобóдные местá для инвали́дов. **2.** Наш сын нашёл своё мéсто в наýке. Мы зáняли пéрвое мéсто. **3.** В шкафу́ не остáлось мéста для нóвых книг. Кни́га стои́т не на своём мéсте. Шкаф занимáет мнóго мéста. В нóвой кварти́ре у нас бóльше мéста. **4.** В странé необходи́мо создáть нóвые рабóчие местá. Кáждого молодóго специали́ста нýжно обéспечить рабóчим мéстом. **5.** У кáждого шкóльника дóма должнó быть своё рабóчее мéсто.

плóщадь → *чья? какáя?*

- **1. Öffentlicher**, von Gebäuden umgebener größerer **Platz** in einer Stadt oder Dorf, von dem aus in verschiedenen Richtungen Straßen wegführen, oft mit einem Namen verbunden; **2.** offene, **freie Fläche** (für bestimmte Zwecke).
- ***Kollokationen:*** **1.** плóщадь **чья** (Пýшкина, Чайкóвского, Ми́ра, Свобóды); ~ **какáя** (Крáсная, ры́ночная, центрáльная); назвáние -и; перейти́/переходи́ть ~, <по->éхать по -и, стоя́ть на -и.; **2. ~ какáя** (большáя, огрóмная).
- ***Satzbeispiele:*** **1.** Сáмая стари́нная плóщадь в Москвé – э́то Крáсная плóщадь. В э́том гóроде мнóго краси́вых площадéй. На плóщади óколо рáтуши есть стоя́нка такси́. **2.** На ю́ге Росси́и большýю плóщадь занимáют стéпи.

площáдка → *для чегó? какáя?*

- **Spiel**- und **Sportplatz**.
- ***Kollokationen*:** площáдка **для чегó** (игры́, тáнцев); ~ **какáя** (спорти́вная, волейбóльная); игрáть на -е.
- ***Satzbeispiele*:** При гимнáзии есть хорóшая гандбóльная площáдка.

пóле → *какóе?*

- **Fußball**platz, Feld.
- ***Kollokationen*:** пóле **какóе** (огрóмное, футбóльное); удали́ть/удаля́ть игрокá с пóля; игрáть на своём пóле.

- ***Satzbeispiele*:** Арби́тр удали́л одного́ из защи́тников с по́ля. На́ша кома́нда игра́ет на своём по́ле.

Vorsicht, Fehlerquelle!

Platz nehmen → сесть/сади́ться
Nehmen Sie bitte Platz! → Сади́тесь, пожа́луйста!
Behalten Sie bitte Platz! → Сиди́те, пожа́луйста!

Упражне́ния

(A) 1 *Пло́щадь* oder *площа́дка*? Setzen Sie richtig ein.

– Где здесь нахо́дится парк Культу́ры?
– Недалеко́ от ... (1) Го́голя.
– Это далеко́ отсю́да?
– Нет, то́лько 5 мину́т отсю́да. Иди́те пря́мо до Театра́льной ... (2), отту́да парк уже́ ви́ден.
– Спаси́бо. А вы зна́ете, есть ли в па́рке игровы́е ... (3)?
– Есть. Вы име́ете в виду́ де́тскую и́ли спорти́вную ... (4)?
– Спорти́вную.
– Да, есть.

(B) 2 *Ме́сто, площа́дка, пло́щадь* oder *по́ле*? Schreiben Sie das jeweils passende Wort unter die entsprechende Abbildung.

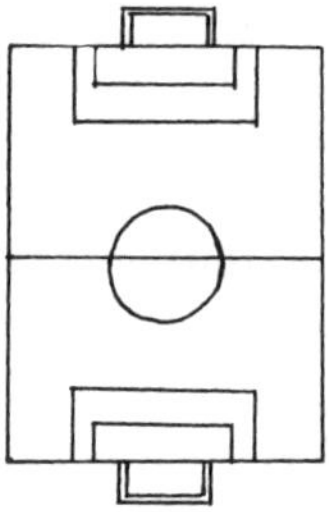

3 Ordnen Sie *ме́сто, площа́дка* und *пло́щадь* der jeweils richtigen Gruppe zu.

1. ______________	2. ______________	3. ______________
Ми́ра	пе́рвое	спорти́вн____
Еди́нства	для инвали́дов	игров____
Че́хова	в жи́зни	де́тск____

4 Ergänzen und beantworten Sie die Fragen. Achten Sie dabei auf die richtige Verwendung von *ме́сто, площа́дка, пло́щадь* und *по́ле.*

1. Э́то ... ещё свобо́дно? 2. Ско́лько остано́вок ещё до ... Побе́ды? 3. Э́тот стадио́н на 50000 ... – са́мый большо́й в го́роде? 4. Как вам нра́вится на́ше футбо́льн___ ... ? 5. В ва́шей шко́ле есть волейбо́льн___ ...? 6. Кака́я кома́нда, на ваш взгляд, займёт пе́рв___ ... в э́том году́? 7. Что должно́ сде́лать госуда́рство, что́бы созда́ть но́вые рабо́чие ...?

privat/Privat-
ча́стный, ли́чный

ча́стный → *кто? что?*

- **1.** Privat in Bezug auf das **Dienstverhältnis** oder die gesellschaftliche **Stellung von Personen**; **2.** private, **nicht offizielle**, eine **einzelne Person** oder auch einzelne Personen **betreffend**e Angelegenheiten, die nicht von öffentlichem oder beruflichem Interesse sind; **3.** privater, einer einzelnen Person gehörender **Besitz**, nicht der des Staates oder der einer Genossenschaft;
  Gegensatz: госуда́рственный (1.); обще́ственный (2., 3.).
- ***Kollokationen*: 1.** ча́стный **кто** (детекти́в, предпринима́тель, -ое лицо́); ~ **что** (банк, -ая торго́вля, -ая больни́чная ка́сса, -ая враче́бная пра́ктика, -ая шко́ла, -ое предприя́тие, -ые уро́ки); лечи́ться -ым о́бразом; **2.** ~ **что** (-ая пробле́ма, -ая жизнь, -ое пра́во, -ые пи́сьма); **3.** ~ **что** (дом, капита́л, -ая кварти́ра, -ая маши́на, -ая со́бственность, -ое собра́ние карти́н, -ое хозя́йство).
- ***Satzbeispiele*: 1.** Он рабо́тает ча́стным детекти́вом. Э́тот учи́тель даёт ча́стные уро́ки. Она́ у́чится в ча́стной шко́ле. Он лежи́т в ча́стной больни́це. **2.** Она́ пришла́ ко мне по ча́стному де́лу. **3.** У него́ ча́стный дом.

ли́чный → *кто? что?*

- Persönlich, **die eigene** Person, ihr **Leben** (Eigenschaften, Gewohnheiten, Familienverhältnisse etc.) betreffend; **sehr** privat; nicht öffentlich; weitgehend synonym mit ча́стный (2.).
- ***Kollokationen*:** ли́чный **кто** (секрета́рь, шофёр); ~ **что** (счёт, вопро́с, разгово́р, самолёт, -ая кварти́ра, -ое де́ло, -ое страхова́ние (*Privatversicherung*), -ые дела́, -ые права́ гра́ждан, -ое мне́ние, -ое по́льзование).

- ***Satzbeispiele*:** Она́ пришла́ ко мне по ли́чному де́лу. Э́то уче́бник из мое́й ли́чной библиоте́ки. Я был за́нят свои́ми ли́чными забо́тами. Э́то ва́ше ли́чное удово́льствие. В рабо́чее вре́мя запреща́ется по́льзоваться телефо́ном в ли́чных це́лях.

Vorsicht, Fehlerquelle!

Privatadresse → дома́шний а́дрес

Упражне́ния

1 Ordnen Sie *ча́стный* und *ли́чный* der jeweils richtigen Gruppe zu.

1. ______________________	2. ______________________
секрета́рь	лицо́
счёт	банк
сча́стье	торго́вля

2 *Ча́стный* oder *ли́чный*? Schreiben Sie jeweils das Wort heraus, das inhaltlich oder stilistisch am besten paßt.

Моя́ подру́га даёт *ча́стные/ли́чные* (1) уро́ки по ру́сскому языку́. Оди́н из её ученико́в руководи́т *ча́стной/ли́чной* (2) фи́рмой. У него́ есть *ча́стный/ли́чный* (3) секрета́рь и *ча́стный/ли́чный* (4) шофёр. Но их услу́гами он не по́льзуется в *ча́стных/ли́чных* (5) це́лях. Друга́я учени́ца специали́ст по *ча́стному/ли́чному* (6) пра́ву. Она́ рабо́тает в *ча́стном/ли́чном* (7) ба́нке.

3 Fragen Sie Ihren russischen Gesprächspartner, ob ...

– es in Russland viele Privatbetriebe gibt (1);
– es in Russland Privatkliniken gibt (2);
– Sie ihn in einer privaten Angelegenheit sprechen können (3);
– er (sie) Bekannte hat, deren Kinder eine Privatschule besuchen (4);
– er (sie) Bekannte hat, die einen Privatsekretär haben (5);
– er in einem Privatbetrieb arbeiten möchte (6).

Reise
поéздка, путешéствие

поéздка → *чья? на чём? кудá? какáя?*

- **1. Touristen**reise, Fahrt, Ausflug mit Verkehrsmitteln aller Art; hier weitgehend synonym mit путешéствие; **2.** Reise in einer **dienstlichen** oder **geschäftlichen** Angelegenheit, in dieser Bedeutung nicht durch путешéствие ersetzbar.
- ***Kollokationen*: 1.** поéздка **чья** (моя́, роди́телей, делегáции, тури́стской грýппы); ~ **на чём** (на пароxóде, на самолёте, на пóезде, на автомоби́ле); ~ **кудá** (в гóры, в Крым, на юг, к мóрю, в гóрод, за грани́цу); ~ **какáя** (корóткая, дли́тельная, тури́стская); маршрýт -и, описáние -и, <под-> готóвиться к -е; рассказáть/расскáзывать о -е; соверши́ть/ совершáть -у, вернýться из -и;
  2. поéздка **чья** (учёного, бизнесмéнов); ~ **какáя** (деловáя, гастрóльная, служéбная, инспекциóнная).
- ***Satzbeispiele*: 1.** Немéцкая делегáция отбылá из Санкт-Петербýрга в поéздку по Росси́и. Тури́стская грýппа вернýлась из поéздки по Росси́и. Я с удовóльствием вспоминáю поéздку по э́той огрóмной странé. **2.** Наш оркéстр отпрáвился в гастрóльную поéздку. Он пи́шет отчёт о своéй поéздке в Гермáнию.

путешéствие → *чьё? на чём? кудá? какóе?*

- **Touristen**-, Entdeckungs- und **Forschungs**reise mit Verkehrsmitteln oder zu Fuß zum Erholen und Kennenlernen fremder Orte und Länder; weitgehend synonym gebraucht mit поéздка (1.).
- ***Kollokationen*:** путешéствие **чьё** (брáта, знакóмых, клáсса); ~ **на чём** (на маши́не, на автóбусе); ~ **кудá** (в гóры, на Кавкáз); ~ **какóе** (интерéсное, опáсное, морскóе); бюрó -ий, описáние -ия, продолжи́тельность -ия; ~ по странé, ~ вокрýг свéта; соверши́ть/совершáть ~, отпрáвиться/отправля́ться в дáльнее ~, вернýться из -ия, мечтáть о -иях.
- ***Satzbeispiele*:** Лéтом мы соверши́ли путешéствие по рекé на лóдке. Во врéмя путешéствия мы посети́ли мнóго горoдóв. Мои́ роди́тели вернýлись из интерéсного путешéствия. Мой брат лю́бит читáть о путешéствиях.

Vorsicht, Fehlerquelle!

Glückliche Reise! → Счастли́вого пути́!
Reisebus → тури́стский автóбус
Reiseführer (Person) → экскурсовóд, гид-перевóдчик
(Buch) → путеводи́тель-спрáвочник

Reisegruppe	→ тури́стская гру́ппа
Reisepass	→ загрании́чный па́спорт
Reiseversicherung	→ доро́жное/путево́е страхова́ние

Упражне́ния

1 *Пое́здка* oder *путеше́ствие*? Schreiben Sie die treffendere und stilistisch bessere Variante heraus. Falls beide Varianten möglich sind, begründen Sie es.

В де́тстве Анто́н чита́л расска́зы о *пое́здках/путеше́ствиях* (1) и мечта́л соверши́ть *пое́здку/путеше́ствие* (2) вокру́г све́та. Его́ оте́ц был дирижёром знамени́того орке́стра. Вме́сте со свои́м орке́стром он ча́сто соверша́л гастро́льные *пое́здки/путеше́ствия* (3) в ра́зные стра́ны. Иногда́ оте́ц брал с собо́й сы́на. Анто́н о́чень ра́довался *пое́здкам/путеше́ствиям* (4). Во вре́мя таки́х *пое́здок/путеше́ствий* (5) Анто́н знако́мился с други́ми культу́рами. Сейча́с Анто́н работае́т врачо́м. Ле́том он соверши́т *пое́здку/путеше́ствие* (6) по стра́нам За́падной Евро́пы. Он уже́ заказа́л туристи́ческую путёвку в бюро́ *пое́здок/путеше́ствий* (7).

2 *Пое́здка* oder *путеше́ствие*? Setzen Sie richtig ein.

– Мари́на, ты куда́ идёшь?
– В бюро́ ... (1). Мы с Са́шей собира́емся соверши́ть ... (2) в Швейца́рию. А как твои́ дела́?
– Спаси́бо, хорошо́. Вчера́ верну́лся из ... (3). Я вме́сте с дире́ктором на́шей фи́рмы был на междунаро́дной я́рмарке в Ле́йпциге.
– Ты дово́лен свое́й ... (4)?
– Да, ... (5) была́ успе́шной. Мы заключи́ли догово́ры со мно́гими фи́рмами.
– Поздравля́ю! Ди́ма, приходи́ к нам в суббо́ту! Поговори́м, ты расска́жешь нам подро́бнее о сво____ ... (6) .

russisch
ру́сский, росси́йский

ру́сский, -ая, -ое, -ие → *кто? что? како́й?*

• **1.** Wird u.a. auf **Sprache**, **Literatur** und **Volk** bezogen und mit Ausnahme einer Reihe staatspolitischer Bezeichnungen **allgemein** für „russisch“ verwendet, ist in Zweifelsfällen росси́йский vorzuziehen; **2.** kann auch als **Substantiv** zur Bezeichnung der Nationalität (ру́сский Russe, ру́сская Russin, ру́сские Russen) benutzt werden.

- ***Kollokationen*: 1.** ру́сский **кто** (наро́д, челове́к, компози́тор); ~ **что** (язы́к, хара́ктер, литерату́ра, пе́сня); уче́бник -ого языка́; ру́сско-неме́цкий слова́рь; **2. ~ како́й** (ве́жливый, пожила́я -ая, молоды́е -ие); тради́ции -их, обы́чаи -их, понима́ть -их, жи́ть среди́ -их, говори́ть с -ими.
- ***Satzbeispiele*: 1.** А́нтье изуча́ет ру́сский язы́к. Мне нра́вятся ру́сские наро́дные пе́сни. Ей ну́жен ру́сско-англи́йский слова́рь. **2.** Он по национа́льности ру́сский. Они́ о́бе ру́сские. У ру́сских э́то при́нято. О́бщая чи́сленность ру́сских составля́ет 150 миллио́нов челове́к.

росси́йский, -ая, -ое, -ие → *кто? что?*

- Wird in **staatspolitischen Bezeichnungen** verwendet, die sich auf das zaristische Russland und das Russland nach dem Zerfall der Sowjetunion in seiner Gesamtheit beziehen und neben den Russen weitere Völker und Völkerschaften in sich einschließen, tritt verschiedentlich auch als erstes Glied in Zusammensetzungen (z.B. росси́йско-америка́нские перегово́ры) auf.
- ***Kollokationen*:** росси́йский **кто** (президе́нт, -ие гра́ждане); ~ **что** (зако́н, -ая столи́ца, -ая газе́та, -ая эконо́мика); Росси́йская Федера́ция, Росси́йская Акаде́мия нау́к, Росси́йская А́рмия; росси́йско-герма́нские отноше́ния.
- ***Satzbeispiele*:** Москва́ – столи́ца Росси́йской Федера́ции. В 1993 году́ бы́ло осно́вано Росси́йское информацио́нное аге́нство „Но́вости". Моя́ знако́мая живёт в росси́йской столи́це. Мини́стр иностра́нных дел говори́т о российско-францу́зских отноше́ниях.

Упражне́ния

1 Ordnen Sie *росси́йский* und *ру́сский* der jeweils richtigen Gruppe zu.

1. ____________________	2. ____________________
наро́д	Федера́ция
челове́к	столи́ца
язы́к	прави́тельство
литерату́ра	президе́нт
алфави́т	зако́ны

2 Ergänzen Sie sinnentsprechend *росси́йский* oder *ру́сский* in der erforderlichen Form und beantworten Sie die Fragen.

1. Кем был Алекса́ндр Серге́евич Пу́шкин по национа́льности?
2. Когда́ жил вели́кий ... поэ́т?

3. На како́м языке́ он писа́л свои́ произведе́ния?
4. Как он оце́нивал поли́тику ... госуда́рства?
5. Как Пу́шкин влия́л на совре́менную ... литерату́ру и ... литерату́рный язы́к?
6. Что он зна́чит для ... наро́да?
7. Почему́ говоря́т, кто тот, кто зна́ет произведе́ния Пу́шкина, бу́дет лу́чше понима́ть ... и ... культу́ру?
8. Как называ́ется ... посёлок, в кото́ром ежего́дно прово́дится Пу́шкинский пра́здник поэ́зии?
9. Как вы ду́маете, почему́ у́лицы и шко́лы во мно́гих ... города́х но́сят и́мя вели́кого поэ́та?

3 Stellen Sie russischen Freunden in einem Brief Fragen nach russischen Schriftstellern und verwenden Sie dabei möglichst oft *росси́йский* und *ру́сский*.

Sache
вещь, де́ло

вещь, ве́щи → *чьи? кака́я? каки́е?*

- **1.** Nicht genau beschriebene Sachen **gegenständlicher Art**: Dinge, Erzeugnisse, Kleidungsstücke, Habseligkeiten, Speisen, wird im Deutschen gewöhnlich als **Sammelbegriff** und im **Plural**, im Russischen hingegen auch im Singular verwendet; **2.** nicht genau beschriebene Sache **abstrakter Art**: Sachverhalt, Ereignis, Geschichte; in dieser Bedeutung aber **nur in der Umgangssprache** gebräuchlich.
- ***Kollokationen*: 1.** ве́щи **чьи** (пассажи́ров, спортсме́нов); ~ **каки́е** (краси́вые, це́нные, тёплые, ле́тние, вку́сные); цена́ -е́й; найти́ ~, <по->теря́ть ~, купи́ть но́вые ве́щи; **2.** вещь **кака́я** (глу́пая, (не)интере́сная, (не)поня́тная); <на->де́лать -е́й, <на->говори́ть кому́-н. (таки́е) -и; <рас->сказа́ть интере́сную вещь.
- ***Satzbeispiele*: 1.** Он возврати́л дефе́ктные ве́щи в магази́н. Э́то ва́ши ве́щи? Собира́й свои́ ве́щи и уходи́. Я несу́ ве́щи в маши́ну. **2.** С ней случи́лась глу́пая вещь. Он рассказа́л мне интере́сную вещь. Он не понима́ет просты́х веще́й. О нём она́ зна́ла и таки́е ве́щи.

де́ло → *чьё? чего́? како́е?*

- **1.** Sache, Gegebenheit oftmals abstrakter, allgemeiner Art, angestrebtes Ziel; nur im **Singula**r gebräuchlich; **2.** j-s Sache, Angelegenheit, Anliegen, jeweils auf Personen bezogen; **3.** Jura: Gerichtssache, -fall, -verfahren.

- ***Kollokationen*: 1.** де́ло **чего́** (воспита́ния, че́сти); ~ **како́е** (ва́жное, поле́зное, тру́дное, решённое, тёмное (*krumme*), перейти́/переходи́ть к де́лу, говори́ть о -е; боро́ться за ~ ми́ра; **2. ~ чьё** (на́ше, её ли́чное); **3. ~ како́е** (гражда́нское (*Zivil-*), суде́бное, уголо́вное (*Straf-*)).
- ***Satzbeispiele*: 1.** Э́то совсе́м друго́е де́ло. Э́то опа́сное де́ло. Мы де́лаем о́бщее де́ло. Э́то де́ло вку́са. Мы уве́рены в успе́хе своего́ де́ла. Он хорошо́ зна́ет своё де́ло. Перейдём к де́лу. Э́то к де́лу не отно́сится. **2.** Э́то моё ли́чное де́ло. **3.** В э́том за́ле разбира́ется уголо́вное де́ло.

Vorsicht, Fehlerquelle!

bei der Sache bleiben → не отклоня́ться от те́мы
nicht bei der Sache sein → быть рассе́янным, невнима́тельным
scharfe Sachen (*umg.*) → 1. кре́пкие напи́тки;
2. о́стрые блю́да;
3. солёные анекдо́ты

Упражне́ния

1 Ordnen Sie *вещь* und *де́ло* der jeweils richtigen Gruppe zu.

1. ______________________	2. ______________________
но́вые	успе́шн ...
ста́рые	гражда́нск ...
зи́мние	перейти́ к ...
дороги́е	... че́сти

2 *Вещь* oder *де́ло*? Schreiben Sie das jeweils passende Wort heraus.

- Са́ша, смотри́, каки́е *ве́щи/дела́* (1) я купи́ла себе́ сего́дня.
- Ви́жу, ты опя́ть купи́ла пла́тье. Иногда́ я тебя́ не понима́ю. У тебя́ так мно́го *веще́й/дел* (2). Но вся́кий раз, когда́ мы собира́емся пойти́ куда́-нибудь, ты говори́шь, что тебе́ не́чего наде́ть.
- Ты зна́ешь, я люблю́ надева́ть мо́дные *ве́щи/дела́* (3).
- Дава́й перейдём к *ве́щи/де́лу* (4). Нам на́до ещё повтори́ть не́которые те́мы. Ита́к, расскажи́ мне о значе́нии правосу́дия (***Rechtswesen***) по гражда́нским *ве́щам/дела́м* (5).

3 *Вещь* oder *де́ло*? Setzen Sie richtig ein.

- Тебе́ нра́вятся мои́ но́вые зи́мние ... (1)?
- Че́стно говоря́, ку́ртка мне не нра́вится. Э́тот материа́л сейча́с не в мо́де.

– Мóжет быть, э́то ... (2) вкýса. Но кýртка óчень тёплая.
– Э́то совсéм друг____ ... (3). ... (4), котóрые я покупáю, должны́ быть не тóлько практи́чными, но и мóдными.

schnell
бы́стрый, скóрый

бы́стрый, -ая, -ое, -ые; быстр, -á, -о, -ы/-ы́ → *кто? что?*

- Schnell, rasch, flink, geschwind in der Bewegung, Geschwindigkeit, im Handeln, in der Reaktion; innerhalb kurzer Zeit;
  Gegensatz: мéдленный, медли́тельный.
- ***Kollokationen*:** бы́стрый **кто** (бегýн, пловéц, -ая лóшадь); ~ **что** (ритм, темп, бег, самолёт, кáтер, полёт, тáнец, -ая похóдка, -ое разви́тие, -ое обслýживание, -ое решéние проблéмы); быстр в движéниях; бы́стро говори́ть, писáть; как мóжно -ée.
- ***Satzbeispiele*:** Он сáмый бы́стрый пловéц. Мы шли бы́стрым шáгом. Пóезд идёт бы́стро. Как бы́стро идёт врéмя! Вы́зовите как мóжно быстрée врачá!

скóрый, -ая, -ое, -ые; скор, -á, -о, -ы → *что?*

- Bezieht sich vorzugsweise auf sich schnell, flink, geschwind bewegende Gegenstände; sehr bald; im Unterschied zu бы́стрый **nicht** in Verbindung **mit Personen- und Tierbezeichnungen**;
  Gegensatz: мéдленный.
- ***Kollokationen*:** скóрый **что** (пóезд, темп, -ая побéда, -ая меди́цинская пóмощь); как мóжно скорée.
- ***Satzbeispiele*:** Мы éдем скóрым пóездом/на скóром пóезде. Приходи́ как мóжно скорée! Чем скорée ты э́то сдéлаешь, тем лýчше.

Упражнéния

1 Verbinden Sie *бы́стрый* oder *скóрый* mit den folgenden Substantiven. Entscheiden Sie sich jeweils für das passendere Adjektiv.

бег, полёт, матч, футболи́ст, движéния, шаги́, похóдка, рост промы́шленности, кóни, пóмощь, темп рéчи.

2 *Быстрый* oder *ско́рый*? Setzen Sie richtig ein.

1. – Где рабо́тает твой брат?
   – В отделе́нии „... медици́нской по́мощи“. Он всё де́лает о́чень ... .
   – У него́ и похо́дка о́чень ... .
2. – О, ваш го́род ... меня́ет свой о́блик.
   – Да, у строи́телей ... темп рабо́ты.
3. – Пожа́луйста, говори́ поме́дленнее! Ты говори́шь так ..., что я не всё понима́ю.
   – Ничего́, в Росси́и ты ... привы́кнешь к ... те́мпу ре́чи.

schön
краси́вый, прекра́сный

краси́вый, -ая, -ое, -ые; краси́в, -а, -о, -ы → *кто? что?*

- Von **sinnlich wahrnehmbar**er Schönheit (z.B. in der Farbgebung, in der äußeren Gestalt, in der Linienführung), hübsch, ästhetisch, harmonisch, wohlklingend; bezeichnet in der Kurzform in prädikativer Stellung einen zeitlich begrenzten Zustand;
  Gegensatz: некраси́вый.
- ***Kollokationen*:** краси́вый **кто** (ю́ноша, -ая де́вушка); ~ **что** (го́род, -ая му́зыка, -ое лицо́, -ое пла́тье, -ые цветы́, -ые слова́, -ая ша́хматная па́ртия); краси́во говори́ть, писа́ть краси́вым по́черком (*Handschrift*); -о улыба́ться.
- ***Satzbeispiele*:** У певца́ краси́вый го́лос. У де́вушки краси́вые глаза́. Посмотри́те, како́й краси́вый цвето́к! Кака́я она́ краси́вая! Краси́в лес о́сенью. Она́ о́чень краси́ва.

прекра́сный, -ая, -ое, -ые; прекра́сен, -на, -но, -ны → *что?*

- Von **großer** Schönheit, das **eigene Empfinden** betonend, **sehr** schön aussehend bzw. klingend; oft bezogen auf Zeiträume, Erlebnisse usw.; in der Bedeutung „schön“ **nicht in Verbindung mit Personenbezeichnungen**, betont **stärker** als краси́вый das Schöne; in prädikativer Stellung oft in der Kurzform auch substantivisch gebraucht, z.B. ви́деть прекра́сное.
- ***Kollokationen*:** прекра́сный **что** (день, вид, пол, -ая карти́на, пого́да, эпо́ха, -ое лицо́, вре́мя, у́тро); в оди́н ~ день.
- ***Satzbeispiele*:** Э́то прекра́сное ме́сто для о́тдыха. Стои́т прекра́сная пого́да. У неё прекра́сное лицо́. Э́та карти́на прекра́сна. Она́ прекра́сно пе́ла. В де́тстве мы у́чимся ви́деть прекра́сное.

einen schönen Gruß (schöne Grüße) bestellen → передáть/передавáть сердéчный привéт
danke schön! → большóе спасѝбо!
bitte schön! → пожáлуйста!
jdm. schöne Augen machen → кокéтничать с кем-н.
es wäre schöner, wenn... → бы́ло бы лу́чше, éсли бы...
einen schönen Gewinn erzielen → получѝть/получáть большу́ю/хорóшую прѝбыль

Упражнéния

1 Vergleichen Sie mit Hilfe der mathematischen Zeichen =, < und > *красѝвый* und *óчень красѝвый* mit *прекрáсный*.

2 Ordnen Sie *красѝвый*, *некрасѝвый* und *прекрáсный* auf einer Worttreppe absteigend an. Beginnen Sie mit dem Wort mit der positivsten Bedeutung.

3 Verbinden Sie *красѝвый* und *прекрáсный* mit dem jeweils passenden der folgenden Substantive.

день, вид, глазá, врéмя, дéвушка, погóда, жéнщина, эпóха, у́тро, пол, плáтье, рот, стихотворéние, фигу́ра.

4 Ergänzen Sie die Vergleiche durch die entsprechende Form von *красѝвый* oder *прекрáсный*.

1. _______ как у́тренняя заря́
2. ______ как невéста
3. _______ как Мóна Лѝза
4. ______ как Афродѝта
5. _______ как в раю́ (*Paradies*)
6. ______ как Клеопáтра

5 *Красѝвый* oder *прекрáсный*? Setzen Sie richtig ein.

1. – Кто э́то на фотогрáфии?
   – Ты имéешь в виду́ ... (1) молодóго человéка? Э́то мой брат Кай. Он студéнт, у́чится в Хáйдельберге.
   – Хáйдельберг óчень ... (2) гóрод, и университéт там ... (3).
   – У твоегó брáта есть дéвушка?
   – Да, есть. Кстáти, онá ... (4) и óчень у́мная. Онá говорѝт на нéскольких языкáх и ... (5) игрáет на скрѝпке.

2. – Ты слы́шал прогно́з пого́ды на за́втра?
   – Слы́шал. За́втра бу́дет ... (1) пого́да.
   – Тогда́ дава́й пое́дем в Ци́нновиц, э́то ... (2) куро́рт у Балти́йского мо́ря. Ты уже́ там был?
   – Нет, но ви́дел откры́тки с ... (3) ви́дами.
   – Ци́нновиц – ... (4) ме́сто для о́тдыха. Там есть ... (5) пляж. На пля́же всегда́ мно́го ... (6) де́вушек. И во́здух там све́жий. В Ци́нновице тебе́ понра́вится.

6 Beschreiben Sie eine Person, deren Aussehen, Kleidung, Stimme usw. Sie als schön empfinden. Verwenden Sie dabei möglichst oft *краси́вый* und *прекра́сный* in der erforderlichen Form.

Schule
шко́ла, учи́лище

шко́ла → *чья? чего́? кака́я?*

- **1.** Schule als Institution, System der Allgemeinbildung, Gebäude; **2.** Schule im übertragenden Sinne als Lehre, Ausbildung, Anhäufung von Erfahrungen; **3.** Schule als künstlerische oder wissenschaftliche Richtung, die sich an einer oder mehreren Personen orientiert.
- ***Kollokationen*: 1.** шко́ла **кака́я** (городска́я, се́льская, общеобразова́тельная, нача́льная, основна́я, реа́льная, сре́дняя, вече́рняя, музыка́льная, спорти́вная); ~ чья (моя́, на́ша, их); при -е; учи́ться в -е, ходи́ть в -у, око́нчить -у, бро́сить -у, уйти́ из -ы; **2. ~ чего́** (жи́зни, нужды́, та́нцев); **~ кака́я** (превосхо́дная, нелёгкая); **3. ~ чья** (Менделе́ева, Канди́нского); ~ **кака́я** (Ре́пинская, Па́вловская, разли́чные -ы), созда́ть свою́ -у в нау́ке.
- ***Satzbeispiele*: 1.** Я рабо́таю в шко́ле. Та́ня у́чится в пя́том кла́ссе реа́льной шко́лы. Ви́ктор око́нчил шко́лу с золото́й меда́лью. При шко́ле есть спортплоща́дка. **2.** Она́ прошла́ отли́чную шко́лу. Э́та экспеди́ция яви́лась хоро́шей шко́лой для неё. **3.** Как тебе́ нра́вится Ре́пинская шко́ла в живо́писи? На конфере́нции встре́тились худо́жники разли́чных школ. Пика́ссо со́здал свою́ шко́лу.

учи́лище → *како́е?*

- Lehranstalt für mittlere und höhere Schulbildung, (Fach- und Fachhoch-) Schule als Institution und Gebäude.
- ***Kollokationen*:** учи́лище **како́е** (худо́жественное, театра́льное, вое́нное, торго́вое, инжене́рное, реме́сленное, педагоги́ческое, вы́сшее техни́ческое, свя́зи); выпускники́ -а; основа́ть ~, поступи́ть/поступа́ть в ~, учи́ться в ~, око́нчить ~.

- ***Satzbeispiele***: Ю́лия у́чится в музыка́льном учи́лище. Ири́не обяза́тельно ну́жно поступа́ть в театра́льное учи́лище. По́сле оконча́ния профессиона́льно-техни́ческого учи́лища Ко́ля пошёл рабо́тать на заво́д.

Vorsicht, Fehlerquelle!

Heute ist keine Schule. → Сего́дня заня́тий в шко́ле нет.
Die Schule ist um ein Uhr aus. → Уро́ки конча́ются в час.

Упражне́ния

1 Ordnen Sie *учи́лище* und *шко́ла* der jeweils richtigen Gruppe zu.

1. ________________________	2. ________________________
нача́льн____	торго́в____
се́льск____	реме́сленн____
основн____	педагоги́ческ____
вече́рн____	вы́сш____ техни́ческ____

2 *Учи́лище* oder *шко́ла*? Setzen Sie richtig ein.

Го́ды обуче́ния
В семь лет Оле́г пошёл в ... (1). Снача́ла он посеща́л се́льск____ ... (2), а пото́м городск____ ... (3). Четы́ре го́да Оле́г учи́лся в нача́льн____ ... (4), шесть лет в гимна́зии. По́сле оконча́ния гимна́зии он поступи́л в профессиона́льно-техни́ческ____ ... (5). Там он учи́лся на сле́саря. По́сле оконча́ния э́т__ ... (6), он на́чал учи́ться в вы́сш____ техни́ческ____ ... (7). Сего́дня он рабо́тает инжене́ром на большо́м заво́де.

3 Fragen Sie Ihren russischen Gesprachspráchspartner,

- wann er zur Schule gekommen ist (eingeschult wurde);
- welche allgemein bildende(n) Schule(n) er besucht hat;
- was er in der Schule besonders gemocht hat;
- ob er eine Fachschule oder eine Fachhochschule absolviert hat;
- wieviel Jahre er an dieser Schule war (gelernt hat).

4 Geben Sie in Ihrem tabellarischen Lebenslauf möglichst detailliert Auskunft über Art und Dauer Ihrer Schul- und Berufsbildung.

Шко́льное и профессиона́льное образова́ние	го́ды обуче́ния

Schüler(in)
учени́к(-ни́ца), шко́льник(-ница), уча́щийся(-щаяся)

учени́к(-ни́ца) → *чей? (чья?) како́го кла́сса? како́й шко́лы? како́й? (кака́я?)*

- **1.** Schüler(in) einer **allgemein bildenden Schule** oder **Berufsschule**; **2.** Schüler, **Anhänger** einer Theorie, Lehre, **wissenschaftlichen Schule**.
- ***Kollokationen*: 1.** учени́к(-ни́ца) **како́го кла́сса/како́й шко́лы** (пе́рвого кла́сса, сре́дней шко́лы, музыка́льной шко́лы); ~ **како́й (кака́я)** (тала́нтливый (-ая), люби́мый (-ая), хоро́ший (-ая), у́мный (-ая), сла́бый (-ая)); люби́ть свои́х -о́в; рабо́та с -а́ми; **2.** ~ **чей (чья)** (профе́ссора Королёва, знамени́того учёного, Ломоно́сова); горди́ться свои́м -о́м, быть -ом (-ей) Ре́пина.
- ***Satzbeispiele*: 1.** Учи́тельница хорошо́ зна́ла хара́ктеры свои́х ученико́в. Учени́к бы́стро реши́л зада́чу. Учени́к перешёл в шесто́й класс. **2.** У изве́стного учёного мно́го спосо́бных ученико́в, кото́рые продолжа́ют его́ де́ло. Э́то откры́тие ученика́ Па́влова.

шко́льник(-ница) → *како́й? (кака́я?)*

- Schüler einer (Grund- oder Mittel-)Schule.
- ***Kollokationen*:** шко́льник(-ница) **како́й (кака́я)** (но́вый (-ая), плохо́й (-а́я)); встре́ча -ов, кни́ги для -ов.
- ***Satzbeispiele*:** Сын уже́ шко́льник. Шко́льнице то́лько 8 лет.

уча́щийся(-щаяся) → *како́го уче́бного заведе́ния? како́й? (кака́я?)*

- Lernende(r), Schüler(in) an einer **beliebigen Bildungseinrichtung**, bleibt als Bezeichnung relativ allgemein und ist daher weniger präzise als die anderen beiden Entsprechungen; уча́щаяся wird nur selten verwendet.
- ***Kollokationen*:** уча́щийся **како́го уче́бного заведе́ния** (шко́лы, те́хникума); ~ **како́й (кака́я)** (спосо́бный (-ая), ве́жливый (-ая)); -иеся ста́рших кла́ссов, гру́ппа -ихся; занима́ться с -имися.
- ***Satzbeispiele*:** Пе́ред уча́стниками конфере́нции вы́ступили уча́щиеся музыка́льного учи́лища. Уча́щиеся те́хникума сдаю́т экза́мены. В на́шем университе́те у́чится мно́го иностра́нных уча́щихся.

Упражнéния

(A) 1 Ersetzen Sie *учáщийся* überall dort, wo das möglich ist, durch *ученúк* oder *шкóльник.*

1. *учáщийся* шкóлы; 2. *учáщийся* учúлища; 3. *учáщийся* начáльной шкóлы; 4. *учáщийся* срéдней шкóлы; 5. *учáщийся* гимнáзии; 6. *учáщийся* чáстной шкóлы; 7. *учáщийся* профессионáльной шкóлы; 8. *учáщийся* тéхникума; 9. *учáщийся* пя́того клáсса.

(B) 2 Ordnen Sie *учáщийся, ученúк* und *шкóльник* nach ihrem Bedeutungsumfang. Notieren Sie zuerst das Wort mit dem größten Bedeutungsumfang.

3 Fragen Sie Ihren russischen Gesprächspartner,

- ob sein Sohn schon zur Schule geht (Schüler ist);
- wie viel Schüler in der Klasse (seines Sohnes) sind;
- welche Fremdsprachen die Schüler an den allgemein bildenden Schulen in Russland lernen;
- ob die Schüler an den Fachschulen Informatik (als Ausbildungsfach) haben;
- ob nach seiner Meinung die Schüler gut auf das Leben vorbereitet werden.

schwer
тяжёлый, трýдный

тяжёлый, -ая, -ое, -ые; тяжёл, -á, -ó, -ы́ → *что?*

- **1.** Schwer, von **großem Gewicht**; wird in der Kurzform in prädikativer Stellung und zum Ausdruck des Übermaßes (zu schwer) gebraucht;
  2. sehr schwer(wiegend) in Bezug auf eine **Straftat**; einen **Verkehrsunfall**; verbunden mit **schlimmen** Auswirkungen, nur in der **Umgangssprache** gebräuchlich; wird in der Fachsprache durch тя́жкий ersetzt;
  Gegensatz: незначúтельное, мéлкое (дорóжно-трáнспортное происшéствие); нестрóгое, мя́гкое (наказáние);

3. sehr schwer in Bezug auf (gefährliche) Wunden und **Krankheiten**;
4. sehr schwer, **physisch** sehr **anstrengend**;
5. sehr schwer, beschwerlich, **geistig** sehr **anstrengend**; vor allem **in der Umgangssprache** gebräuchlich; hier weitgehend synonym mit тру́дный;
Gegensatz (1., 4., 5.): лёгкий;
6. In bestimmten festen Wendungen: тяжёлая промы́шленность, ~ атле́тика.

- ***Kollokationen*: 1.** тяжёлый **что** (чемода́н, -ая су́мка, -ые ве́щи); **2. ~ что** (несча́стный слу́чай, -ое преступле́ние, -ое наказа́ние); **3. ~ что** (-ая боле́знь, -ая опера́ция, -ое ране́ние); перенести́ -ую опера́цию; **4. ~ что** (труд, -ая рабо́та, -ые рабо́ты), выполня́ть -ые рабо́ты; **5. ~ что** (язы́к, экза́мен, вопро́с, день, год, век, перио́д жи́зни, -ая зада́ча, -ая пробле́ма, -ое де́ло; -ая обстано́вка, -ая ситуа́ция, -ое положе́ние, -ое вре́мя, -ые усло́вия).
- ***Satzbeispiele*: 1.** О, кака́я у тебя́ тяжёлая су́мка! Э́тот чемода́н для тебя́ тяжёл. **2.** В на́шем го́роде совершено́ тяжёлое преступле́ние. Вчера́ с ним случи́лось тяжёлое доро́жно-тра́нспортное происше́ствие. **3.** Она́ тяжело́ больна́. По́сле тяжёлого ране́ния он год лежа́л в больни́це. Состоя́ние больно́го тяжёлое. **4.** Шахтёры выполня́ли тяжёлые рабо́ты. **5.** Рабо́та по матема́тике была́ тяжёлой. Мне тяжело́ говори́ть, у меня́ боли́т го́рло. Ему́ тяжело́ учи́ться в э́том университе́те. Они́ рабо́тают в тяжёлых усло́виях. **6.** Он занима́ется тяжёлой атле́тикой. Где центр тяжёлой промы́шленности в Росси́и?

тру́дный, -ая, -ое, -ые; тру́ден, -а́, -о, ы/-ы́ → *что?* (*neutral*)

- Schwer, mühsam, **geistig** und z.T. auch **körperlich anstrengend**; **mit Schwierigkeiten** verbunden; etwa bedeutungsgleich mit тяжёлый (5.); Verwendung in der Kurzform vornehmlich **bei unpersönlichem** und prädikativem **Gebrauch**;
  Gegensatz: лёгкий.
- ***Kollokationen*:** тру́дный **что** (язы́к, экза́мен, похо́д, вопро́с, день, год, век, перио́д жи́зни, -ая рабо́та, -ая зада́ча, -ая пробле́ма, -ое де́ло, -ая обстано́вка, -ая ситуа́ция, -ое положе́ние, -ое вре́мя, -ые усло́вия); тру́дно поня́ть/понима́ть.
- ***Satzbeispiele*:** Э́то о́чень тру́дный вопро́с. Э́то тру́дно сказа́ть. Э́тот текст тру́ден для перево́да. Э́то бы́ли са́мые тру́дные дни в его́ жи́зни. У него́ была́ тру́дная жизнь. Мне тру́дно пове́рить э́тому. Его́ тру́дно убеди́ть. Мне тру́дно поня́ть вас. Вам тру́дно? Ему́ тру́дно рабо́тать.

Упражне́ния

1 Ersetzen Sie überall dort, wo das möglich ist, *тяжёлый* durch *тру́дный.*

Контро́льная рабо́та
На уро́ке матема́тики мы вчера́ писа́ли *тяжёлую* (1) контро́льную рабо́ту. Мы должны́ бы́ли реши́ть пять *тяжёлых* (2) зада́ч и одну́ лёгкую. Мне бы́ло осо́бенно *тяжело́* (3) реши́ть пя́тую и шесту́ю зада́чи. Пя́тую я реши́л, но шеста́я была́ для меня́ сли́шком *тяжела́* (4).

2 *Тру́дный* oder *тяжёлый*? *Тру́дно* oder *тяжело́*? Setzen Sie richtig ein.

1. Я живу́ в це́нтре ... промы́шленности. 2. Мой оте́ц рабо́тает на заво́де ... машинострое́ния. 3. Там произво́дят ... кра́ны. 4. Рабо́та на маши́нах о́чень ... 5. Когда́ я око́нчу учи́лище, хочу́ рабо́тать вме́сте с отцо́м, но получи́ть рабо́ту в его́ це́хе ... 6. Поэ́тому ... сказа́ть, бу́ду ли я там рабо́тать.

sehen
<у->ви́деть, <по->смотре́ть

<у->ви́деть (и) → *кого́? что? как?* (*neutral*)

- **1. Sehen**, wahrnehmen **können**, die Fähigkeit dazu haben; **ohne Objekt**; **2. etwas** (einen Gegenstand) **sehen**, bemerken; **3. jemanden sehen**, bemerken, erblicken, treffen; **4. etwas einsehen**, erkennen, begreifen, verstehen, sehen im **übertragenden Sinne**, in Verbindung **mit Abstrakta**; **5. Schaltwort** (*ви́дишь ли*! oder *ви́дите ли*!), lenkt die Aufmerksamkeit auf etwas Bestimmtes, durch Kommata vom Satz abgetrennt.
- ***Kollokationen*: 1. ви́деть как** (хорошо́, пло́хо); **2.** <у->ви́деть **что** (теа́тр, го́ры); **3. ~ кого́** (моего́ бра́та, твою́ жену́); **4. ~ что** (ра́зницу, свою́ оши́бку).
- ***Satzbeispiele*: 1.** Де́душка ещё хорошо́ ви́дит. Врач пло́хо ви́дит и поэ́тому но́сит очки́. Без очко́в я не ви́жу. **2.** Из окна́ мое́й ко́мнаты я ви́жу вокза́л. Мой знако́мый никогда́ не ви́дел мо́ря. **3.** В теа́тре я ви́дел ва́шу сестру́. О́чень рад вас ви́деть. За́втра я её уви́жу. Я ре́дко ви́дел её тако́й весёлой. **4.** Ты ви́дишь противоре́чие в твое́й аргумента́ции? Я уви́дел, что я не прав. **5.** Они́, ви́дите ли, занима́лись э́той пробле́мой.

<по->смотре́ть (и) → *на кого́? что? на что? во что? куда́? отку́да? как?*

- **1.** Sehen, hinsehen, auf jemanden oder etwas **zielgerichtet** schauen, den Blick richten; **2. Augenzeuge** sein, bei einer Vorstellung anwesend sein; **3.** etwas sehen, betrachten, sich ansehen, sich **mit** dem **Inhalt vertraut machen**.
- ***Kollokationen*: 1.** <по->смотре́ть **на кого́** (на го́стя, на сестру́); ~ **на что** (на у́лицу, на часы́, на ка́рту); ~ **во что** (в зе́ркало, в микроско́п); ~ **куда́** (в окно́, на мо́ре, напра́во); ~ **отку́да** (из ко́мнаты, с балко́на, и́з-за де́рева); ~ **как** (внима́тельно, ве́село, с интере́сом); **2.** ~ **что** (фильм, спекта́кль); **3**. ~ **что** (фотогра́фии, но́вый журна́л).
- ***Satzbeispiele*: 1.** Ба́бушка до́лго смотре́ла на ста́рую фотогра́фию. Пассажи́ры смотре́ли в окно́ трамва́я. Смотри́, кто там идёт. **2.** Вчера́ мы ходи́ли смотре́ть но́вую кварти́ру. Я о́чень люблю́ смотре́ть футбо́л. **3.** Смотри́, что а́втор пи́шет об э́том.

Упражне́ния

1 Übersetzen Sie und erklären Sie den Gebrauch von *<у->ви́деть* und *<по->смотре́ть*.

1. *Посмотри́, посмотри́*, ну, что ты *ви́дишь*? 2. Я *посмотре́л* и ничего́ осо́бенного не *уви́дел*: дом, ми́мо кото́рого я прохожу́ ка́ждый день, де́рево. 3. Я *смотре́л* до́лго и, наконе́ц, *уви́дел* на де́реве ма́ленькое гнездо́ (*Nest*) 4. Ка́ждый раз, когда́ мы здесь проходи́ли, мы *смотре́ли* на де́рево, а гнездо́ *уви́дел* то́лько мой сын.

2 *<У->ви́деть* oder *<по->смотре́ть*? Setzen Sie richtig ein und beantworten Sie die Fragen.

1. Каки́е достопримеча́тельности на́шего го́рода вы уже́ ...?
2. Вы уже́ ... наш но́вый кинотеа́тр?
3. Каки́е фи́льмы вы предпочита́ете ...?
4. Вы ... на уро́ках ру́сского языка́ учёбные фи́льмы?
5. Кого́ из свои́х друзе́й де́тства вы хоте́ли бы ...? .

3 Ersetzen Sie die hervorgehobenen Satzteile durch die erforderlichen Formen von *<у->ви́деть* oder *<по->смотре́ть* und verändern Sie, wenn nötig, den Satz.

1. Уже́ с де́тства я ношу́ очки́. *У меня́ плохо́е зре́ние.* 2. Вчера́ я *сходи́л на* но́вый фи́льм. 3. В кинотеа́тре я *встре́тил*

ста́рого дру́га. 4. Он рассказа́л мне, что ле́том был в Еги́пте и *познако́мился* со мно́гими его́ достопримеча́тельностями, *был* у знамени́тых пирами́д. 5. Я то́же хоте́л бы когда́-нибудь *побыва́ть* у э́тих пирами́д.

4 Fragen Sie Ihren russischen Gesprächspartner,

1. ob er noch ohne Brille sehen kann;
2. ob er den Film „Titanic" gesehen hat;
3. ob er (sich) gern Filme über Katastrophen (an-)sieht;
4. ob er Bekannte im Kino gesehen hat;
5. ob er viel fernsieht;
6. welche Sendungen er besonders gern sieht.

Spiel
игра́, матч

игра́ → *чья? кого́? с кем? во что́? на чём? кака́я?*

- Spiel als **unterhaltende Beschäftigung** zum Zeitvertreib, Sportspiel, Brettspiel usw., Spiel **nach** bestimmten **Regeln**; Spiel im weitesten Sinne des Wortes;
  Gegensatz: рабо́та.
- ***Kollokationen*:** игра́ **чья/кого́** (дете́й, худо́жника, защи́тника); ~ **с кем** (с детьми́, с друзья́ми); ~ **во что́** (в ша́хматы, в ка́рты, в ку́клы); ~ **на чём** (на гита́ре, на фле́йте); ~ **кака́я** (де́тская, спорти́вная, насто́льная); Олимпи́йские и́гры; пра́вила -ы́, коне́ц -ы́; вести́ опа́сную -у́, игра́ть в большу́ю -у́, меша́ть -е́, интересова́ться -о́й.
- ***Satzbeispiele*:** Ба́бушка всегда́ нахо́дит вре́мя для игры́ с вну́ками. Мне понра́вилась игра́ арти́стов в спекта́кле. Я зна́ю мно́го ра́зных игр. И́гры прово́дятся в на́шем го́роде. Он уча́ствует во всех и́грах. Лю́ся подари́ла мне интере́сную игру́.

матч → *ме́жду кем? по чему́? како́й?*

- **Ball**- oder **Brettspiel** mit **Wettkampfcharakter**, gewöhnlich zwischen zwei Mannschaften oder Sportlern.
- ***Kollokationen*:** матч **ме́жду кем** (ме́жду кома́ндами Мю́нхена и Га́мбурга, ме́жду сбо́рными Росси́и и Герма́нии, ме́жду обо́ими финали́стами); ~ **по чему́** (по ша́хматам, по волейбо́лу); ~ **како́й** (интере́сный, футбо́льный); ~ на пе́рвенство ми́ра; нача́ло -а; пойти́ на ~; смотре́ть ~; суди́ть ~.

- ***Satzbeispiele*:** Я люблю́ смотре́ть по телеви́зору футбо́льные ма́тчи. Матч зако́нчился со счётом 3:1. Матч проводи́лся в Берли́не. Сего́дня состои́тся матч на пе́рвенство ми́ра по ша́хматам.

Упражне́ния

1 *Игра́* oder *матч*? Finden Sie passende Bildunterschriften.

2 *Игра́* oder *матч?* Schreiben Sie die richtigen Varianten heraus.

Олимпи́йские ле́тние *и́гры/ма́тчи* (1) 1996 го́да проводи́лись в Атла́нте в США. В програ́мме бы́л 31 вид спо́рта, в том числе́ и 12 ви́дов спорти́вных *игр/ма́тчей* (2). Меня́ осо́бенно интересу́ет футбо́л, поэ́тому я посмотре́л почти́ все футбо́льные *и́гры/ма́тчи* (3). Мою́ подру́гу футбо́л совсе́м не интересу́ет. Она́ да́же не зна́ет пра́вила э́т___ *игры́/ма́тча* (4). Осо́бенно интере́сн___ был___ футбо́льн___ *игра́/матч* (5) за золоту́ю меда́ль. *Игра́/Матч* (6) зако́нчил___ со счётом 3:2 в по́льзу Ниге́рии, хотя́ ещё на 89-ой мину́те счёт *игры́/ма́тча* (7) был 2:2. Осо́бенно мне понра́вил___ *игра́/матч* (8) центра́льного напада́ющего (*Mittelstürmer*) нигери́йской кома́нды.

3 *Игра́* oder *матч*? Setzen Sie richtig ein.

- Са́ша, пойдём на футбо́льн___ ... (1).
- У тебя́ уже́ есть биле́ты на э́т___ ... (2)?
- Да, я уже́ купи́л биле́ты.
- Э́то бу́дет, наве́рное, интере́сн___ ... (3)?
- Что за вопро́с!
- Как ты ду́маешь, с каки́м счётом зако́нчится э́т___ ... (4)?
- Тру́дно сказа́ть.

4 Erzählen Sie Ihrem russischen Gesprächspartner, dass ...
- Sie gestern das Fußballspiel zwischen Deutschland und Russland im Fernsehen gesehen haben;
- das Spiel in München ausgetragen wurde;
- Ihnen besonders das Spiel von Lars Ricken gefallen hat;
- das Spiel mit 2:1 für Deutschland endete;
- Sie sich auch für andere Spielsportarten interessieren;
- Sie viele Brett[Tisch-]spiele kennen.

Sport
спорт, физкульту́ра

спорт → *како́й?*
- Sport, **Sporttreiben**, **Sammelbezeichnung** für sportliche Übungen, **Spiele** und **Wettkämpfe**, Grundwort in zahlreichen Zusammensetzungen (z.B. zur Bezeichnung mehrerer Sportarten).
- ***Kollokationen*:** спорт **како́й** (ма́ссовый, во́дный, зи́мний, лы́жный, автомоби́льный); вид -а; люби́тель -а, ма́стер -а; любо́вь к -у; занима́ться -ом.
- ***Satzbeispiele*:** Мой люби́мый вид спо́рта лёгкая атле́тика. Моя́ сестра́ дости́гла больши́х успе́хов в спо́рте. Каки́м ви́дом спо́рта ты занима́ешься? Она́ увлека́ется спо́ртом. Регуля́рные заня́тия спо́ртом укрепля́ют здоро́вье.

физкульту́ра
- **1.** Sport zur **Gesunderhaltung**, zur Stählung des menschlichen Körpers durch Sporttreiben; hier etwa bedeutungsgleich mit спорт; **2.** Sport als **Unterrichtsfach**, besonders verbreitet in der **Umgangssprache**.
- ***Kollokationen*:** **1.** занима́ться -ой; **2.** уро́ки -ы, обяза́тельные заня́тия -ой, преподава́ние -ы, учи́тель -ы.
- ***Satzbeispiele*:** **1.** Заня́тия физкульту́рой спосо́бствуют пра́вильному разви́тию де́тского органи́зма. **2.** На уро́ках физкульту́ры мы игра́ем в баскетбо́л. Ян, ты почему́ сего́дня опозда́л на физкульту́ру? Мой брат рабо́тает в институ́те преподава́телем физкульту́ры.

Упражне́ния

1 Verbinden Sie *спорт* oder *физкульту́ра* in der erforderlichen Form mit den vorgegebenen Wörtern.

вид, лы́жный, люби́тельский, преподава́тель, профессиона́льный, уро́к, зачёт (*Testat*) по ....

2 Ersetzen Sie, wo das stilistisch begründet ist oder Sie das aufgrund der Bedeutungsähnlichkeit für möglich halten, *спорт* durch *физкульту́ра.*

1. Я люблю́ занима́ться *спо́ртом.* 2. Регуля́рные заня́тия *спо́ртом* укрепля́ют здоро́вье. 3. Осо́бенно я увлека́юсь лы́жным *спо́ртом.* 4. Зимо́й на́ша семья́ ча́сто организу́ет лы́жные похо́ды, потому́ что мы все лю́бим лы́жный *спорт.* 5. А моя́ сестра́ занима́ется фигу́рным ката́нием, э́то её люби́мый вид *спо́рта.*

3 *Спорт* oder *физкульту́ра*? Setzen Sie richtig ein.

1. Я люблю́ ... 2. Мой люби́мый предме́т в шко́ле ... 3. У нас о́чень хоро́ший учи́тель ..., кото́рый знако́мит нас с ра́зными ви́дами ... 4. Благодаря́ ему́ я занима́юсь лы́жн___ ... в трениро́вочной гру́ппе два ра́за в неде́лю. 5. Регуля́рные заня́тия ... спосо́бствуют разви́тию здоро́вого о́браза жи́зни.

4 Sprechen Sie über die Rolle von Körperkultur und Sport in Ihrem Leben. Verwenden Sie dabei möglichst oft *спорт* und *физкульту́ра.*

still
ти́хий, споко́йный

ти́хий, -ая, -ое, -ие; тих, -а́, -о, -и/-и́ → *кто? что?*

- **1.** Still, weitgehend geräusch- oder **lautlos**;
  Gegensatz: гро́мкий, шу́мный;
  2. still, wenig lebhaft, sanft, **zurückhaltend**; hier mehr in übertragender Bedeutung in Bezug auf das Wesen eines Menschen gebraucht;
  Gegensatz: шу́мный.
- ***Kollokationen*: 1.** ти́хий **что** (ве́чер, -ое месте́чко, -ие у́лицы); Ти́хий океа́н; **2.** ~ **кто** (челове́к, ма́льчик, -ая де́вочка); быть -им.
- ***Satzbeispiele*: 1.** Э́то случи́лось в ти́хое у́тро. Мы отдыха́ли у ти́хого лесно́го о́зера. В помеще́нии бы́ло ти́хо. Ночь была́ тиха́. Вдруг ста́ло ти́хо. **2.** Он ти́хий и скро́мный молодо́й челове́к.

споко́йный, -ая, -ое, -ые; споко́йно (*Adverb*) → *кто? что?*

- **1.** Still, **reglos**, ohne (größere) Bewegung;
  Gegensatz: неспоко́йный;
  2. still, wenig lebhaft, zurückhaltend, niemanden störend, **niemanden beunruhigend**; hier ähnlich ти́хий (2.) mehr in über-

tragender Bedeutung in Bezug auf das Wesen eines Menschen gebraucht;
Gegensatz: беспоко́йный.

- ***Kollokationen*: 1.** споко́йный **что** (го́род, -ое ме́сто); сиде́ть, лежа́ть споко́йно; **2. ~ кто** (челове́к, ребёнок, слу́шатель).
- ***Satzbeispiele*: 1.** Мне нра́вится э́то споко́йное ме́сто. Здесь споко́йно, вы хорошо́ отдохнёте. Сто́йте споко́йно. **2.** В де́тстве я был споко́йным ребёнком.

Упражне́ния

1 Ordnen Sie *споко́йный, споко́йно* und *ти́хий* der jeweils richtigen Gruppe zu.

1. ______________	2. ______________	3. ______________
печа́ль	го́род	стоя́ть
лес	у́лицы	сиде́ть
океа́н	ме́сто	лежа́ть

2 Markieren Sie die stilistisch bessere Variante.

Кани́кулы у *Споко́йного/Ти́хого* (1) океа́на
Вы уже́ отдыха́ли на одно́м из острово́в в *Споко́йном/Ти́хом* (2) океа́не? Нет? Сове́туем провести́ о́тпуск там тем, кто лю́бит *споко́йные/ти́хие* (3) пля́жи. Вам понра́вятся *споко́й-ные/ти́хие* (4) вечера́. Вы бу́дете в восто́рге от *споко́йных/ ти́хих* (5) мест, где мо́жно прекра́сно отдохну́ть.

3 *Споко́йный* oder *ти́хий*? Setzen Sie richtig ein.

На́ши сосе́ди
У нас ... (1) и ми́лые сосе́ди. Они́ всегда́ гото́вы помо́чь, и мы хорошо́ понима́ем друг дру́га. Их сын челове́к ... (2) нра́ва. На́ши де́ти дру́жат с ним. Ле́том они́ вме́сте е́здят на велосипе́дах к ... (3) лесно́му о́зеру и купа́ются там.
В э́том году́ мы реши́ли провести́ о́тпуск вме́сте с на́шими сосе́дями на ма́леньком о́строве в ... (4) океа́не. Сотру́дник бюро́ путеше́ствий сказа́л нам, что там осо́бенно краси́вые и ... (5) пля́жи.

Straße
у́лица, доро́га, шоссе́

у́лица → *кака́я?*
- **1.** Straße, Verkehrsweg in einer Stadt, bestehend aus **Fahrbahn und** meist zwei **Bürgersteigen**; **2.** Straße, Umgebung, **Milieu** außerhalb des kulturellen Einflusses von Gesellschaft und Familie, hier im übertragenen Sinne gebraucht.
- ***Kollokationen*: 1.** у́лица **кака́я** (гла́вная, ста́рая, бокова́я, с односторо́нним движе́нием; Пу́шкина); назва́ние -ы, сторона́ -ы; спи́сок у́лиц; гуля́ть по -ам, вы́йти/выходи́ть на -у, перейти́/переходи́ть че́рез -у, вы́бросить/выбра́сывать на -у; **2.** влия́ние -ы, нра́вы -ы.
- ***Satzbeispiele*: 1.** Как пройти́ на у́лицу Ле́рмонтова? Вы не зна́ете, где у́лица Гага́рина? Мне нра́вятся совреме́нные широ́кие городски́е у́лицы. О́кна моей́ ко́мнаты выхо́дят на у́лицу. Де́ти пошли́ на у́лицу. **2.** Она́ попа́ла под влия́ние у́лицы.

доро́га → *кака́я? где? куда́?*
- **Land**straße, außerhalb von Ortschaften verlaufende, **oft** kleine, **unbefestigte** Straße.
- ***Kollokationen*:** доро́га **кака́я** (широ́кая, чи́стая, автомоби́льная, го́рная, шоссе́йная); ~ **где** (в лесу́, в гора́х, в по́ле); ~ **куда́** (в дере́вню, на пляж, к вокза́лу); состоя́ние доро́г; <по->стро́ить -у; <по->е́хать по -е, сверну́ть/свора́чивать с доро́ги.
- ***Satzbeispiele*:** На доро́ге в го́род большо́е движе́ние. Доро́га ведёт к мо́рю. Мы шли пря́мо по доро́ге. Вдоль доро́ги расту́т дере́вья.

шоссе́ [сэ] (*indekl.*) → *како́е?*
- Chaussee, **befestigte**, d.h. gepflasterte oder asphaltierte **Fernverkehr**sstraße, Landstraße, Autostraße zwischen den Ortschaften.
- ***Kollokationen*:** шоссе́ **како́е** (хоро́шее, широ́кое, асфальти́рованное, бетони́рованное, Моско́вское); ремо́нт ~, расши́рить/расширя́ть ~, <по->е́хать по ~, перейти́/переходи́ть че́рез ~.
- ***Satzbeispiele*:** Че́рез пять мину́т мы сверну́ли с шоссе́. Шоссе́ ведёт к го́роду. Шоссе́ ведёт в Берли́н. Как нам прое́хать на шоссе́?

Упражне́ния

(A) 1 Verknüpfen Sie *у́лица* oder *доро́га* mit den folgenden Wörtern.

в лес, в гора́х, влия́ние, Дру́жбы, в лесу́, на по́чту, Пу́шкина, шоссе́йная, в по́ле.

(B) 2 Ordnen Sie *доро́га, у́лица* und *шоссе́* auf einer absteigenden Worttreppe. Beginnen Sie mit der am meisten befahrenen Straßenart.

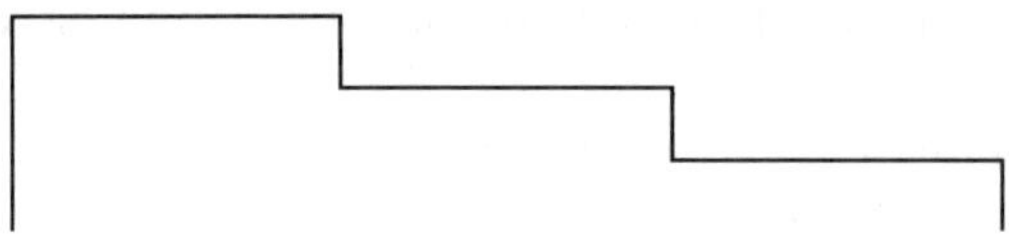

3 *Доро́га, у́лица* oder *шоссе́*? Setzen Sie richtig ein.

a) – Прости́те, пожа́луйста, как___ ... (1) ведёт к вокза́лу?
– Поезжа́йте по ... (2) Достое́вского до сле́дующего светофо́ра, сверни́те там нале́во и поезжа́йте пря́мо до перекрёстка. Там вы уви́дите зда́ние вокза́ла.
– Большо́е спаси́бо.

b) – Мы перее́хали в но́вый дом. Тепе́рь мы живём в краси́вой дере́вне Алекса́ндровка. Приглаша́ем вас на новосе́лье в сле́дующую суббо́ту.
– Обяза́тельно прие́дем. По как___ ... (1) лу́чше е́хать к вам?
– Вам ну́жно е́хать по гла́вн___ ... (2) до су́перма́ркета, а пото́м сверну́ть напра́во на шоссе́йн___ ... (3). Она́ ведёт в на́шу дере́вню.
– А как называ́ется ... (4)?
– ... (5) Пу́шкина, дом но́мер 23.

4 Fragen Sie einen russischen Passanten, ...

– wie Sie von hier zur Tolstoistraße gelangen;
– wohin Sie von der Hauptstraße abbiegen müssen;
– wohin die Chausseestraße führt;
– wieviel Kilometer es auf der Fernverkehrsstraße bis zur nächsten Stadt sind.

изучи́ть (и)/**изуча́ть** (е) → *что? по чему́? где? как до́лго? как?*

- **Etwas** (z.B. ein Fach, eine Wissenschaft oder eine Erscheinung) genau studieren, sich damit auseinandersetzen, sich etwas erschließen, sich systematische Kenntnisse auf einem bestimmten Fachgebiet **sorgfältig**, umfassend und in den Details aneignen; steht **immer** in Verbindung mit einem **direkten Objekt.**
- ***Kollokationen*:** изучи́ть/изуча́ть **что** (фи́зику, сло́жную пробле́му, поведе́ние живо́тных, расписа́ние поездо́в); ~ [что] **по чему́** (по но́вой учёбной програ́мме, по учёбнику америка́нского а́втора); ~ [что] **где** (в лаборато́рии, в кабине́те); ~ [что] **как** (с больши́м интере́сом, с упо́рством); изуча́ть [что] **как до́лго** (не́которое вре́мя, два ме́сяца).
- ***Satzbeispiele*:** Студе́нт изуча́л архитекту́ру четы́ре го́да. Росси́йские студе́нты-юри́сты изуча́ют хозя́йственное пра́во по но́вому учёбнику. Студе́нты-био́логи изуча́ют поведе́ние шимпанзе́ в зоопа́рке. Она́ до́лго изуча́ла расписа́ние поездо́в.

учи́ться (и) → *у кого́? где? как? как до́лго?*

- Studieren an einer Hochschule, in dieser Bedeutung nur учи́ться gebräuchlich.
- ***Kollokationen*:** учи́ться **у кого́** (у изве́стного профе́ссора, у лауреа́та Но́белевской пре́мии); ~ **где** (в акаде́мии, в университе́те, в ву́зе, в те́хникуме, на юриди́ческом факульте́те, в институ́те, в медици́нском учи́лище, на ку́рсах); ~ **как** (хорошо́, пло́хо); ~ **как до́лго** (пять лет, во́семь семе́стров).
- ***Satzbeispiele*:** Он учи́лся два го́да в акаде́мии. Мой брат у́чится на пе́рвом ку́рсе экономи́ческого факульте́та МГУ.

Упражне́ния

1 Kreuzen Sie Zutreffendes an.

studieren	что?	по чему́?	как?	где?	у кого́?	как до́лго?
изучи́ть/изуча́ть						
учи́ться						

2 Schreiben Sie jeweils die Variante heraus, die Sie hier verwenden müssen.

1. – По́сле оконча́ния гимна́зии я хочу́ *изуча́ть/учи́ться* (1) в университе́те.
   – А что ты хо́чешь *изуча́ть/учи́ться* (2)?
   – Меня́ о́чень интересу́ет биоло́гия, хочу́ *изуча́ть/учи́ться* (3) пова́дки (*Verhalten*) ре́дких живо́тных.
   – Ско́лько лет *изуча́ют/у́чатся* (4) бу́дущие био́логи?
   – Пять лет. А что ты бу́дешь де́лать по́сле шко́лы?
   – А я хочу́ стать медсестро́й, бу́ду *изуча́ть/учи́ться* (5) в медици́нском учи́лище.

2. – Где вы *изуча́ете/у́читесь* (1)?
   – В МГУ.
   – Что вы там *изуча́ете/у́читесь* (2)?
   – Иностра́нные языки́.
   – На како́м ку́рсе?
   – На второ́м.
   – Э́то зна́чит, что вы бу́дете *изуча́ть/учи́ться* (3) ещё три го́да?
   – Да.

3 Ergänzen und stellen Sie Fragen an russische Studenten. Achten Sie dabei auf die richtige Verwendung von *изучи́ть/изуча́ть* und *учи́ться.*

1. Вы ... в э́том университе́те? 2. На како́м факульте́те вы ...? 3. На како́м ку́рсе вы ...? 4. Каки́е предме́ты вы ...? 5. Ско́лько студе́нтов ... на ва́шем ку́рсе? 6. Ско́лько лет вы бу́дете ...?

Studium
учёба, изуче́ние

учёба → *чья? кого́? кака́я? где?*
- Studium, Hochschulbesuch, -ausbildung; nur im Singular gebräuchlich.
- ***Kollokationen*:** учёба **чья/кого́** (моя́, хи́миков, иностра́нных студе́нтов); ~ **кака́я** (интере́сная, тру́дная); ~ **где** (в университе́те, в ву́зе, на ку́рсах иностра́нных языко́в); го́ды -ы; нача́ть/начина́ть -у, зако́нчить -у, бро́сить/броса́ть -у, взя́ться/бра́ться за -у, <по->е́хать на -у, верну́ться с -ы.

- ***Satzbeispiele*****:** Ви́ктор дово́лен свое́й учёбой в институ́те. Учёба в ву́зе дава́лась ему́ легко́. Я ча́сто вспомина́ю го́ды учёбы в Москве́.

изуче́ние → *чего́?*
- Studium, wissenschaftliche Erforschung bestimmter Gegenstände und ihrer Funktionsweisen, intensive geistige Beschäftigung mit dem Untersuchungsgegenstand.
- ***Kollokationen*****:** изуче́ние **чего́** (Земли́, ко́смоса, медици́ны, филосо́фии, зако́нов).
- ***Satzbeispiele*****:** Изуче́ние иностра́нного языка́ тре́бует сил и вре́мени.

Упражне́ния

1 Verbinden Sie *изуче́ние* oder *учёба* mit den folgenden Wörtern. Entscheiden Sie sich jeweils für eines der Substantive.

1. ______________________	2. ______________________
хи́мии	в учи́лище
геоло́гии	в институ́те
исто́рии Росси́и	на юриди́ческом факульте́те
зако́нов	в ву́зе

2 *Изуче́ние* oder *учёба*? Setzen Sie richtig ein.

Моя́ ... (1) на юриди́ческом факульте́те
По́сле оконча́ния гимна́зии я на́чал ... (2) на юриди́ческом факульте́те МГУ. Сейча́с мы занима́емся ... (3) правово́й систе́мы. Мне осо́бенно нра́вятся практи́ческие заня́тия. При ... (4) ка́ждой те́мы мы пи́шем рефера́ты. ... (5) мне о́чень нра́вится.

3 Sagen Sie Ihrem russischen Gesprächspartner, dass ...

- Ihnen das Studium an der Universität in München gefällt.
- das Fremdsprachenstudium viel Zeit und Kraft erfordert.
- das Studium praxisnah gestaltet ist (mit der Praxis verbunden ist).
- Sie das Studium in zwei Jahren abschließen werden.
- Sie nach dem Studium als Dolmetscher/in arbeiten werden.

4 Erzählen Sie Ihrem russischen Gastgeber über Aufnahme, Verlauf, Inhalt, Ziel und Ergebnis des eigenen Studiums oder das eines „gemeinsamen Bekannten“.

Tier
живо́тное, зверь

живо́тное → *како́е?*

- Tier allgemein.
- ***Kollokationen*:** живо́тное **како́е** (дома́шнее, ди́кое, кру́пное, млекопита́ющееся (*Säuge-*), позвоно́чное (*Wirbel-*), отко́рмочное (*Mast-*), рабо́чее (*Zug-*)); живо́тные и лю́ди; вид -ых, любо́вь к -ым; охра́на ре́дких -ых, держа́ть, <на->корми́ть, люби́ть -ых.
- ***Satzbeispiele*:** Зна́ешь телепереда́чу „В ми́ре живо́тных“? Я люблю́ живо́тных. Каки́х живо́тных он де́ржит? Соба́ка – дома́шнее живо́тное. Лев – хи́щное живо́тное.

зверь → *како́й?*

- Wildes Tier, Raubtier.
- ***Kollokationen*:** зверь **како́й** (хи́щный (*Raub-*), опа́сный, пушно́й (*Pelz-*), морско́й); жизнь -е́й, охра́на -е́й, дрессиро́вка -е́й, царь -е́й, охо́та на -я; уби́ть/убива́ть -я, держа́ть -я в клё́тке; люби́ть -е́й, <про->чита́ть о -я́х, рабо́тать как ~, укроти́тель -е́й (*Tierbändiger*).
- ***Satzbeispiele*:** Я люблю́ чита́ть кни́ги о жи́зни звере́й. В на́ших леса́х живё́т мно́го звере́й. Она любу́ется зверя́ми в зоопа́рке.

Vorsicht, Fehlerquelle!

ein hohes Tier (*umgangsspr.*) → ва́жная пти́ца

Упражне́ния

1 Ordnen Sie *живо́тное* und *зверь* der jeweils richtigen Gruppe zu.

1. ________________________	2. ________________________
пушн___	дома́шн___
царь ...	млекопита́ющ___
укроти́тель ...	отко́рмочн___

2 Ersetzen Sie dort, wo das möglich ist, *живо́тное* durch *зверь.*

В зоопа́рке

- Здесь вы ви́дите ра́зных дома́шних *живо́тных* (1) на́шего регио́на.
- Интере́сно, они́ живу́т здесь, как на крестья́нской уса́дьбе. А в зоопа́рке есть и ди́кие *живо́тные* (2)?

- Конéчно. Спрáва пéред нáми нахóдится дом для хи́щных *живóтных* (3) – с ти́грами и львáми.
- Что э́то за *живóтное* (4) в клéтке?
- Э́то рысь (*Luchs*).
- Э́то опáсное *живóтное* (5)?
- Да.

3 *Живóтное* oder *зверь*? Vervollständigen Sie die Fragen.

1. Скóлько ... в э́том зоопáрке? 2. Где в зоопáрке нахóдятся мéстные домáшние ...? 3. Как пройти́ к хи́щным ...? 4. Есть в э́том зоопáрке и рéдкие ... ? 5. Каки́х ди́ких ... нýжно обязáтельно посмотрéть?

und
и, а, (мы) с

... и ... → *Konjunktion*

- Und; steht bei **Aufzählungen** oft vor dem letzten Glied, **verbindet gleichartige Satzglieder, Sätze** gleichen Grades, aufeinanderfolgende oder gleichzeitig ablaufende Handlungen.
- ***Kollokationen*:** нéбо и земля́, войнá и мир, учи́тель и учени́к, отцы́ и дéти; ýмный и вéжливый человéк; хорошó и бы́стро читáть, покупáть и продавáть, тут и там; оди́н и тóт же; и томý подóбное, и так дáлее.
- ***Satzbeispiele*:** Друг купи́л краси́вое и тёплое пальтó. Отéц и сын пошли́ на стадиóн. Онá игрáла на гитáре и пéла. Погóда былá хорóшая, и мы реши́ли пойти́ в лес.

..., а (не) **...** → *Konjunktion, Partikel*

- **1.** Verbindet wie и gleichartige Satzglieder und Sätze gleichen Grades, **drückt** in der Bedeutung „und" im Vergleich zu и meist einen **leichten Gegensatz aus**, **verbindet** in dieser Bedeutung häufig **zwei gleichartige Satzglieder**, von denen **das zweite durch не verneint** ist; **2. leitet** oftmals **Sätze und Fragen** mit „und" **ein**; in festen Verbindungen (s. Kollokationen) gebräuchlich.
- ***Kollokationen*:** а и́менно; а с другóй стороны́.
- ***Satzbeispiele*:** **1.** Там рекá, а за ней лес. Натáша ýчится в гимнáзии, а её друг в университéте. Учи́тель писáл на доскé, а ученики́ писáли в тетрáдях. Я читáю кни́гу, а не журнáл. Мы реши́ли пойти́ в кинó сегóдня, а не зáвтра. **2.** А что ты дýмаешь об э́том? А почемý ты спрáшиваешь? А как вéсело бы́ло!

мы с ... → *с кем?*
- ... **und ich**; stets in Verbindung **mit Personenbezeichnungen**.
- ***Kollokationen*:** мы с **кем** (с бра́том, с Ива́ном, с ней, с ни́ми).
- ***Satzbeispiele*:** Мы с сестро́й у́чимся в одно́й гимна́зии. Мы с тобо́й должны́ ему́ помо́чь. Мы с ним друзья́.

Упражне́ния

(A) 1 *A* oder *u*? Setzen Sie richtig ein.

1a Обы́чно я ухожу́ на рабо́ту в 7 часо́в, ... возвраща́юсь домо́й в 16 часо́в.
1b Сего́дня я иду́ на рабо́ту по́зже, ... уже́ в 15 часо́в бу́ду до́ма.
2a Вчера́ у меня́ в гостя́х бы́ли моя́ сестра́ ... мои́ шко́льные друзья́.
2b Вчера́ у меня́ в гостя́х была́ моя́ сестра́, ... сего́дня приду́т мои́ шко́льные друзья́.
3a Весь день друзья́ гуля́ли по Москве́, ... ве́чером пошли́ в кино́.
3b Весь день они́ гуля́ли по Москве́ ... ве́чером уста́ли от ходьбы́.
4a Мои́ друзья́ осмотре́ли Кремль, ГУМ, Арба́т ... Третьяко́вку.
4b Они́ осма́тривали Третьяко́вку, ... не Оруже́йную пала́ту.
5a Мари́на купи́ла в кио́ске пла́н го́рода, матрёшку ... откры́тки.
5b Она́ купи́ла план го́рода в магази́не, ... не в кио́ске.

2 Verbinden Sie die Einzelsätze durch *a* oder *u*.

1. Прошло́ не́сколько лет. Я сно́ва прие́хал в Санкт-Петербу́рг.
2. Снача́ла я пое́хал в гости́ницу. Пото́м я позвони́л мои́м знако́мым.
3. Пого́да была́ прекра́сная. Я реши́л прогуля́ться по Не́вскому проспе́кту.
4. Днём я рабо́тал. Ве́чером я ходи́л в теа́тр.
5. Мои́ знако́мые ходи́ли со мно́й в Эрмита́ж. Я пригласи́л их на конце́рт.

(B) 3 Sagen Sie Ihrem russischen Gesprächspartner, dass ...

– Sie und Ihre Freunde ihn zu sich einladen.
– Sie zuerst zu Abend essen und danach ins Konzert gehen werden.

– Sie sich bei Ihnen zu Hause treffen werden und nicht im Restaurant.
– Ihre Schwester, Ihr Bruder und Ihre Freunde sich freuen, ihn zu sehen.
– Ihre Schwester an der Universität und Ihr Bruder an einem Technikum studieren.
– das Konzert schon um 20.00 Uhr beginnt und nicht um 22.00 Uhr.

unter
под, сре́ди, при

под (*Präposition*) → *где? куда́?*

- **1.** Verweist auf vertikal tiefere bzw. verdeckte **Lage**, in Verbindung mit dem Instrumental; **2. Richtungsangabe auf** einen vertikal **tiefer gelegenen oder verdeckten Raum**, in Verbindung mit dem Akkusativ; **3.** verweist auf ein **Unterstellungsverhältnis**, auf **Begleitumstände** oder **Bedingungen**, hier in übertragener Bedeutung gebraucht, in Verbindung mit dem Instrumental.
- ***Kollokationen*: 1.** под **где** (под столо́м, под сту́лом, под водо́й); **2.** ~ **куда́** (под стол, под стул); <по->ста́вить, положи́ть/класть ~ крова́ть, лечь/ложи́ться ~ одея́ло; **3.** под чужо́й фами́лией, под впечатле́нием собы́тий.
- ***Satzbeispiele*: 1.** Чемода́н нахо́дится под крова́тью. Мы стои́м под де́ревом. Соба́ка сиди́т под столо́м. **2.** Положи́те чемода́н под крова́ть. Вста́ньте под де́рево. **3.** Кни́га вы́шла под други́м назва́нием. Кора́бль пла́вает под росси́йским фла́гом. На́ше предприя́тие рабо́тает под руково́дством америка́нского ме́неджера.

среди́ (*Präposition*) → *кого́? чего́?*

- Unter, zwischen, verweist auf die Tätigkeit inmitten einer Gruppe von Personen oder die Zugehörigkeit zu einer Gruppe von Personen bzw. Gegenständen.
- ***Kollokationen*:** среди́ **кого́** (~ одноклáссников, ~ студе́нтов); ~ **чего́** (~ книг, ~ почто́вых ма́рок); находи́ться ~ госте́й.
- ***Satzbeispiele*:** Среди́ пассажи́ров был врач. Среди́ его́ моне́т име́ются о́чень ре́дкие. Среди́ студе́нтов мно́го спортсме́нов. Рабо́та среди́ молодёжи интере́сна.

при (*Präposition*) → *ком? когда́? при каки́х обстоя́тельствах?*

- Unter jemandem; verweist auf ein zeitlich begrenztes Unterstellungsverhältnis, z.B. unter ein Regime, eine Dynastie, einen Monarchen.
- ***Kollokationen*: при ком** (~ царе́, ~ Петре́ Пе́рвом, ~ Рома́новых, ~ Ле́нине); ~ **когда́/при каки́х обстоя́тельствах?** (~ цари́зме, ~ сове́тской вла́сти).
- ***Satzbeispiele*:** При Петре́ Пе́рвом был постро́ен Санкт-Петербу́рг. При Рома́новых Росси́я ста́ла вели́кой держа́вой.

Vorsicht, Fehlerquelle!

Kinder unter 6 Jahren	→	де́ти до шести́ лет
unter dem Gefrierpunkt	→	ни́же нуля́
wir sind hier unter uns	→	мы здесь одни́
unter einer bestimmten Adresse (Nummer)	→	по како́му-н. а́дресу (но́меру)
unter hundert Mark	→	ме́ньше ста ма́рок

Упражне́ния

(A) 1 *Под* oder *среди́*? Unterstreichen Sie die richtige Variante.

Новосе́лье

На моё новосе́лье пришли́ все. *Под мои́ми гостя́ми/Среди́ мои́х госте́й* (1) бы́ли и все мои́ колле́ги. Так как стоя́ла прекра́сная пого́да, все хоте́ли сиде́ть за столо́м *под откры́тым не́бом/при откры́том не́бе* (2). *Под руково́дством/Среди́ руково́дства* (3) моей подру́ги Та́ни я пригото́вил вку́сные блю́да. Все они́ бы́ли на столе́, *под ни́ми/среди́ них* (4) ра́зные сала́ты и напи́тки. Вдруг я заме́тил, что нигде́ не́ было ви́дно Ла́йки, мое́й соба́чки. Я на́чал иска́ть её. Как я был рад, когда́ нашёл Ла́йку. Она́ ти́хо сиде́ла *под столо́м/среди́ стола́* (5). Всем бы́ло ве́село.

(B) 2 Ordnen Sie *под, при* und *среди́* der jeweils richtigen Gruppe zu.

1. ______________	2. ______________	3. ______________
Ива́не Гро́зном	автомаши́ной	спортсме́нов
Екатери́не II	мосто́м	поли́тиков
Ста́лине	до́мом	шко́льников

3 *Под, при* oder *среди́*? Setzen Sie die jeweils richtige Präposition ein.

... Горбачёв___ (1) начала́сь перестро́йка обще́ственной жи́зни в Росси́и. ... ру́сск___ (2) бы́ли мно́гие, кото́рые подде́рживали рефо́рмы. Они́ боро́лись ... ло́зунг___ (3) „обновле́ния" социали́зма за свобо́ду и демокра́тию в Росси́и. В 1987 году́ была́ со́здана коми́ссия по реабилита́ции жертв (*Opfer*) полити́ческих репре́ссий. За три го́да рабо́ты бы́ли пересмо́трены все сфальсифици́рованные (*gefälschte*) ... (4) Ста́лин___ полити́ческие проце́ссы 30-ых годо́в, реабилити́рованы мно́гие лю́ди, ... (5) ни___ и кру́пные де́ятели сове́тской вла́сти: Н. Буха́рин, Г. Зино́вьев, А. Ры́ков. Кри́тика сталини́зма и борьба́ про́тив его́ после́дствий не оста́вила равноду́шными сторо́нников Ста́лина. В ма́рте 1988 го́да в газе́те „Сове́тская Росси́я" бы́ло опублико́вано письмо́ преподава́тельницы из Ленингра́да Ни́ны Андре́евой ... (6) заголо́вк___ „Не могу́ поступи́ться при́нципами („*Ich kann meine Prinzipien nicht aufgeben*"). Э́то выраже́ние ста́ло крыла́тым (*geflügelt*) и употребля́ется ирони́чески.

sich unterhalten
разгова́ривать, <по->бесе́довать, развле́чься/развлека́ться

разгова́ривать (e) (*uv*) → *с кем? о ком? о чём? как?*

- Sich unterhalten, mit jemandem plaudern, ein **inoffizielles, ungezwungenes, vertrauliches** Gespräch zum gegenseitigen Informations- und Meinungsaustausch, oft auch zu belanglosen Themen führen; vgl. разгово́р.
- ***Kollokationen*:** разгова́ривать **с кем** (с дру́гом, с роди́телями); ~ **о ком** (об учи́теле, о гостя́х); ~ **о чём** (о пого́де, о литерату́ре); ~ **на како́м языке́** (на англи́йском языке́, на францу́зском языке́); ~ **как** (гро́мко, ти́хо, по-ру́сски).
- ***Satzbeispiele*:** Они́ разгова́ривают о шко́ле. Ве́ра разгова́ривает с Ни́ной о но́вом ученике́. Они́ разгова́ривают ти́хо. С кем ты сейча́с разгова́ривал?

<по->бесе́довать (e) → *с кем? о ком? о чём? как?*

- Sich unterhalten, mit jemandem ein (offizielles) längeres Gespräch, eine Aussprache, ein **Interview**, eine Diskussion führen, Meinungen austauschen. Gespräch **offiziellen** oder auch persönlichen **Charakters** zu bestimmten Themen; weitgehend synonym mit разгова́ривать; im Vergleich damit häufig inhaltsreicher, tiefgründiger; vgl. бесе́да.

- ***Kollokationen*****:** бесе́довать **с кем** (с колле́гами, со знако́мым, с главо́й делега́ции); ~ **о ком** (о ма́стере, о худо́жнике); ~ **о чём** (о воспита́нии дете́й, о но́вом фи́льме); ~ **как** (ти́хо, до́лго, непринуждённо).
- ***Satzbeispiele*****:** Друзья́ до́лго бесе́довали о рабо́те. Они́ шли и о чём-то ти́хо бесе́довали. Мы побесе́довали об о́бщих знако́мых. Они́ бесе́довали о тво́рчестве Булга́кова.

развле́чься/разлека́ться (е) → *с кем? где? как? каки́м о́бразом?*

- Sich angenehm und unbeschwert unterhalten, amüsieren, zerstreuen, vergnügen.
- ***Kollokationen*****:** развле́чься/развлека́ться **с кем** (с друзья́ми, с гостя́ми); ~ **где** (в теа́тре, в ци́рке); ~ **как(и́м о́бразом)** (му́зыкой, игро́й и та́нцами).
- ***Satzbeispiele*****:** Мне хо́чется развле́чься с тобо́й на дискоте́ке. По́сле тру́дного дня ка́ждому хо́чется развле́чься.

Упражне́ния

(A) 1 *<По->бесе́довать* oder *разгова́ривать*? Setzen Sie richtig ein.

- Ле́на, у меня́ есть ещё не́сколько вопро́сов по фи́зике, кото́рые я хоте́ла бы обсуди́ть с тобо́й. Дава́й зайдём в аудито́рию 3. Там никого́ нет и мо́жно споко́йно ... (1).
- Но, по-мо́ему, там кто́-то есть. Ты не слы́шишь, там кто́-то ти́хо ... (2)?

- О чём вы так до́лго ... (3) с журнали́стом?
- Мы ... (4) о пробле́мах молодёжи.

(B) 2 Ergänzen und beantworten Sie die Fragen. Achten Sie dabei auf die richtige Verwendung von *<по->бесе́довать, развле́чься/развлека́ться* und *разгова́ривать.*

- Ле́на, где ты вчера́ была́?
- Мы с И́горем ходи́ли на дискоте́ку, ... (1). Там мы встре́тили О́льгу.
- Как у неё дела́? Она́ уже́ получи́ла води́тельские права́?
- Не зна́ю, я ма́ло с ней ... (2).
- Зо́я, по́сле экза́менов мы организу́ем вечери́нку. Приходи́, ... (3). Кста́ти (*übrigens*), и Сла́ва бу́дет, че́рез неде́лю он уезжа́ет.
- Обяза́тельно приду́. Я люблю́ ... (4) с твои́м бра́том об иску́сстве.

vor
пéред, до, (томý) назáд, от

пéред(о) (*Präposition*) → *пéред кем? пéред чем? где? когдá?*

- Verweist **1.** auf eine Person, einen Gegenstand oder **Ort**, **vor** dem sich jemand befindet, etwas geschieht;
  Gegensatz: за;
  2. auf eine Handlung, ein Geschehnis, das **zeitlich unmittelbar vor** einem anderen liegt;
  Gegensatz: пóсле;
  3. auf ein **Verhältnis** gegenüber einem Personenkreis, einer Erscheinung, hier im **übertragenen** Sinn gebraucht.
- ***Kollokationen*: 1.** пéред(о) **кем (где)** (~ брáтом, ~ Ири́ной); ~ **чем (где)** (~ дóмом, ~ вхóдом в теáтр); стоя́ть ~ зéркалом; **2. ~ когдá** (~ экзáменом, ~ едóй, ~ выступлéнием); **3. ~ кем** (~ мáтерью, ~ дéдушкой, ~ зри́телями); ~ **чем** (~ прáвдой, ~ проблéмами); вы́полнить долг ~ Рóдиной; выступлéние ~ аудитóрией.
- ***Satzbeispiele*: 1.** Онá дóлго стоя́ла пéред э́той карти́ной. Пéред пóчтой нахóдится большáя плóщадь. **2.** Я люблю́ гуля́ть пéред сном. Пéред сáмой войнóй мы жи́ли в Берли́не. **3.** Ивáну сты́дно пéред друзья́ми. Мы постáвили егó пéред вы́бором: провести́ лéто на дáче и́ли поéхать в гóсти к тёте.

до (*Präposition*) → *до чегó? когдá?*

- Weist auf eine Handlung, ein Ereignis hin, das **zeitlich vor** einem anderen stattfindet;
  Gegensatz: пóсле.
- ***Kollokationen*:** до **чегó/когдá** (до у́жина, до войны́); войти́ в зал до звонкá; принимáть лекáрство за час до еды́.
- ***Satzbeispiele*:** Ещё до Октя́брьской револю́ции они́ эмигри́ровали в Гермáнию. Мы собрали́сь за пять мину́т до начáла лéкции. Э́то бы́ло зá день до нáшего приéзда.

(томý) назáд (*Adverb*) → *когдá?*

- Verweist auf einen **zurückliegenden Zeitraum**, der zwischen Geschehen und Gegenwart liegt, Verwendung der **Zeitangabe** jeweils im **Akkusativ**;
  Gegensatz: чéрез.
- ***Kollokationen*:** (томý) назáд **когдá** (дéсять мину́т ~, недéлю ~, мéсяц ~).
- ***Satzbeispiele*:** Мы бы́ли здесь год томý назáд. Он ушёл час назáд. Мы приéхали однý недéлю томý назáд.

от (*Präposition*) → *от чегó? почемý?*

- Verweist auf den **Grund**, das **Motiv einer Handlung**.
- ***Kollokationen*****:** от **чегó (почемý)** (петь от рáдости, плáкать от гóря).
- ***Satzbeispiele*****:** Он аплоди́рует от востóрга. Онá кричáла от бóли. Экзаменýющийся не сказáл ни слóва от волнéния.

Vorsicht, Fehlerquelle!

fünf vor zwei → без пяти́ два
vor Zeugen → при свидéтелях
vor allem → прéжде всегó

Упражнéния

(A) 1 *До* oder *пéред*? Setzen Sie richtig ein.

1. ... Рождеств___ у меня́ всегдá мáло врéмени. 2. В э́том годý я купи́ла подáрки за три дня ... прáздник___. 3. ... прáздник___ мы украшáем кварти́ру, пи́шем поздравлéния, готóвим пирóг. 4. Ёлку мы стáвим непосрéдственно ... Рождеств___. 5. Обы́чно мы покупáем её за день ... Сочéльник___ у знакóмого лесникá.

2 *До* oder *пéред*? Äußern Sie das Gegenteil von dem Gesagten.

1. Петрóвы переселя́лись в Москвý *пóсле* окончáния войны́.
2. Их дом нахóдится на ýлице *за* пáмятником Пýшкину.
3. Ири́на Петрóва родилáсь в годý *пóсле* полёта Гагáрина в кóсмос.
4. Онá вы́шла зáмуж за Кóлю за день *пóсле* окончáния инститýта.
5. В прóшлом годý *пóсле* Пáсхи они́ переселя́лись в нóвый дом.

(B) 3 Ordnen Sie die Präpositionen nach ihrer Bedeutung und Rektion.

	Ort	Zeit	Grund
G. D. A. I. P.			

4 Setzen Sie vor die folgenden Wörter nach Möglichkeit ein passendes Verb sowie *до, наза́д, от* oder *пе́ред* und bilden Sie damit Sätze.

год, гости́ница, откры́тие вы́ставки, рефера́т, волне́ние, аудито́рия, нача́ло диску́ссии, ра́дость, пять лет.

5 *До, (тому́) наза́д, от* oder *пе́ред*? Ergänzen Sie die im Brief unleserlichen Stellen.

Дорога́я Та́ня,
два дня ... (1) я получи́л твоё письмо́. Большо́е спаси́бо! ... (2) ра́дост___ я чуть не пла́кал. Как до́лго мы не слы́шали друг о дру́ге! После́дний раз мы ви́делись ... (3) мо___ переє́зд___ в Санкт-Петербу́рг. А э́то уже́ бы́ло шесть лет ... (4). Спаси́бо за приглаше́ние. Я обяза́тельно прие́ду на встре́чу. Я о́чень рад, что мы встре́тимся за неде́лю ... (5) Тро́иц___.
Ты пи́шешь, что мы встре́тимся в гости́нице „Евро́па". Ты име́ешь в виду́ гости́ницу ... (6) вокза́л___, кото́рая ... (7) перестро́йк___называ́лась „Со́лнечная"? До встре́чи!

Бо́ря

wählen
вы́брать/выбира́ть, избра́ть/избира́ть, набра́ть/набира́ть

вы́брать/выбира́ть (е) → *кого́? кем? что? что кому́? что для кого́? что для чего́? что из чего́? куда́?* (*neutral*)

- **1. Gegenstand, Ort auswählen**, die Wahl zwischen mehreren Möglichkeiten treffen; **2. Personen als Partner** oder etwas, hier vornehmlich **Abstrakta**, **auswählen**; **3. jemanden** durch **Abstimmen wählen**.
- ***Kollokationen*: 1.** вы́брать/выбира́ть **что** (костю́м, кни́гу, пла́тье, ме́сто, лы́жи, блю́до); ~ **что кому́** (себе́ пла́тье, ма́льчику футбо́льный мяч); ~ **что для кого́** (пода́рок для юбиля́ра, коньки́ для сы́на); ~ **что для чего́** (кни́гу для чте́ния, шкаф для посу́ды); ~ **что из чего́** (кни́гу из библиоте́ки, ма́рки из колле́кции); **2.** ~ **кого́** (жениха́, неве́сту, колле́гу); ~ **что** (путь, де́ло, специа́льность, профе́ссию, друго́й ме́тод); **3.** ~ **кого́** (президе́нта, делега́тов); ~ [кого́] **кем** (президе́нтом, председа́телем собра́ния); ~ **что** (Ду́му, прези́диум); ~ [кого́] **куда́** (на конгре́сс, в парла́мент).

- ***Satzbeispiele*: 1.** Вы мо́жете вы́брать себе́ любу́ю кни́гу. Вы́бери, пожа́луйста, мне компью́тер, я пло́хо в них разбира́юсь. На второ́е мы вы́брали котле́ты. **2.** Гид вы́брал для похо́да интере́сный маршру́т. Они́ вы́брали для себя́ прести́жные профе́ссии. Он вы́брал себе́ в жёны са́мую хоро́шую и до́брую де́вушку. **3.** Ду́ма выбира́ет своего́ председа́теля. Росси́йский наро́д вы́брал Е́льцина свои́м пе́рвым президе́нтом. Мы вы́брали на́шего делега́та на конфере́нцию.

избра́ть/избира́ть (е) → *кого́? кого́ кем? кого́ куда́? что? что чем?* (*buchspr.; offiziell*)

- **1. Jemanden** oder **etwas** durch Abstimmen wählen, in dieser Bedeutung in Bezug auf Personen weitgehend synonym mit вы́брать/выбира́ть (3.); **2. Personen** (**Partner**) oder **Abstrakta** auswählen, erwählen; in dieser Bedeutung bedeutungsähnlich mit вы́брать/выбира́ть (2.).
- ***Kollokationen*: 1.** избра́ть/избира́ть **кого́ кем** (учи́теля депута́том, писа́теля председа́телем коми́ссии по права́м челове́ка); ~ **кого́ куда́** (инжене́ра в депута́ты, врача́ в Ду́му); ~ **что** (прези́диум, Ду́му, комите́т); пра́во избира́ть и быть и́збранным; **2.** ~ **кого́** (жениха́, неве́сту, колле́гу); ~ **что** (путь, де́ло, специа́льность); ~ **что чем** (хирурги́ю своéй специа́льностью, му́зыку свое́й те́мой).
- ***Satzbeispiele*: 1.** На собра́нии мы избра́ли председа́теля организа́ции. Его́ ну́жно избра́ть депута́том в Ду́му. **2.** Она́ избрала́ пра́во свое́й специа́льностью. Роди́телей всегда́ волну́ет вопро́с о том, како́й путь в жи́зни изберу́т их де́ти.

набра́ть/набира́ть (е) → *что?*

- Eine **Telefonnummer** wählen.
- ***Kollokationen*:** набра́ть/набира́ть **что** (но́мер телефо́на).
- ***Satzbeispiele*:** Она́ бы́стро набрала́ но́мер „Ско́рой по́мощи“.

Упражне́ния

(A) 1 *Вы́брать/выбира́ть* oder *избра́ть/избира́ть*? Schreiben Sie die jeweils richtige Variante heraus. Falls beide Varianten möglich sind, begründen Sie es.

Из интервью́ с дека́ном юриди́ческого факульте́та

– Почему́ сего́дня мно́гие молоды́е лю́ди *выбира́ют/избира́ют* (1) профе́ссию юри́ста?

- Лю́ди, кото́рые *выбира́ют/избира́ют* (2) э́ту специа́льность, получа́ют высо́кое и стаби́льное положе́ние в о́бществе.
- Каку́ю специа́льность *выбира́ет/избира́ет* (3) бо́льшая часть студе́нтов?
- Мно́гие *выбира́ют/избира́ют* (4) специа́льность, свя́занную с рабо́той в фи́рмах, в о́рганах юсти́ции.
- По каки́м учё́бникам рабо́тают ва́ши студе́нты?
- Мы *выбира́ем/избира́ем* (5) учё́бные посо́бия, кото́рые в содержа́тельном отноше́нии отвеча́ют тре́бованиям и запро́сам ры́нка на на́ших специали́стов.

(B) 2 *Вы́брать/выбира́ть, избра́ть/избира́ть* oder *набра́ть/набира́ть*? Setzen Sie das richtige Verb in der erforderlichen Form ein.

- Ле́на, не смогла́ бы ты пойти́ со мно́й в магази́н и помо́чь мне ... (1) ба́льное пла́тье.
- Коне́чно, я помогу́ тебе́. О́ля, представля́ешь, уже́ не́сколько раз я пыта́юсь позвони́ть Зо́е, но ка́ждый раз слы́шу металли́ческий го́лос: „Вы непра́вильно ... (2) но́мер".
- А како́й но́мер ты ... (3)?
- 3912-21-65-45.
- Ле́на, что́бы позвони́ть в друго́й го́род, снача́ла на́до ... (4) ци́фру „8" и дожда́ться гудка́ (*Freizeichen*), а пото́м, че́рез 5 секу́нд - код го́рода и но́мер вызыва́емого телефо́на.
- Всё я́сно, сейча́с же позвоню́ Зо́е и узна́ю, каку́ю специа́льность она́ ... (5).
- Ле́на, спроси́, пожа́луйста, Зо́ю, кого́ ... (6) губерна́тором (*Gouverneur*) в их кра́е.
- Час наза́д по ра́дио официа́льно объяви́ли, что наро́д ... (7) им ре́ктора Красноя́рского университе́та.

warum
почему́, заче́м

почему́ → *Frageadverb, Konjunktion*

- Warum, weshalb, wieso, aus welchem **Grunde**.
- ***Satzbeispiele*:** Почему́ она́ не пи́шет? Почему́ ты гру́стный? Почему́ вы молчи́те? Я не понима́ю, почему́ она́ не согла́сна. Я не зна́ю, почему́ он не пришё́л. Объясни́ мне, почему́ ты так поступи́л.

зачéм → *Frageadverb, Konjunktion*

- Wozu, zu welchem **Zweck**, wofür, mit welchem Ziel, warum; wird vorwiegend verwendet, wenn man in der Antwort einen Hinweis auf ein konkretes Handlungsziel erwartet.
- ***Satzbeispiele*:** Зачéм он звони́л вам? Зачéм ты позвáла меня́? Зачéм вы э́то сдéлали? Я знáю, зачéм он приходи́л.

Упражнéния

1 Ersetzen Sie überall dort, wo das möglich ist, *почемý* durch *зачéм.*

1. – *Почемý* (1) вы éдете в Санкт-Петербýрг?
   – Я хочý учи́ться там оди́н год в университéте.
   – *Почемý* (2) вы не ýчитесь в немéцком университéте?
   – Я изучáю рýсский язы́к в Грáйфсвальде, а тепéрь хочý познакóмиться с рýсской культýрой.
2. – *Почемý* (3) мнóгие рýсские шкóльники в свобóдное врéмя мóют маши́ны и́ли торгýют рáзными вещáми?
   – Потомý что они́ хотя́т имéть свои́ дéньги, чтóбы ходи́ть в кинó, покупáть мóдную одéжду.
3. – *Почемý* (4) мнóгие рýсские суевéрны (*abergläubisch*)?
   – Трýдно сказáть. Мóжет быть, э́то свя́зано с их вéрой в судьбý.

2 Setzen Sie das jeweils passende Frageadverb ein.

1. – ... ты не придёшь на вечери́нку?
   – Мне нáдо готóвиться к контрóльной рабóте по хи́мии.
2. – ... тебé нужны́ дéньги?
   – Я хочý купи́ть плéйер.
3. – Олéг, приходи́ зáвтра ко мне. Послýшаем нóвые компáкт-ди́ски.
   – Зáвтра не могý.
   – Óчень жаль, а ...?
   – Зáвтра у меня́ трениρóвка.
4. – ... ты подрабáтываешь три рáза в недéлю?
   – Мне нужны́ дéньги, чтóбы поéхать лéтом на Кавкáз.

3 Fragen Sie nach den hervorgehobenen Satzteilen.

1. Зáвтра Áнтье лети́т в Москвý, *потомý что онá бýдет проходи́ть прáктику в росси́йской нотариáльной контóре* (*Notariatskanzlei*). 2. Áнтье реши́ла проходи́ть прáктику в Росси́и, *потомý что онá лю́бит рýсский язы́к и рýсскую культýру.* 3. Там

онá бýдет четы́ре недéли, *чтóбы познакóмиться с систéмой россúйского прáва и совершéнствовать свои́ знáния по рýсскому языкý*. 4. В аэропортý её встрéтит Вади́м, сын знакóмого нотáриуса, *чтóбы вмéсте с Áнтье поéхать к егó бáбушке, у котóрой онá остановится*. 5. Вéчером онá встрéтится с роди́телями Вади́ма, *чтóбы обсуди́ть план рабóты*. 6. Для Áнтье э́та прáктика óчень вáжна, *потомý что её осóбенно интересýет сравни́тельное правовéдение* (*vergleichende Rechtswissenschaft*).

Werk
произведéние, твóрчество

произведéние → *чьё? когó? чегó? какóе?*

- Künstlerisches oder wissenschaftliches Werk, Schaffensprodukt.
- ***Kollokationen*:** произведéние **чьё/когó** (молодóго áвтора, извéстного худóжника, рýсского учёного); ~ **чегó** (литератýры, искýсства); ~ **какóе** (худóжественное, музыкáльное, наýчное); содержáние -я; создáть/создавáть ~; <по->знакóмиться с -ем писáтеля; <про->читáть ~.
- ***Satzbeispiele*:** Над э́тим произведéнием писáтель рабóтал мнóго лет. Э́то произведéние Бáха мне осóбенно нрáвится.

твóрчество → *чьё? когó? какóе?*

- Werk(e), Lebenswerk, Gesamtschaffen eines Menschen.
- ***Kollokationen*:** твóрчество **чьё/когó** (Пýшкина, компози́тора); ~ **какóе** (литератýрное, худóжественное, наýчное, техни́ческое); изучáть ~ Ши́ллера; <по->знакóмиться с -ом рýсских худóжников.
- ***Satzbeispiele*:** Сейчáс на урóках литератýры мы занимáемся твóрчеством Гóголя.

Упражнéния

1 *Произведéние* oder *твóрчество*? Schreiben Sie die jeweils richtige Variante heraus.

– Рáльф, давáй пойдём в теáтр на пьéсу „Три сёстры́“.
– Э́то *произведéние/твóрчество* (1) Чéхова?
– Совершéнно вéрно!
– С удовóльствием пойдý. Мне нрáвится, что в цéнтре вни-

ма́ния *произведе́ний/тво́рчества* (2) Че́хова нахо́дится прос-то́й челове́к.
- Я ви́жу, ты уже́ мно́го занима́лся *произведе́ниями/тво́рчеством* (3) э́того ру́сского писа́теля. А ты зна́ешь, что Че́хов начина́л своё писа́тельское *произведе́ние/тво́рчество* (4) как а́втор фельето́нов и коро́тких юмористи́ческих расска́зов?
- Нет, об э́том я не знал.

2 *Произведе́ние* oder *тво́рчество*? Setzen Sie das sinngemäß passende Substantiv in der erforderlichen Form ein.

- Что бу́дем де́лать в суббо́ту? Что тебя́ интересу́ет?
- Я бы сходи́ла в карти́нную галере́ю. Мо́жно там посмо-тре́ть ... (1) ме́стных худо́жников?
- Да, мо́жно. А ещё там есть специа́льная вы́ставка, кото́-рая знако́мит посети́телей с ... (2) моего́ люби́мого живо-пи́сца Ка́спара Да́вида Фри́дриха. Мо́жет быть, ты ви́дела его́ изве́стное ... (3) „Времена́ го́да“?
- У меня́ да́же есть репроду́кция с э́той карти́ны. Я с удо-во́льствием побо́льше узна́ла бы о ... (4) э́того худо́жника.

3 *Произведе́ние* oder *тво́рчество*? Fragen Sie Ihren russischen Gast,

- ob es im Angebot auch CD’s mit den Werken Tschaikowskis gibt (1).
- ob er Tschaikowskis Werk „Capriccio Italien“ kennt (2).
- welche Literatur er empfehlen würde, um mehr über das Leben und Werk dieses russischen Komponisten erfahren zu können (3).
- welches Werk Tschaikowskis er für das beste hält (4).

Wettbewerb
соревнова́ние, ко́нкурс, конкуре́нция

соревнова́ние (-я) → *кого́? ме́жду кем? чего́? в чём? на что? по чему́? како́е? (каки́е?)*

- **Sportlicher Wettstreit**, meistens im Plural gebräuchlich.
- ***Kollokationen*:** соревнова́ния **кого́** (футболи́стов, легкоат-ле́тов); ~ **ме́жду кем** (ме́жду кома́ндами, ме́жду фигури́ста-ми); ~ **чего́** (школ, спорти́вных о́бществ, ву́зов); ~ **на что** (на пе́рвенство страны́, на пе́рвенство ми́ра); ~ **по чему́** (по волейбо́лу, по лы́жам); ~ **каки́е** (спорти́вные, городски́е); стать победи́телем -я, уча́ствовать в -ии, уча́стники -й, победи́тели -й; гото́виться к -ям, вы́ступить/выступа́ть на -ях.

- ***Satzbeispiele*:** В междунаро́дных соревнова́ниях по футбо́лу бу́дут уча́ствовать две кома́нды из Герма́нии. Ре́ктор вручи́л призы́ победи́телям соревнова́ний по волейбо́лу.

ко́нкурс → *чей? кого́? на что? чего́? како́й?*
- Wettbewerb, Leistungsvergleich in **Kunst**, **Wissenschaft** und **Technik**.
- ***Kollokationen*:** ко́нкурс **чей/кого́** (пиани́стов, архите́кторов); ~ **чего́** (красоты́, прое́ктов); ~ **на что** (на лу́чший фильм, на лу́чший прое́кт); ~ **како́й** (национа́льный, междунаро́дный); лауреа́т -а; объяви́ть/объявля́ть ~; уча́ствовать в -е; победи́ть/ побежда́ть на -е.
- ***Satzbeispiele*:** Ко́нкурс красоты́ прово́дится ежего́дно. Кто победи́л на Междунаро́дном ко́нкурсе музыка́нтов-исполни́телей и́мени Чайко́вского в Москве́?

конкуре́нция → *ме́жду кем? за что? в чём? кака́я?*
- Konkurrenz, Wettbewerb um Profite und Absatzmärkte in der **Wirtschaft**; hier nur im Singular gebräuchlich.
- ***Kollokationen*:** конкуре́нция **ме́жду кем** (ме́жду предпринима́телями, ме́жду това́ропроизводи́телями, ме́жду фи́рмами, ме́жду конце́рнами); ~ **за что** (за исто́чники сырья́, за максима́льную при́быль, за наибо́лее вы́годные сфе́ры капита́ловложе́ния (*lohnende Investition*), за ры́нки сбы́та (*Absatzmärkte*)); ~ **в чём** (в труде́, в борьбе́ за рабо́чее ме́сто, в ма́ркетинге); ~ **кака́я** (экономи́ческая, торго́вая, ры́ночная, свобо́дная, о́страя, междунаро́дная); ~ на компью́терном ры́нке; вступи́ть в -ию; устрани́ть -ию (*ausschalten*); препя́тствовать -ии (*behindern*); ограни́чить -ию; стимули́рование -ии (*Wettbewerbsförderung*); уще́рб от -ии (*Wettbewerbsnachteil*); запре́т на -ию (*Wettbewerbsverbot*); соглаше́ние о -ии (*Wettbewerbsvereinbarung*); вы́годы -ии (*Wettbewerbsvorteil*); активиза́ция -ии.
- ***Satzbeispiele*:** На́ше предприя́тие не бои́тся конкуре́нции. На миров́ом ры́нке ведётся жесто́кая конкуре́нция ме́жду больши́ми предприя́тиями э́той о́трасли.

Упражне́ния

(A) 1 Bezeichnen Sie die Wettbewerbe durch ein Bestimmungswort näher. Verwenden Sie dazu die vorgegebenen Wörter.

конькобе́жцев, красоты́, на ку́бок шко́лы, на лу́чший сцена́рий, по волейбо́лу, скрипаче́й, фигури́стов, музыка́нтов-исполни́телей и́мени Чайко́вского, ю́ных тала́нтов.

2 *Ко́нкурс* oder *соревнова́ние*? Setzen Sie das richtige Substantiv in der erforderlichen Form ein.

Спартакиа́да шко́льников

По тради́ции ежего́дно в на́шей гимна́зии прово́дится спартакиа́да, т.е. ма́ссовые ... (1) по разли́чным ви́дам спо́рта. Мои́ одноклáссники интенси́вно гото́вятся к э́тим ... (2). Мой друг хоро́ший плове́ц. У него́ есть хоро́шие ша́нсы на побе́ду в ... (3) по пла́ванию. Я же в э́том году́ не бу́ду уча́ствовать в ... (4). Я бу́ду уча́ствовать в ... (5) музыка́нтов-исполни́телей. Победи́тели э́того ... (6) полу́чат призы́.

3 Notieren Sie zu den Zeichnungen passende Unterschriften.

(B) 4 Ordnen Sie *конкуре́нция, ко́нкурс* und *соревнова́ние* der jeweils richtigen Gruppe zu.

1. ______________	2. ______________	3. ______________
певцо́в	зарубе́жных фирм	по футбо́лу
музыка́нтов	монопо́лий	по лёгкой атле́тике
изобрета́телей	ра́зных предприя́тий	по фигу́рному ката́нию

5 Wie müssen die Schlagzeilen lauten? Schreiben Sie die jeweils richtige Variante heraus und begründen Sie Ihre Entscheidung.

1. *Соревнова́ние/Ко́нкурс/Конкуре́нция* красоты́ „Мисс Москва́“
2. *Соревнова́ния/Ко́нкурс/Конкуре́нция* по пла́ванию
3. Активиза́ция *соревнова́ния/ко́нкурса/конкуре́нции* на компью́терном ры́нке
4. *Соревнова́ние/Ко́нкурс/Конкуре́нция* на лу́чший прое́кт „Шко́ла бу́дущего“
5. *Соревнова́ния/Ко́нкурс/Конкуре́нция* по разли́чным ви́дам спо́рта
6. Банкро́тство ме́лких фирм в результа́те *ко́нкуре́нции/ко́нкурса/соревнова́ния* с кру́пными хозя́йствами

wirtschaftlich
эко́номи́ческий, хозя́йственный, экономи́чный, эконо́мный

экономи́ческий, -ая, -ое, -ые → *что?*
- **1.** Wirtschaftlich, **Wirtschafts-,** bezogen auf die **Wirtschaft eines Landes**; **2. wirtschaftswissenschaftlich**; 1. und 2. nur in der Langform gebräuchlich.
- ***Kollokationen*: 1.** экономи́ческий **что** (строй, рост, кри́зис, -ая поли́тика, -ое сотру́дничество; -ие рефо́рмы); **2. ~ что** (институ́т, журна́л, -ая тео́рия).
- ***Satzbeispiele*: 1.** Мно́гих ру́сских беспоко́ит экономи́ческое разви́тие Росси́и. Страна́ нахо́дится в сло́жном экономи́ческом положе́нии. **2.** Он у́чится на экономи́ческом факульте́те университе́та. Он расширя́ет свои́ экономи́ческие зна́ния.

хозя́йственный, -ая, -ое, -ые; хозя́йствен(ен), -нна, -нно, -нны → *кто? что?*
- **1.** Wirtschaftlich, **Wirtschafts-,** ökonomisch in Bezug auf die **Wirtschaftsführung**; weitgehend synonym mit экономи́чный; **2.** in Bezug auf eine **Person**, die **wirtschaftlich**, kostengünstig **denkt**; hier auch in der Kurzform sowie im Komparativ und Superlativ gebräuchlich; weitgehend synonym mit эконо́мный (2.);
  Gegensatz (2.): бесхозя́йственный, расточи́тельный.
- ***Kollokationen*: 1.** хозя́йственный **что** (-ая жизнь, -ая престу́пность); де́ньги на -ые расхо́ды; **2. ~ кто** (муж, -ая жена́).
- ***Satzbeispiele*: 1.** В э́том отчёте со́браны да́нные о хозя́йственном разви́тии на́шего заво́да. **2.** Он хозя́йственный челове́к. Оте́ц и мать о́чень хозя́йственны.

экономи́чный, -ая, -ое, -ые; экономи́чен, -на, -о, -ы → *что? в чём? в како́й сте́пени?*
- **Wirtschaftlich**, rentabel, kostengünstig **arbeitend**; sparsam, rationell; weitgehend synonym mit эконо́мный (1.);
  Gegensatz: неэкономи́чный.
- ***Kollokationen*:** экономи́чный **что** (спо́соб, прое́кт, -ая маши́на, -ые изде́лия); экономи́чен **в чём** (в эксплуата́ции, в рабо́те, в како́м-л. отноше́нии); **~ в како́й сте́пени** (о́чень, в вы́сшей сте́пени, исключи́тельно, осо́бенно); быть, каза́ться, счита́ться -ым.

• ***Satzbeispiele*:** Его́ успе́хи – результа́т экономи́чного спо́соба произво́дства това́ров. Но́вые холоди́льники экономи́чны. Он экономи́чен в эксплуата́ции маши́н.

эконо́мный, -ая, -ое, -ые; эконо́мен, -на, -ы → *кто? что? в чём? в како́й сте́пени?*

• **1. Wirtschaftlich**, kostengünstig **arbeitend**; sparsam, rationell; weitgehend synonym mit экономи́чный;
Gegensatz: неэконо́мный, неэкономи́чный;
2. in Bezug auf eine Person, die **wirtschaftlich**, kostengünstig **denkt**; sparsam ist; hier weitgehend synonym mit хозя́йственный (2.);
Gegensatz: бесхозя́йственный, расточи́тельный.
• ***Kollokationen*: 1.** эконо́мный **что** (спо́соб, о́браз жи́зни, -ая техноло́гия); эконо́мен **в чём** (в расхо́дах, в веде́нии хозя́йства, в испо́льзовании чего́-н.); эконо́мен **в како́й сте́пени** (о́чень, в вы́сшей сте́пени, исключи́тельно, осо́бенно), быть, каза́ться, счита́ться -ым; **2.** эконо́мный **кто** (челове́к, предпринима́тель, -ая администра́ция, -ая хозя́йка).
• ***Satzbeispiele*: 1.** Речь шла об эконо́мном расхо́довании электроэне́ргии. Э́тот спо́соб эконо́мен. **2.** Он эконо́мный изобрета́тель. Она́ о́чень эконо́мна в расхо́дах.

Упражне́ния

(A) 1 Verbinden Sie *хозя́йственный* oder *экономи́ческий* mit den folgenden Substantiven. Entscheiden Sie sich für das jeweils passende Adjektiv.

потенциа́л, руководи́тель, кри́зис, свя́зи, строй, жизнь, сотру́дничество, усло́вия, о́рган, администра́ция.

2 Verbinden Sie *экономи́чный* oder *эконо́мный* mit den folgenden Substantiven. Entscheiden Sie sich für das jeweils passende Adjektiv.

автомаши́на, о́браз произво́дства, челове́к, ме́тод, хозя́ин, хозя́йка, расхо́дование электроэне́ргии.

(B) 3 Ordnen Sie *хозя́йственный, экономи́чный, экономи́ческий* und *эконо́мный* der jeweils richtigen Gruppe zu.

1. __________	2. __________	3. __________	4. __________
разви́тие	предпринима́тель	соглаше́ние	спо́соб
престу́пность	администра́ция	соо́бщество	техноло́гия
едини́ца	дире́ктор	рост	прое́кт
жена́	хозя́йка	факульте́т	маши́на

4 *Хозя́йственный, экономи́чный, экономи́ческий* oder *эконо́мный*? Setzen Sie das jeweils passende Adjektiv in der erforderlichen Form ein.

1. В 70-е го́ды в Росси́и начался́ ... кри́зис. 2. Предприя́тия рабо́тали недоста́точно ... . 3. Ста́ла расти́ ... престу́пность. 4. Нужны́ бы́ли ... рефо́рмы. 5. Росси́йские предприя́тия перешли́ на ... расчёт, что́бы улу́чши́ть своё ... положе́ние. 6. Предприя́тия заинтересо́ваны в специали́стах, кото́рые предлага́ют ... прое́кты. 7. Предприя́тия, кото́рыми руководя́т ... директора́, достига́ют больши́х успе́хов.

Zahl

число́, ци́фра, чи́сленность

число́ → *кого́? чего́? како́е?*

- **1.** Zahl beim **Zählen** und **Rechnen**, Glied des Zahlensystems in der Mathematik; **2.** Zahl, **Anzahl**, **nur** im **Singular** gebräuchlich; **3.** Zahl, Numerus als **grammatischer Terminus**, **nur** im **Singular** gebräuchlich.
- ***Kollokationen*****: 1.** число́ **како́е** (це́лое, дро́бное (*Bruch*-), десяти́чное, (не)чётное, однозна́чное, астрономи́ческое); приба́вить/прибавля́ть одно́ ~ к друго́му, от одного́ -а́ отня́ть/отнима́ть друго́е, одно́ ~ умно́жить/умножа́ть на друго́е; записа́ть/запи́сывать ~ ; <про->чита́ть ~; **2.** ~ **кого́** (зри́телей, уча́стников); ~ **чего́** (городо́в, стран); ~ **како́е** (большо́е, то́чное); **3.** ~ **како́е** (еди́нственное, мно́жественное).
- ***Satzbeispiele*****: 1.** Число́ шесть мо́жно разделИ́ть на два и на три. **2.** Число́ чита́телей на́шей библиоте́ки увели́чилось. Согла́сно прогно́зам экспе́ртов ООН, число́ жи́телей в Ки-

та́е к 2010 го́ду увели́чится до полу́тора миллиа́рдов челове́к. **3.** Определи́те число́ существи́тельных в те́ксте. Употреби́те глаго́л во второ́м лице́ мно́жественного числа́.

ци́фра → *кака́я?*

- Zahl, Ziffer; schriftliches Zeichen, mit dem Zahlen gebildet werden; in der **Umgangssprache** häufig anstelle von число́ in der Bedeutung „Zahl", „Summe", „Kennziffer" verwendet, z.B.: трёхзна́чная ци́фра, астрономи́ческая ~, колосса́льные -ы.
- ***Kollokationen*:** ци́фра **кака́я** (ара́бская, ри́мская, оди́н, контро́льные, пла́новые); коло́нка цифр, ряд цифр; <на->писа́ть -ы слова́ми, число́ -ами; сравни́ть/сра́внивать -ы; вы́разить/выража́ть в -ах; по́льзоваться систе́мой ара́бских цифр.
- ***Satzbeispiele*:** В пе́рвом кла́ссе де́ти у́чатся писа́ть ци́фры. Ци́фры – э́то зна́ки для обозначе́ния чи́сел. Пе́рвые ци́фры появи́лись у египтя́н. Совреме́нные ара́бские ци́фры перенесены́ в Евро́пу ара́бами в XIII ве́ке и получи́ли широ́кое распростране́ние во второ́й полови́не XV ве́ка.

чи́сленность → *кого́? чего́? кака́я?*

- Zahl, **Anzahl**, weitgehend synonym mit число́ (2.).
- ***Kollokationen*:** чи́сленность **кого́/чего́** (сотру́дников, персона́ла; населе́ния); ~ **кака́я** (больша́я, ма́лая, (не)значи́тельная); по -и.
- ***Satzbeispiele*:** Чи́сленность населе́ния Земли́ увели́чивается постоя́нно. По чи́сленности населе́ния Кита́й занима́ет пе́рвое ме́сто в ми́ре.

Achtung, Fehlerquelle!

rote Zahlen	→ да́нные, пока́зывающие дефици́т бала́нса
in die roten Zahlen kommen	→ свести́/своди́ть бала́нс с дефици́том

Упражне́ния

(A) 1 Ordnen Sie *ци́фры* und *числа́* der jeweils richtigen Gruppe zu.

1. ______________________	2. ______________________
двузна́чные	ри́мские
чётные	ара́бские
це́лые	контро́льные

2 Bestimmen Sie Schreibweise, Bedeutung und mathematische Eigenschaften der dargestellten Zahlen näher. Verwenden Sie dazu *ци́фра* und *число́.*

3; 8; 12; $^1/_2$; 1,5; I; IV.

3 Verbinden Sie *ци́фра* und *число́* in der erforderlichen Form mit folgenden Verben, sofern sie mit ihnen kombinierbar sind.

зачеркну́ть, написа́ть курси́вом, приба́вить к су́мме, раздели́ть на шесть, раскра́сить, умно́жить на три.

(B) 4 *Ци́фра, чи́сленность* oder *число́?* Setzen Sie das passende Wort richtig ein.

На уро́ке ру́сского языка́ во второ́м кла́ссе
- Сейча́с напи́шем дикта́нт. Запиши́те ... (1), кото́рые вы слы́шите.
- Мы должны́ написа́ть ... (2) слова́ми и́ли ... (3)?
- Запиши́те их ... (4).

На уро́ке матема́тики во второ́м кла́ссе
- Ми́ша, прочита́й ... (5) и скажи́, ско́лько и каки́е ... (6) испо́льзовали для за́писи э́тих ... (7)?
- 4; 8; 44; 88; 48; 84. Для за́писи э́тих ... (8) испо́льзовали дв___ ... (9): 4 и 8.

На уро́ке геогра́фии в деся́том кла́ссе
- При так___ больш___ (...) (10) стран возника́ет необходи́мость в их группиро́вке, кото́рая прово́дится на о́снове ра́зных крите́риев. Наибо́лее распространена́ группиро́вка стран по величине́ их террито́рии и ... (11) населе́ния. По ... (12) населе́ния выделя́ются де́сять са́мых больши́х стран, с ... (13) жи́телей бо́лее 100 миллио́нов челове́к в ка́ждой.

zahlen
<за->плати́ть, оплати́ть/опла́чивать

<за->плати́ть (и) → *что? за что? за что кому́?*
- Als Gegenleistung **Steuern,** eine **Gebühr entrichten**, Lohn, **Prämie**, Provision, als Sanktion **Strafe zahlen**, **für etwas** eine Rechnung, **Schulden** bezahlen.
- ***Kollokationen*:** <за->плати́ть **что** (штраф, нало́г(и), пре́мию, зарпла́ту, долги́); ~ **за что** (за хлеб, за биле́т, за пое́здку, за

квартиру, за электричество, за покупки, за такси); ~ за что **кому** (художнику за картину, мастерам за работу); ~ чеком/по чеку; ~ в рассрочку (*in Raten*).

- ***Satzbeispiele*:** Деньги платите в кассу. Сколько вы заплатили за билеты в кино? За ремонт квартиры он заплатил мастерам 2500 рублей. Вам нужно заплатить штраф.

оплатить (и)/**оплачивать** (е) → *что?*

- **Ausgaben**, Unkosten **zurückerstatten**, Kredit, Rechnung (mit Scheck) **bezahlen**; **nur ohne Präposition** gebräuchlich.
- ***Kollokationen*:** оплатить/оплачивать **что** (почтовые расходы, проезд, работу, счёт, труд); ~ чеком/по чеку; ~ в рассрочку (*in Raten*); ~ свободу кровью.
- ***Satzbeispiele*:** Оплатите проезд, пожалуйста. Кто будет оплачивать почтовые расходы?

Achtung, Fehlerquelle!

Wie viel habe ich zu zahlen?	→ Сколько с меня?
Ich möchte zahlen. (*im Restaurant*)	→ Счёт, пожалуйста!

Упражнения

1 Ordnen Sie *заплатить* und *оплатить* der jeweils richtigen Gruppe zu.

1. ____________________	2. ____________________
расходы	штраф
работу	налог
проезд	долг
счёт	премию

2 *Заплатить* oder *оплатить*? Setzen Sie das passende Verb richtig ein.

а) – Миша, ты уже ... (1) счёт?
– Ты имеешь в виду счёт за поездку? Мои родители сделали нам подарок: они ... (2) за поездку.

б) – Что это за письмо?
– Мне надо ... (3) штраф за то, что я стоял в запрещённом для стоянки месте (*im Parkverbot*).

в) – Олег Иванович, а кто будет ... (4) почтовые расходы?
– Фирма.

г) – Зоя, сколько рублей вы ... (5) за ремонт квартиры?
– Мы ещё не ... (6) работу мастеров.

3 Sagen Sie, dass Sie ...

- die Rechnung zahlen werden;
- die Strafe dafür zahlen müssen, dass Ihr PKW im Parkverbot stand;
- für die Bücher 80 DM gezahlt haben;
- den Betrag mit Scheck bezahlen werden.

Zimmer
ко́мната, кабине́т, но́мер, пала́та

ко́мната → *чья? кого́? кака́я?*

- Allgemein für Zimmer, speziell für Zimmer in der Wohnung, im Haus.
- ***Kollokationen*:** ко́мната **чья/кого́** (моя́, ба́бушки); ~ **кака́я** (ма́ленькая, ую́тная, све́тлая, с балко́ном); кварти́ра из трёх ко́мнат, дверь в -у; войти́/входи́ть в -у, рабо́тать в -е, жить в двух -ах, убра́ть/убира́ть -у, иска́ть -у, снять/снима́ть -у (*mieten*), сдать/сдава́ть -у (*vermieten*).
- ***Satzbeispiele*:** В большо́й кварти́ре пять ко́мнат. Ско́лько у вас ко́мнат? У мое́й сестры́ отде́льная ко́мната. Моя́ ко́мната выхо́дит о́кнами на юг.

но́мер → *чей? кого́? како́й?*

- Zimmer im Hotel.
- ***Kollokationen*:** но́мер **чей/кого́** (актёра, иностра́нки); ~ **како́й** (хоро́ший, дешёвый; с ду́шем, с телеви́зором, на двои́х); ключ от -а, цена́ -а, жить в отде́льном -е, заказа́ть/зака́зывать ~, оста́вить/оставля́ть ~ для дя́ди.
- ***Satzbeispiele*:** В гости́нице не́ было свобо́дных номеро́в. Все номера́ за́няты. Мой но́мер на пя́том этаже́. Вот ключ от ва́шего но́мера.

пала́та → *кака́я?*

- Zimmer im Krankenhaus.
- ***Kollokationen*:** пала́та **кака́я** (больша́я, на три пацие́нта).
- ***Satzbeispiele*:** Ско́лько пала́т в э́той больни́це?

кабине́т → *чей? кого́? како́й?*

- Arbeitszimmer in der Wohnung, Dienstzimmer des Direktors, Chefs, Leiters oder Sprechzimmer in öffentlichen Einrichtungen.

- ***Kollokationen*:** кабине́т **чей/кого́** (отца́, нача́льника, гла́вного инжене́ра); ~ **како́й** (све́тлый, совреме́нный); рабо́тать в -е, при́нять/принима́ть в -е.
- ***Satzbeispiele*:** Заседа́ние проходи́ло в кабине́те дире́ктора. Врач принима́ет во второ́м кабине́те.

Упражне́ния

(A) 1 *Ко́мната* oder *но́мер*? Schreiben Sie die jeweils richtige Variante heraus.

В по́исках жилья́

- Я и́щу *ко́мнату/но́мер* (1) недалеко́ от университе́та. Жить в *удо́бной ко́мнате/удо́бном но́мере* (2) гости́ницы, коне́чно, хорошо́, но для меня́ э́то о́чень до́рого.
- Я могу́ предложи́ть вам *ко́мнату/но́мер* (3) за 600 рубле́й в ме́сяц.
- Э́то сли́шком до́рого.
- Ещё я могу́ предложи́ть вам *ко́мнату/но́мер* (4) в студе́нческом общежи́тии.
- Ско́лько рубле́й мне на́до бу́дет плати́ть за *э́ту ко́мнату/э́тот но́мер* (5) в ме́сяц?
- 320 рубле́й.
- Хорошо́, я согла́сен снима́ть *ко́мнату/но́мер* (6) в общежи́тии.

(B) 2 *Кабине́т, ко́мната, но́мер* oder *пала́та*? Schreiben Sie das jeweils passende Wort unter die entsprechende Zeichnung.

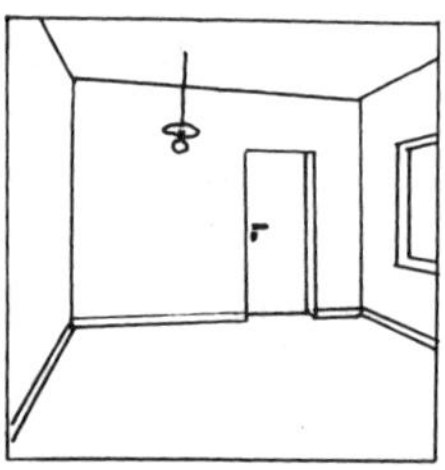

3 Ordnen Sie *кабинéт, кóмната, нóмер* und *палáта* die dazu passenden Wörter bzw. Wortgruppen zu.

больни́ца, гости́ница, дирéктор, жилóй дом, кварти́ра, начáльник, поликли́ника.

1. кабинéт: 2. кóмната:
3. нóмер: 4. палáта:

4 *Кабинéт, кóмната, нóмер* oder *палáта*? Setzen Sie das passende Wort richtig ein.

В больни́це
- Где глáвный врач?
- Он в сво___ ... (1). Почемý вы егó спрáшиваете?
- Нáшему сы́ну не нрáвится в ... (2) 9. Там óчень шýмно, а емý нýжен покóй до операции. Мóжет быть, у вас есть друг___ ... (3), óкна котóр___ выхóдят во двор?
- Э́тот вопрóс я не могý реши́ть. Спроси́те у глáвного врачá. Егó ... (4) нахóдится на вторóм этажé.

В гости́нице
- Дáйте мне, пожáлуйста, ключ от ... (5).
- Какóй у вас ... (6)?
- 65.

В нóвом дóме
- Скóлько ... (7) в вáшем дóме?
- Шесть. Сейчáс я покажý тебé все нáши ... (8). Вот здесь нáш___ óбщ___ ... (9), где все собирáются. Спáльня моих роди́телей и мо___ ... (10) нахóдятся на вторóм этажé. Там же нахóдится рабóч___ ... (11) пáпы. Ря́дом с мо___ ... (12) располóжена дéтская моегó млáдшего брáта и ... (13) для нáших гостéй.

5 Fragen Sie Ihren russischen Gesprächspartner,

1. ob er für Sie ein Zimmer im „Moskwa" bestellt hat;
2. wieviel Zimmer er in seiner Wohnung hat;
3. ob er auch ein eigenes Arbeitszimmer hat;
4. auf welcher Station und in welchem Zimmer der Patient liegt;
5. wo sich das Zimmer des Chefarztes befindet.

Deutsch	Russisch	
abreisen	уе́хать/уезжа́ть	отбы́ть/отбыва́ть (*offiziell*)
anderer	друго́й	ино́й (*literaturspr.*)
Auto	автомаши́на, автомоби́ль	маши́на (*umgangsspr.*)
betrachten	<по->смотре́ть	<по->гляде́ть (*umgangsspr.*)
Büro	бюро́	о́фис
danke	спаси́бо	благодарю́
das heißt	то́ есть	то́ бишь (*umgangsspr.*)
eilen, sich beeilen	<по->спеши́ть	<по->торопи́ться (*umgangsspr.*)
einmal	одна́жды	раз (*umgangsspr.*)
Ehefrau	жена́	супру́га (*offiziell*)
Ehemann	муж	супру́г (*offiziell*)
einladen, bitten	пригласи́ть/приглаша́ть	<по->зва́ть (*umgangsspr.*)
Entzücken, Begeisterung	восто́рг	восхище́ние (*verstärkt*)
Fahrer	води́тель	шофёр
Film	фильм	кинофи́льм, кинокарти́на карти́на, кино́ (*umgangsspr.*)
feiern	пра́здновать	отмеча́ть, справля́ть (*umgangsspr.*)
fotografieren	<с->фотографи́ровать	снять/снима́ть (*umgangsspr.*)
fünf	пять	пятёрка (*umgangsspr.*)
furchtbar, schrecklich	стра́шный	ужа́сный (*verstärkt*), жу́ткий (*umgangsspr.*)
Gedicht	стихотворе́ние	стих (*umgangsspr.*)
gemeinsam	вме́сте, сообща́	совме́стно (*literaturspr.*)
geschehen, sich ereignen	случи́ться/случа́ться	произойти́/происходи́ть
gestatten, erlauben	разреши́ть/разреша́ть	позво́лить/позволя́ть
genesen, gesund werden	вы́здороветь/выздора́вливать	попра́виться/поправля́ться (*umgangsspr.*)
hier	здесь	тут (*umgangsspr.*)
hiesig, von hier	ме́стный	зде́шний (*umgangsspr.*)
hören, vernehmen	<у->слы́шать	<у->слыха́ть (*umgangsspr.*)
ja	да	ага́ (*umgangsspr.*)
Jahrhundert	век	столе́тие
Kartoffel(n)	карто́фель	карто́шка (*umgangsspr.*)
kostenlos	беспла́тно	да́ром (*verstärkt, umgangsspr.*)

Deutsch	Russisch	
lachen	<по->смея́ться	хохота́ть (*verstärkt*)
Lohn, Gehalt	зарпла́та, за́работная пла́та	за́работок (*umgangsspr.*)
lustig, drollig	смешно́й	заба́вный
Meinung, Ansicht	мне́ние	взгляд
Meisterschaft	пе́рвенство	чемпиона́т
müde, ermüdet	уста́лый	утомлённый (*verstärkt, literatursprachl.*)
nah	бли́зко	вблизи́ (*literaturspr.*)
oft	ча́сто	нере́дко
peinlich	сты́дно	со́вестно (*umgangsspr.*)
plötzlich	вдруг	внеза́пно
Presse	пре́сса	печа́ть
sich sehnen	скуча́ть	тоскова́ть (*verstärkt*)
schreien	крича́ть	ора́ть (*umgangsspr., verstärkt*)
schwer	тяжёлый	нелёгкий
schwierig, kompliziert	тру́дный	сло́жный
sicherlich	наве́рное	наве́рно (*umgangsspr.*)
soll(en)	пусть	пуска́й (*umgangsspr.*)
sterben	умере́ть	сконча́ться (*offiziell, hoher Stil*)
Stewardeß	стюарде́сса	бортпроводни́ца
Streik	забасто́вка	ста́чка (*seltener gebräuchl.*)
tauschen	обменя́ть/обме́нивать обменя́ться/обме́ниваться	<по->меня́ть (*umgangsspr.*) <по->меня́ться (*umgangsspr.*)
Thermometer	термо́метр	гра́дусник (*umgangsspr.*)
Tod	смерть	кончи́на (*offiziell, hoher Stil*)
überall	везде́	всю́ду, повсю́ду (*literaturspr.*)
übermäßig	сли́шком	чересчу́р (*verstärkt*)
umsonst, vergeblich	напра́сно	зря (*umgangsspr.*), тще́тно (*verstärkt*)
Unordnung	беспоря́док	ха́ос
uralt, antik	стари́нный	дре́вний (*verstärkt*)
verbieten	запрети́ть/запреща́ть	воспрети́ть/воспреща́ть (*offiziell*)
vergangen	про́шлый	проше́дший (*offiziell*)
verschieden	ра́зный	разли́чный
werfen	бро́сить/броса́ть	ки́нуть/кида́ть (*umgangsspr.*)
Wettkämpfe	соревнова́ния	состяза́ния
zuerst	снача́ла	внача́ле
zurückkehren	верну́ться	возврати́ться/возвраща́ться (*literaturspr.*)
zwei	два	дво́йка (*umgangsspr.*)

aber: а, но, одна́ко

(A) 3 – Sätze 1, 2, 7, 8: одна́ко = но (da hier jeweils Konjunktion).
(B) 4 – 1. но; 3. одна́ко; 4. но; 5. но.
5 – 1. но/одна́ко; 2. а; 3. а; 4. одна́ко/но; 5. а; 6. но/одна́ко; 7. но/одна́ко; 8. а; 9. а.

älterer: пожило́й, ста́рший

1 – Ста́рший, наприме́р: У меня́ есть ста́рший брат. Он ста́рше меня́ на два го́да.
2 – 1. ста́рше; 2. пожилы́е; 3. ста́ршая; 4. ста́рше; 5. ста́ршей; 6. ста́рший.
3 – 1. ста́ршим; 2. Ста́ршие/Пожилы́е; 3. пожилы́х; 4. пожилы́м; 5. ста́рших/пожилы́х.

ankommen/kommen: прибы́ть/прибыва́ть, прие́хать/приезжа́ть, прийти́/приходи́ть, прилете́ть/прилета́ть, приплы́ть/приплыва́ть

1 – 1. прие́хал, прие́хал, прие́хал; 2. прие́хал, пришёл (*zu Fuß*); 3. прилета́ет (*umgangsspr.*) oder прибыва́ет (*offizieller Stil, gehoben, Information am Auskunftsbüro*), прилета́ет (*umgangsspr.*) oder прибыва́ет (*offizieller Stil*); 4. прие́хал oder пришёл, прие́ду; 5. приплы́л oder при́был, приплы́л oder при́был, приплывёт oder прибу́дет; 6. при́был oder прибыва́ет (*offizieller Stil, gehoben*); 7. при́был.

(sich) anziehen: наде́ть/надева́ть, оде́ть/одева́ть, оде́ться/одева́ться

(A) 1 – 1. наде́нешь; наде́ну; наде́ть; одева́ешься; наде́ть. 2. одева́йся; наде́ть; Наде́нь; наде́ну; одева́йся.

наде́ть	→	Akkusativobjekt;
одева́ться		sich entsprechend anziehen.

2 – 1. наде́ть; наде́ну; оде́ть; оде́ть. 2. наде́ть; надева́й; Наде́нь; наде́ть; наде́ну; оде́ть; Оде́нь.

наде́ть	→	Akkusativobjekt, die Person zieht sich selbst an;
одева́ться		sich entsprechend anziehen;
оде́ть		Akkusativobjekt mit Präp. **во** что, eine Person zieht eine andere Person an.

(B) 3

anziehen	что	во что́	на что́	кого́	на кого́	как
наде́(ва́)ть	×		×		×	×
оде́(ва́)ть	×	×		×		×
оде́(ва́)ться		×				×

4 – 1. одева́лись; 2. одева́лись; 3. одева́ться; 4. надева́ть; 5. одева́ется; 6. одева́ть; 7. одева́ться.

5 – 1. одева́етесь; 2. надева́ете; 3. надева́ете; 4. одева́ется; 5. одева́ет; 6. одева́етесь.

Arbeit: рабо́та, труд

1 – 1. свою́ рабо́ту; 2. рабо́ту; 3. Рабо́та; 4. рабо́ту … одно́й; 5. рабо́те; 6. рабо́те/труде́; 7. труд.

2 – 3. любо́й труд; 4. тяжёлым физи́ческим трудо́м; 5. труд; 8. труде́.

3 – 1. на рабо́те; нау́чную рабо́ту; труды́/рабо́ты Менделе́ева (beide Varianten sind möglich, bevorzugt wird aber die 1. Variante, denn man kann vermuten, dass es sich um die bedeutendsten Arbeiten eines berühmten Wissenschaftlers handelt); с рабо́ты; контро́льную рабо́ту, рабо́те.
2. рабо́ту; рабо́та; на рабо́ту; в рабо́те/труде́.
3. труда́; с рабо́ты; рабо́ту; досто́йную рабо́ту; труда́.

4 – 1. Каки́м трудо́м; 2. на рабо́те; 3. рабо́та; 4. како́й рабо́те; 5. рабо́ту; 6. любы́м трудо́м.

arbeiten: рабо́тать, труди́ться

1 – 1. рабо́тал/труди́лся; 2. рабо́тал/труди́лся; 3. рабо́тали/труди́лись; 4. рабо́тать/труди́ться; 5. рабо́тает/тру́дится; 6. рабо́тать/труди́ться; 7. рабо́тать/труди́ться; 8. рабо́тать/труди́ться.

2 – 2. труди́лся; 5. труди́лся; 7. труди́лся; 8. труди́лся.

3 – 1. труди́лся; рабо́тал; 2. труди́ться; труди́ться; 3. труди́лись; 4. труди́лся/рабо́тал.

4 – 1. рабо́тают; 2. рабо́тать; 3. тру́дятся; 4. рабо́тать.

auch: и, та́кже, то́же

(A) 1 – 2. та́кже/то́же; 4. та́кже/то́же. *Hier ist es möglich,* та́кже *durch* то́же *zu ersetzen, denn* та́кже *wird als Adverb in den Bedeutungen auch, gleichfalls, ebenfalls synonym mit* то́же *verwendet. In den anderen Fällen tritt* та́кже *als Konjunktion auf.*

2 – 1. а та́кже; 2. но та́кже; 3. а та́кже; 4. но та́кже; 5. та́кже/то́же; 6. а та́кже; 7. а та́кже; 8. а та́кже; 9. то́же/та́кже; 10. а та́кже; 11. а та́кже; 12. но та́кже. Begründung: та́кже als Adverb kann durch то́же ersetzt werden.

(B) **3** – 1. та́кже; 3. то́же; 4. то́же.
4 – 1. то́же/та́кже; 2. то́же/та́кже; 3. и/та́кже; 4. и; 5. И; 6. то́же/та́кже; 7. то́же/та́кже; 8. то́же/та́кже; 9. то́же/та́кже.

Aufgabe: зада́ние, зада́ча, уро́к

(A) 1 – 1. зада́чу; 2. зада́ниями; 3. зада́ния; 4. зада́ния; 5. зада́чи; 6. зада́ния; 7. зада́ния.
2 – 1. уро́ков; 2. уро́ки; 3. уро́ки; 4. уро́ки; 5. уро́ками.
(B) 3 – 1. зада́ние; 2. уро́ки; 3. зада́ние; 4. зада́чу; 5. уро́к; 6. зада́чи; 7. зада́чах.
4 – 1. зада́ний; 2. зада́ния; 3. уро́ки; 4. зада́чи; 5. зада́ния/уро́ки.

bei: в/на, за, под, при, у

(A) 1 – 1. под Э́рфуртом; 2. на желе́зной доро́ге; 3. у знако́мых; 4. В хоро́шую пого́ду; 5. В дождли́вую пого́ду; 6. под откры́тым не́бом.
(B) 2 – 1. при грозе́; 2. под Петербу́ргом; 3. при све́те луны́; 4. при осмо́тре Кремля́.

3

Ausdruck räuml. Beziehungen	Ausdruck zeitl. Beziehungen	Ausdruck von Bedingungen
под О́мском, у друзе́й, у по́чты, в ба́нке	за за́втраком, при рожде́нии	при тако́м здоро́вье, при возмо́жности

4 – 1. под Берли́ном; 2. у о́зера; 3. за за́втраком; 4. В хоро́шую пого́ду; 5. у костра́; 6. при све́те луны́; 7. на желе́зной доро́ге.
5 – 1. под Берли́ном; 2. у роди́телей; 3. на желе́зной доро́ге; 4. в ба́нке; 5. при любо́й возмо́жности; 6. у ба́бушки и де́душки; 7. в хоро́шую пого́ду; 8. у знако́мых.

bekannt: знако́мый, знамени́тый, изве́стный, популя́рный

(A) 1 – 1. знако́мые (*Substantiv*); 2. знако́м(а) (*persönlich bekannt*); 3. знамени́тый (*weltbekannt*); 4. знамени́тый (*weltbekannt*); 5. знако́мая (*Substantiv*); 6. Знамени́тый (*weltbekannt*).
2 – 1. изве́стна (*allgemein bekannt*); 2. изве́стна (*wenn auf die Frage direkt geantwortet wird, bei Hervorhebung der Beliebtheit auch* популя́рна *möglich*); 3. изве́стного; 4. популя́рная (*Kontext*).
(B) 3 – 1. знамени́тый; 2. изве́стный; 3. популя́рный; 4. знако́мый.
4 – 1. знамени́тая (*weltbekannt*); 2. популя́рна (*daneben auch* изве́стна всем *möglich*); 3. изве́стную (*allgemein bekannt*); 4. знамени́той (*weitbekannt und berühmt*); 5. знако́м с одни́м из ... (*persönlich bekannt*); 6. о знамени́тых (*weitbekannt und berühmt*); 7. ..., кото́рые о́чень популя́рны (*weitbekannt und beliebt*).
5 – 1. знако́м(а) (*persönlich bekannt*); 2. знамени́тый (*weltbekannt, daneben auch* изве́стный *und* популя́рный *möglich*); 3. изве́стны (*weitbekannt*); 4. популя́рен (*nur diese Variante möglich, Stichwort* „среди́“); 5. знако́мый (*Substantiv*); 6. Изве́стный (*allgemein bekannt*).

6 – Mögliche Antworten: 1. Мой родно́й го́род изве́стен свои́м старе́йшим университе́том (свои́ми церквя́ми, собо́рами, краси́вой ме́стностью, как крупне́йший порт и т.п.). Всем изве́стно, что в на́шем го́роде есть знамени́тый теа́тр (изве́стный в стране́ заво́д и т.п.). 2. В моём родно́м го́роде есть мно́го достопримеча́тельностей. В го́роде есть знамени́тый собо́р (знамени́тая река́, изве́стный музе́й, изве́стный институ́т, популя́рный среди́ молодёжи клуб и т.п.). 3. В моём родно́м го́роде жил знамени́тый писа́тель (худо́жник, учёный, ...). В го́роде есть знамени́тая кли́ника, где изве́стные хиру́рги де́лают сложне́йшие опера́ции. 4. Свобо́дное вре́мя я люблю́ проводи́ть в изве́стном всему́ го́роду па́рке (в популя́рном среди́ шко́льников клу́бе, у хоро́ших знако́мых и т.п.). 5. Го́сти на́шего го́рода с удово́льствием посеща́ют знамени́тый теа́тр (популя́рный среди́ молодёжи клуб, изве́стный в стране́ странове́дческий музе́й, изве́стный всему́ го́роду рестора́н, знамени́тый парк и п.т.).

be-/nutzen: <вос->по́льзоваться, испо́льзовать, употреби́ть/употребля́ть

(A) 1 – 1. по́льзуюсь ра́зными словаря́ми/испо́льзую ра́зные словари́ (*Synonyme*); 2. по́льзуюсь услу́гами ... (*in Verbindung mit Verkehrsmitteln*), по́льзуюсь велосипе́дом; 3. по́льзуюсь дополни́тельной литерату́рой/испо́льзую дополни́тельную литерату́ру (*Synonyme*); 4. по́льзуюсь микрово́лновой пе́чью (*in Verbindung mit der Benutzung von elektrischen Geräten*).

2 – 1. по́льзуюсь велосипе́дом; 2. воспо́льзоваться э́той возмо́жностью/испо́льзовать э́ту возмо́жность; 3. употребля́ли ле́ксику, ... разгово́рные выраже́ния; 4. по́льзуемся ... уче́бными посо́биями, но и совреме́нными техни́ческими сре́дствами/испо́льзуем уче́бные посо́бия, ... совреме́нные техни́ческие сре́дства; 5. по́льзуюсь мно́гими специа́льными словаря́ми/испо́льзую мно́гие специа́льные словари́; 6. употреби́ть.

3 – 1. Каки́м ви́дом ... по́льзуетесь; 2. Употребля́ете; 3. Каки́ми словаря́ми и спра́вочниками вы по́льзуетесь/Каки́е словари́ и спра́вочники вы испо́льзуете? 4. Каки́ми бытовы́ми прибо́рами вы по́льзуетесь?

(B) 4 – 1. по́льзоваться + Instr.; 2. употребля́ть + Akk.; 3. –.

5 – 1. воспо́льзовался э́тим приглаше́нием/испо́льзовал э́то приглаше́ние; 2. испо́льзовал ка́ждую возмо́жность; 3. употребля́л разгово́рные оборо́ты и посло́вицы; 4. употребля́ть разгово́рные оборо́ты; 5. употребля́ть то и́ли ино́е выраже́ние; 6. по́льзовались; 7. испо́льзовать служе́бную маши́ну/по́льзоваться служе́бной маши́ной; 8. испо́льзуйте её/воспо́льзуйтесь е́ю.

6 – 1. Мо́жно по́льзоваться словарём/испо́льзовать слова́рь при перево́де? 2. Каки́е словари́ у вас испо́льзуют на заня́тиях/на уро́ках неме́цкого языка́?/Каки́ми словаря́ми у вас по́льзуются на заня́тиях/на уро́ках неме́цкого языка́? 3. Како́й те́рмин здесь (в э́том предложе́нии) лу́чше употреби́ть/мо́жно употреби́ть? 4. Мо́жно мне воспо́льзоваться мои́ми (свои́ми) за́писями/испо́льзовать мои́ (свои́) за́писи?

Beruf: профе́ссия, специа́льность

1 – 1. профе́ссии; 2. специа́льности; 3. профе́ссии; 4. специа́льности; 5. профе́ссию; 6. специа́льность; 7. специа́льностью.
2 – 1. профе́ссия; 2. профе́ссией; 3. профе́ссии; 4. профе́ссию; 5. профе́ссии; 6. специа́льностью; 7. специа́льность; 8. специа́льности.

Bett: ко́йка, крова́ть, посте́ль

(A) 1 – 1. посте́ль; 2. крова́ть; 3. посте́ль.
(B) 3 – 1. 1. ко́ек; 2. ко́ек; 3. посте́ль; 2. 1. посте́ли; 2. ко́йке; 3. крова́ти.

bis: до, по, пока́ не

(A) 2 – 1. по пе́рвое а́вгуста; 2. по сре́ду; 3. по два́дцать шесто́е ию́ля; 4. по два́дцать девя́тое ию́ля.
3 – 1. по; 2. пока́; 3. по.
(B) 4 – 1. до Москвы́; 3. До како́го числа́; 4. По како́е число́; 5. До како́го числа́.
5 – пока́; До; с 10 ию́ля по 9 а́вгуста; До.

blau: голубо́й, си́ний

1 – 1. голубо́й: песе́ц, безо́блачное ... не́бо, -а́я ель, -а́я кровь; си́ний: -ие васильки́, свет, от хо́лода.
2 – 1. си́ний; 2. голубы́м; 3. голубы́е.

Brauch: обря́д, обы́чай

1 – 1. обы́чай; 2. обря́д.
2 – 1. обы́чаи; 2. обря́дов; 3. обы́чаи; 4. обря́дов; 5. обря́де; 6. обы́чаю.

braun: загоре́лый, ка́рий, кашта́новый, кори́чневый, сму́глый

(A) 1 – 1. сму́глую; 2. кори́чневом; 3. сму́глым; 4. кори́чневого.
(B) 2 – 1. загоре́лый: -ая ко́жа, -ое лицо́, -ые но́ги, -ое те́ло, -ый ю́ноша; 2. ка́рий: -ие глаза́; 3. кашта́новый: -ые во́лосы; 4. кори́чневый: -ое пальто́, -ая ю́бка; 5. сму́глый: -ая ко́жа, -ое лицо́, -ые но́ги, -ое те́ло, -ый ю́ноша.
3 – 1. кори́чневого; 2. сму́глую; 3. ка́рие; 4. кашта́новые; 5. загоре́лое.

Datum: да́та, число́

1 – 1. да́та: ва́жная, знамена́тельная, юбиле́йная, торже́ственная; письма́, прие́зда, сва́дьбы, отъе́зда, призы́ва. 2. число́: вчера́шнее, за́втрашнее, сего́дняшнее.
2 – 1. Како́е число́; 2. истори́ческая да́та; 3. како́го числа́; 4. да́ты; 5. да́ты; 6. Како́е число́; 7. знамена́тельная да́та.

deutsch: герма́нский, неме́цкий

1 – 1. неме́цкий; 2. герма́нский.
2 – 1. на неме́цком языке́; 2. Президе́нтом Неме́цкой Акаде́мии иску́сств; 3. в Герма́нской Демократи́ческой Респу́блике.

drei: три, тро́е, тро́йка

(A) **1** – 1. тро́йку; 2. тро́йка; 3. –; 4. –.
2 – 1. тро́йку; 2. тро́йка; 3. тро́йку, тро́йку.
(B) **3** – 1. три; 2. три; 3. три; 4. тро́йка; 5. тро́ек; 6. тро́йку; 7. Три; 8. Тро́е; 9. три; 10. три; 11. тро́е.
4 – 1. тро́йку; 2. в три; 3. три/о́коло трёх часо́в; 4. е́сли в семье́ тро́е детей́; 5. тро́е детей́.
5 – У меня́ три бра́та/тро́е бра́тьев и три сестры́. Ста́рший брат получи́л тро́йку/три по неме́цкому языку́. Домо́й я е́зжу на авто́бусе но́мер три/на тро́йке. У моего́ отца́ тро́е очко́в. В три часа́ я встреча́юсь с друзья́ми.Тро́е детей моего́ дя́ди прие́дут к нам в го́сти на кани́кулы.

einige: не́которые, не́сколько

1 – 1. Не́сколько неде́ль; 2. не́которые шко́льники/не́сколько шко́льников; 3. не́сколько дней; 4. не́которые друзья́/не́сколько друзе́й; 5. в не́скольких киломе́трах; 6. Не́которые/Не́сколько из них; 7. не́сколько раз; 8. не́которые сувени́ры/не́сколько сувени́ров. Не́которые und не́сколько (jeweils in der 2. Bedeutung) werden in den Varianten synonym gebraucht, bezeichnen eine unbestimmte, aber nur geringe Anzahl von Personen oder Gegenständen.
2 – 1. Не́которые/Не́сколько; 2. в не́скольких; 3. Не́сколько; 4. не́которые/не́сколько; 5. не́сколько; 6. не́которых/не́скольких; 7. не́которыми/не́сколькими.
Не́которые und не́сколько (jeweils in der 2. Bedeutung) werden in den Varianten erneut synonym gebraucht, bezeichnen eine unbestimmte, aber nur geringe Anzahl von Personen oder Gegenständen.
3 – 1. Ра́ньше у меня́ бы́ли не́которые тру́дности по ру́сскому языку́. 2. Не́сколько неде́ль я был(а́) в Росси́и. 3. Не́сколько дне́й наза́д я сда́л(а) экза́мен по ру́сскому языку́. 4. Я уже́ прочита́л(а) не́которые книги/не́сколько книг на ру́сском языке́. (Begründung wie oben) 5. У меня́ есть не́который о́пыт в перево́де ру́сских докуме́нтов.

empfehlen: <по->рекомендова́ть, <по->сове́товать

1

empfehlen	кого́?	кому́?	для кого́?	кого́ для чего́?	что?	что сде́лать?	как?
<по->рекомендова́ть	×	×	×	×	×	×	×
<по->сове́товать		×				×	×

2 <по->сове́товать: учёному не так мно́го рабо́тать; уйти́ в о́тпуск; де́лать у́треннюю гимна́стику; медсестре́ прочита́ть э́ту статью́.

3 1. порекомендова́ли; 2. порекомендова́ла; 3. посове́товал; 4. <по->рекомендова́л; 5. посове́товал.

Erfolg: уда́ча, успе́х

1 – 1. уда́ча; 2. успе́хом; 3. успе́х; 4. успе́ха; 5. успе́ху; 6. успе́хами; 7. неуда́чи.

2 – 1. успе́ха (-ов); 2. успе́ха (-ов)/уда́чи (beide Varianten möglich); говоря́т: „Ни пу́ха ни пера́“; 3. успе́хом; 4. уда́ча; 5. успе́хами; 6. уда́чи.

(sich) erinnern: вспо́мнить/вспомина́ть, напо́мнить/напомина́ть, по́мнить

(A) 1 – 1. по́мнишь; 2. По́мню; 3. вспо́мнить; 4. по́мню.

2 – 1. напо́мни; 2. напо́мню; 3. вспомина́ю.

(B) 3

(sich) erinnern	кому́?	кого́?	о ком?	что?	о чём?	по чему́?	как ча́сто?	как?
вспо́мнить/ вспомина́ть		×	×	×	×		×	×
напо́мнить/ напомина́ть	×	×	×	×	×	×	×	×
по́мнить		×	×	×	×			×

4 – 1. по́мню; 2. вспо́мнить; 3. напомина́л; 4. по́мню; 5. вспомина́ю; 6. напомина́ет; 7. по́мнить.

5 – 1. по́мните; 2. напомина́л(а); 3. вспомина́ете; 4. по́мните; 5. напомина́ют.

erklären: заяви́ть/заявля́ть, объяви́ть/объявля́ть, объясни́ть/объясня́ть, толкова́ть

(A) 1 – 1. объяви́ли; 2. объясни́, объясни́л; 3. объясни́ть.

(B) 2 – 1. объясни́ть/объясня́ть; 2. заяви́ть/заявля́ть; 3. объяви́ть/объявля́ть.

3 – 1. заяви́л; 2. обьясни́л; 3. объяви́л.

Erklärung: деклара́ция, заявле́ние, объявле́ние,объясне́ние, толкова́ние

(A) 1 – 1. заявле́ния; 2. Заявле́ние; 3. Объявле́ние; 4. Объявле́ние; 5. заявле́ния.

2 – 1. объявле́ние; 2. объясне́ние.

(B) 3 – 1. объявле́ние; 2. деклара́ция; 3. объясне́ние; 4. заявле́ние.

4 – 1. Нало́говая деклара́ция; 2. официа́льное заявле́ние; 3. Объявле́ние; 4. объявле́ние, подгото́вленное; 5. Объясне́ние.

5 – 1. Что ты ду́маешь о деклара́ции ООН о права́х челове́ка?/ Как ты оце́ниваешь деклара́цию ООН о права́х челове́ка?/ Что ты можешь сказать о деклара́ции ООН о права́х челове́ка? 2. Тебе́ изве́стно совме́стное заявле́ние прави́тельств РФ и ФРГ? 3. Как ты оце́ниваешь после́днее объявле́ние бойко́та ООН? 4. Ты мо́жешь дать объясне́ние успе́хам япо́нской эконо́мики?/Как ты объясня́ешь успе́хи япо́нской эконо́мики?

essen: < по-, съ->есть, <по-/съ->ку́шать

1 – 1. ку́шать; 2. Ку́шайте; 3. ку́шай/ешь; 4. пое́ла; 5. съем; 6. есть; 7. ел; 8. поку́шала; 9. пое́ла; 10. есть.

etwas: ко́е-что́, немно́го, что́-либо, что́-нибудь, что́-то

(A) 2 – 1. ко́е-чему́; 2. ко́е-что́; 3. ко́е-что́; 4. ко́е о чём.
3 – 1. чего́-нибудь; 2. немно́го; 3. немно́го; 4. немно́го; 5. чего́-нибудь.
(B) 4 – 1. что́-нибудь/что́-либо; 2. что́-нибудь/что́-либо; 3. немно́го; 4. что́-нибудь/что́-либо; 5. ко́е-что́.
5 – 1. Мо́й друг что́-то расска́зывал мне о свое́й сестре́. 2. Расскажи́ мне что́-нибудь о твое́й сестре́. 3. Мой друг купи́л ко́е-что́ для сестры́. 4. Скажи́ мне что́-нибудь по-испа́нски. 5. Мо́й друг попроси́л переда́ть вам э́тот сувени́р и ещё ко́е-что́.

Frau: госпожа́, жена́, же́нщина, фра́у

(A) 1 – 1. жену́; 2. жена́; 3. же́нщина; 4. же́нщиной.
(B) 2 – 1. госпожа́/фра́у; 2. госпожа́; 3. госпожа́/фра́у; 4. жена́; 5. же́нщина; 6. жена́; 7. же́нщину.
3 – 1. Кто э́та же́нщина на фотогра́фии? 2. Кем рабо́тает ва́ша жена́? 3. Ско́лько лет ва́шей жене́? 4. Вы сего́дня уже́ ви́дели фра́у/госпожу́ Мю́ллер? 5. Вы зна́ете же́нщину в кра́сном пла́тье? 6. Госпожа́ мини́стр уже́ подписа́ла письмо́?

Freund: друг, прия́тель, това́рищ

(A) 1 – 1. това́рищ; 2. друг.
2 – 1. друзе́й; 2. друг; 3. прия́телей; 4. дру́г; 5. друг.
3 – 1. Прия́телей, друзе́й; 2. друг, прия́телей; 3. друзе́й; 4. друг.
(B) 4 – 1. друг; 2. това́рищ; 3. прия́тель.
5 – 1. Э́то Зи́гфрид, мой лу́чший друг. 2. Э́то Ге́рд, мой ста́рый това́рищ де́тства (auch друг де́тства). 3. Э́то Ви́льям, мой америка́нский прия́тель. 4. Э́то Ма́нфред, мой това́рищ по учёбе.

für: для, за, на, по

(A) 1 – 1. специали́ст по матема́тике; 2. тре́нер по лёгкой атле́тике; 3. профе́ссор по ру́сской литерату́ре; 4. уче́бных посо́бий по литерату́ре и ру́сскому языку́; 5. олимпиа́ду по ру́сскому языку́.

2 – 1 1. на у́треннее цирково́е представле́ние; 2. для дете́й; 3. для взро́слых; 4. на 15 часо́в; 5. для дете́й.
– 2 1. на; 2. на неде́лю; 3. для мое́й сестры́; 4. на э́ту вещь.
– 3 1. для 10 кла́сса; 2. на; 3. для.

(B) 3

Ziel-person	Zweck, Ziel	Grund	Gegenwert	Zeitraum/-punkt	Spezial-gebiet
кни́га для Я́на	шкаф для посу́ды, ткань на пла́тье, ва́жно для ми́ра, боро́ться за мир	благо-дари́ть за кни́гу	цена́ за кни́гу, рабо́тать за до́ллары	пла́ны на кани́кулы, уе́хать на две неде́ли	специали́ст по информа́тике, коми́ссия по права́м челове́ка

4 – 1. для мое́й подру́ги; 2. За; 3. За; 4. ру́сской культу́рой; 5. по ру́сскому языку́; 6. на; 7. для иностра́нцев; 8. для всех.
5 – Я – специали́ст по изобрази́тельному иску́сству 18 ве́ка.
– Я е́ду на три неде́ли в Росси́ю.
– Я интересу́юсь ру́сским иску́сством и ру́сской культу́рой.
– Я за бо́лее интенси́вный культу́рный обме́н с Росси́ей.
– Мы бу́дем снима́ть фильм об Эрмита́же для неме́цких телезри́телей.

ganz: весь, вполне́, соверше́нно, совсе́м, це́лый

(A) 1 – 1. Trink den ganzen Kakao aus./Auf dem Tisch steht eine ganze Kanne Kakao. 2. Lerne das ganze Gedicht./Ich habe es eine ganze Stunde gelernt. 3. Katja war die ganze Woche nicht hier./Sie war eine ganze Woche lang krank. 4. Den ganzen Monat lebte er bei der Großmutter./Er hatte einen ganzen Monat Urlaub. 5. Das ganze Leben lang arbeitete er als Lehrer./Ein ganzes Leben lang hat er in Sibirien verbracht.
2 – 1. це́лых; 2. це́лый; 3. все́й; 4. це́лый; 5. це́лых; 6. це́лый/весь; 7. всего́.
3 – 1. совсе́м (*verstärkend*); не совсе́м (*leicht eingeschränkt*); совсе́м (*verstärkend*); вполне́ (*verstärkend*); 2. совсе́м (*не nachgestellt*); совсе́м (*verstärkend*); вполне́ (*verstärkend*).
4 – 1. совсе́м; 2. совсе́м; 3. не вполне́/не совсе́м; 4. не совсе́м.

(B) 5 – 1. Я тренирова́лся (-лась) всю (це́лую) неде́лю.
2. Я трениру́юсь у совсе́м молодо́го тре́нера. Мой (наш) тре́нер ещё совсе́м мо́лод.
3. Вчера́ я тренирова́лся (-лась) це́лый час.
4. Я ещё не вполне́/не совсе́м дово́лен (дово́льна) свои́ми/результа́тами.
5. Це́лый год я бу́ду тренирова́ться в Аме́рике.

Gebiet: край, о́бласть, райо́н, террито́рия

(A) 1 – 1. о́бласти; 2. Террито́рия; 3. террито́рии; 4. о́бласти; 5. о́бласти.
(B) 2 – райо́н, о́бласть, край.
3 – 1. кра́ем; 2. Каку́ю террито́рию; 3. Кака́я о́бласть; 4. Како́й райо́н.

gemeinsam: о́бщий, совме́стный

1 – 1. совме́стный; 2. о́бщий.
2 – 1. совме́стную; 2. о́бщую, 3. о́бщие; 4. о́бщие; 5. совме́стную.

Gespräch: бесе́да, разгово́р, собесе́дование

(A) 1 – 1. разгово́р: телефо́нный, междугоро́дный, междунаро́дный; 2. бесе́да: делова́я, ва́жная, нау́чная.
(B) 2 – 1. бесе́да; 2. собесе́дование; 3. наш разгово́р.

groß: большо́й, вели́кий, высо́кий, кру́пный

(A) 1 – 1. Большо́й; 2. больша́я; 3. больши́м; 4. кру́пный; 5. кру́пные.
2 – 1. вели́кая; 2. вели́кие/кру́пные; 3. кру́пных, кру́пными; 4. кру́пных; 5. вели́кой, вели́кой; 6. вели́ком; 7. вели́кими/кру́пными.
(B) 3 – 1. кру́пный; 2. вели́кий; 3. высо́кий; 4. большо́й.
4 – 1. большо́й; 2. больши́ми; 3. большо́м; 4. вели́кого/кру́пного; 5. высо́кого; 6. Больша́я/Вели́кая; 7. большо́й/вели́кий/кру́пный; 8. вели́кой/кру́пной; 9. кру́пное; 10. больши́м/вели́ким; 11. кру́пных/больши́х; 12. большо́е.
5 – 1. кру́пных; вели́кого/кру́пного; 2. кру́пных, большо́го/вели́кого; 3. кру́пными; 4. высо́кого.

gut: до́брый, хоро́ший

1 – 1. до́брый; 2. хоро́шая; 3. до́брый, до́брая; 4. –; 5. –.
2 – 1. хоро́ший; 2. хорошо́; 3. хоро́шая; 4. до́брый/хоро́ший; 5. хоро́шее; 6. хоро́ший.
3 – 1. До́брый; 2. до́брый; хорошо́; 4. хорошо́; 5. хорошо́; 6. добра́; 7. хоро́шая; 8. хоро́шие; 9. добра́; 10. хоро́шая; 11. до́брая.
4 – Lösungsangebot: Дорого́й (-а́я) ..., высыла́ю тебе́ на́шу семе́йную фотогра́фию. Спра́ва ты ви́дишь на́шего па́пу. Он врач. Он хоро́ший специали́ст по ... боле́зням. Ря́дом с ним на́ша ма́ма. Она́ о́чень краси́вая и до́брая. У неё до́брые глаза́. Сле́ва от неё мой брат с жено́й. У него́ о́чень хоро́шая жена́. Неда́вно у них роди́лся сын. ... и ... хоро́шие роди́тели. У нас с ни́ми о́чень хоро́шие отноше́ния. ... прекра́сный челове́к, у неё до́брое се́рдце. Неда́вно они́ перее́хали на но́вую кварти́ру. Она́ нахо́дится в хоро́шем райо́не го́рода. Сле́ва на фотогра́фии ты ви́дишь мою́ сестру́ ... Она́ у́чится в шко́ле. Она́ хоро́шая учени́ца. За хоро́шие успе́хи в учёбе роди́тели подари́ли ей компью́тер. У меня́ мно́го хоро́ших друзе́й. Уже́ не́сколько лет я дружу́ с ... . Он(а́) стои́т за ... У него́ (неё) хоро́ший хара́ктер. ...

heiraten: вы́йти/выходи́ть за́муж, жени́ться, <по->жени́ться

1 – 1. же́нятся; 2. же́нятся; 3. же́нится; 4. выхо́дят за́муж за ста́рых мужчи́н.
2 – 1. Он же́нится/жени́лся на ней. 2. Сестра́ выхо́дит/вы́шла за́муж за дру́га. 3. Брат же́нится/жени́лся на учи́тельнице. 4. Ле́на выхо́дит/вы́шла за́муж за Ко́лю. 5. Дочь сосе́да выхо́дит/вы́шла за́муж за ру́сского.
3 – 1. жени́лся; 2. пожени́лись; 3. вы́йти за́муж/жени́ться; 4. жени́ться; 5. вы́йти за́муж; 6. же́нятся.

heiß: горя́чий, жа́ркий

1 – 1. горя́чий; 2. жа́ркий.
2 – горя́чий напи́ток, утю́г; горя́чая голова́; горя́чие пироги́, ру́ки, слёзы; жа́ркий кли́мат, ме́сяц; жа́ркая пого́да; жа́ркие лу́чи со́лнца.
3 – 1. –; 2. жа́ркую; 3. –; 4. жа́рких; 5. –.
4 – 1. жа́ркую; 2. жа́рких; 3. горя́чей; 4. горя́чих/жа́рких; 5. жа́рких, 6. жа́ркие, 7. горя́чий.
5 – 1. жа́ркие, Горя́чие; 2. горя́чий; 3. горя́чим; 4. жа́ркую; 5. жа́ркий, жа́рких/горя́чих.

heißen: звать, зна́чить, называ́ться

(A) 1 – 1. зову́т, зову́т; 2. называ́ется, зову́т; 3. называ́ется, зову́т/зва́ли; 4. называ́ется, называ́лась.
(B) 2 – 1. называ́ется; 2. называ́ется; 3. зна́чит; 4. зову́т/зва́ли; 5. называ́ется.

Herr: господи́н, хозя́ин

1 – 1. господи́н; 2. господи́ном; 3. Господи́н; 4. –; 5. господи́н.
2 – 1. господи́ном (*Anrede vor Familiennamen*); 2. хозя́ин (*Hausherr*); 3. хозя́ина (*Hausherr*); 4. господи́ну (*Anrede vor Familiennamen*); 5. господи́н/хозя́ин (*Herr in übertragener Bedeutung*).
3 – 1. хозя́ин; 2. господи́н; 3. господи́ном; 4. господи́н/хозя́ин; 5. хозя́ина.
4 – 1. господи́н; 2. господи́н; 3. хозя́ина; 4. господи́н/хозя́ин (*Herr in übertragener Bedeutung*); 5. господи́н.

hören: <п(р)о->слу́шать, <у->слы́шать

1 – слы́шать – hören, wahrnehmen; слу́шать – zuhören.
2 – 1. слу́шали; 2. слу́шать; 3. слы́шали; 4. слы́шит; 5. слу́шал(а); 6. слы́шал(а).

immer: всегда́, всё

1 – 1. всё; 2. всегда́; 3. всё; 4. всегда́; 5. всё.
2 – 1. Я всё ещё учу́сь. 2. Я всегда́ встаю́ в 6 часо́в, потому́ что (у меня́ есть соба́ка/привы́к(ла) ...). 3. Я не всегда́ ..., потому́ что.... 4. Всё ча́ще (ре́же). 5. Всегда́ в ... часо́в. 6. Всё лу́чше (ху́же).

in/im/ins: в, на, по, че́рез

(A) 1 – 1. Жить в Герма́нии, на се́вере, в го́роде, в большо́м до́ме, на пя́том этаже́, в трёхко́мнатной кварти́ре; 2. рабо́тать в шко́ле, на фа́брике, на заво́де, на предприя́тии, в больни́це, в апте́ке, в магази́не, в музе́е; 3. быть в институ́те, на ле́кции, на экза́мене, в кино́, в теа́тре, в клу́бе, на конце́рте, в спортза́ле, на стадио́не.

(B) 2

	Ort geograhische Namen	Himmelsrichtung geographische Namen Etage	Zeit	Zeitraum in der Zukunft	Spezial-gebiet
D.					по
A.	в	на		че́рез	
P.	в	на	в, на		

3 – 1. на; 2. в; 3. Че́рез; 4. в; 5. На; 6. по; 7. В; 8. по; 9. в.

4 – 1. В како́м году́ и в како́м го́роде ...? 3. в го́роде и́ли в дере́вне? 4. В како́м году́ ...? 5. По каки́м предме́там ...? 7. В како́м ме́сяце ...? 9. Че́рез ско́лько неде́ль ...?.

5 – 1. Я живу́/вы́рос(ла) в дере́вне в А́льпах на ю́ге Герма́нии. 2. Я живу́ в ма́леньком до́ме на второ́м этаже́. 3. Неда́вно я сдал(а́) после́дние экза́мены по матема́тике и информа́тике. 4. Че́рез три неде́ли я начну́ рабо́тать инжене́ром на заво́де в Кёльне. 5. На про́шлых неде́лях я мно́го рабо́тал(а) над свое́й дипло́мной рабо́той. 6. В свобо́дное вре́мя я ча́сто хожу́ в теа́тр, на конце́рт(ы) и на стадио́н. 7. В э́том году́ я бу́ду принима́ть уча́стие в чемпиона́те/пе́рвенстве по лёгкой атле́тике. 8. Чемпиона́т/Пе́рвенство бу́дет (состои́тся) че́рез ме́сяц в Берли́не.

jeder: вся́кий, ка́ждый, любо́й

(A) 1 – 2; 9 (jeweils in Verbindung mit без); 6. (раз wird nicht mit любо́й verbunden).

(B) 2 – 1. Ка́ждый; 2. ка́ждую (einzelne)/вся́кую (sich bietende)/любу́ю (beliebige); 3. вся́кой; 4. Ка́ждый (einzelne)/Вся́кий (so oft wie nur möglich); 5. любо́е (beliebig)/вся́кое (zu jeder möglichen, nicht aber einzelnen Zeit); 6. вся́кого; 7. ка́ждый (jeder einzelne)/вся́кий (jeder, wer auch immer)/любо́й (jeder beliebige).

3 – 1. любо́е; 2. любо́й; 3. любо́м/во вся́ком; 4. Ка́ждый; 5. Ка́ждую, ка́ждое; 6. вся́кого.

4 – 1. Экску́рсии по го́роду прово́дятся ка́ждый час? 2. Мы осмо́трим Третьяко́вскую галере́ю в любо́м/во вся́ком слу́чае? 3. Ка́ждая/люба́я/вся́кая тури́стская гру́ппа осма́тривает Кремль? 4. Мо́жно купи́ть биле́ты на бале́т в Большо́й теа́тр в любо́е/во вся́кое вре́мя? 5. Мо́жно ли на любо́м авто́бусе дое́хать от Кра́сной пло́щади до Арба́та?

jemand: кóе-ктó, ктó-либо, ктó-нибудь, ктó-то

(A) 3 – 1. кóе-ктó; 2. кóе с кéм; 3. кóе-кéм; 4. кóе с кéм; 5. кóе с кéм.
4 – 1. ктó-нибудь; 2. ктó-то; 3. когó-нибудь; 4. ктó-то.
(B) 5 – 1. кóе-кто; 2. Ктó-нибудь; 3. ктó-нибудь; 4. когó-нибудь; 5. когó-нибудь.
6 – 1. Мне ужé ктó-нибудь звони́л? Меня́ ктó-нибудь спрáшивал?
2. Извини́, пожáлуйста, по-мóему, ко мне ктó-то пришёл. Я перезвоню́ тебé.
3. Мóжет быть, ктó-нибудь из твои́х знакóмых хотéл бы пойти́ на э́тот фильм?
4. Не смоглá бы ты попроси́ть когó-нибудь из твои́х коллéг перевести́ э́то письмó?
5. Будь добрá, подожди́ меня́ ещё нéсколько мину́т, мне ну́жно зайти́ ещё кóе к кому́.

jetzt: сейчáс, тепéрь

(A) 1 – 1. тепéрь; 2. сейчáс; 3. сейчáс; 4. сейчáс; 5. сейчáс; 6. тепéрь.
2 – 1. тепéрь/сейчáс (*die 1. Variante wird bevorzugt, wenn betont werden soll, dass die Familie schon länger in der neuen Stadt lebt und auch weiter dort leben wird*); 2. тепéрь/сейчáс (*beide Varianten sind möglich; die 1. wird bevorzugt, wenn die Familie schon länger in der kleinen Wohnung lebt*); 3. тепéрь (*da der Vater schon längere Zeit in dem Betrieb arbeitet*); 4. сейчáс (*da anzunehmen ist, dass dieser Zustand nur von kurzer Dauer sein wird*); 5. сейчáс (*da anzunehmen ist, dass dieser Zustand nur von kurzer Dauer sein wird*); 6. тепéрь (*da Rentner meist viel Zeit haben*); 7. Тепéрь (*da die Wahrscheinlichkeit groß ist, dass die Personen nicht nur gerade jetzt miteinander telefonieren, sondern auch in der ferneren Zukunft*).

Jugend: молодёжь, мóлодость, ю́ность

(A) 1 – 1. мóлодости; 2. мóлодость; 3. Молодёжь; 4. Молодёжь; 5. мóлодости.
(B) 2 – 1. ю́ности; 2. ю́ность; 3. ю́ность; 4. –; 5. мóлодости; 6. ю́ношеском; 7. –.
3 – 1. Где прохóдит/прошлá вáша мóлодость/ю́ность? 2. У вас (былá) счастли́вая мóлодость/ю́ность? 3. Что вы ду́маете о сегóдняшней молодёжи? 4. Вы ужé знáли в рáнней ю́ности, кем вы хотéли стать? 5. Знáете ли вы кóнкурс „Молодёжь исслéдует“? 6. Что вы ду́маете об учáстии в молодёжном фестивáле? /Не хотéли бы вы учáствовать в молодёжном фестивáле?

jung: молодóй, ю́ный

1 – 1. ю́ный; 2. молодóй.
2 – 1. молодóй; 2. ю́ные; 3. молодáя; 4. молодóе; 5. ю́ных; 6. ю́ные.
3 – 1. молодóго; 2. ю́ных.
1. ю́ных; 2. ю́ному; 3. молоды́е.

Junge: ма́льчик, ю́ноша

1 – 1. ю́ноша; 2. ма́льчик.
2 – 1. мужчи́на; 2. ю́ноша; 3. ма́льчик.
3 – 1. ма́льчиков; 2. ма́льчик; 3. ма́льчиками; 4. ю́ноша; 5. ю́ноша.

Kinder: де́ти, ребя́та

1 – 1. Де́ти und Ребя́та (in diesem Fall synonymer Gebrauch); 2. Ребя́та; 3. де́ти, дете́й; 4. дете́й.

klein: ма́ленький, малый, ме́лкий, небольшо́й

(A) **1** – 1. ма́ленькая; 2. Ма́лом; 3. ма́ленькую.
(B) **2** – 1. ме́лкий; 2. ма́ленький, 3. ма́лый.
3 – 1. ма́леньком/небольшо́м; 2. ма́ленький/небольшо́й; 3. ме́лкой; 4. Ма́ленький; 5. Ма́лой.
4 – 1. ма́леньком/небольшо́м; 2. ма́ленькая/небольша́я; 3. ма́ленькие; 4. ме́лких; 5. ме́лким; 6. Ма́лой.

kurz: коро́ткий, кра́ткий

1 – коро́ткий: во́лосы, доро́га, па́мять, пла́тье, ю́бка.
кра́ткий: гла́сный, „и" кра́ткое, фо́рма прилага́тельного.
2 – 1. –; 2. –; 3. кра́ткое; 4. кра́ткие; 5. –.
3 – 1. Кра́ткие; 2. кра́ткие; 3. Кра́ткие; 4. кра́тко; 5. кра́тко; 6. ко́ротко; 7. коротки́.

Land: дере́вня, земля́, страна́

(A) **1** – 1. Страна́; Земля́.
2 – 1. страны́; 2. страну́; 3. земле́; 4. земле́; 5. земли́; 6. земли́.
(B) **3** – 1. Стране́; 2. стра́нах; 3. земле́; 4. Страно́й; 5. дере́вне; 6. земли́; 7. всей стране́; 8. э́той страны́.
4 – 1. Я уже́ не́сколько раз был(а́) в ва́шей стране́. 2. Я уже́ ча́сто был(а́) в далёких/да́льних стра́нах. 3. В Герма́нии 16 федера́льных земе́ль, я живу́ в земле́ .... 4. Я живу́ в дере́вне. 5. У меня́ есть уча́сток земли́ в 10 гекта́ров.

lange: давно́, до́лго

2 – 1. давно́; 2. до́лго; 3. до́лго; 4. до́лго; 5. давно́; 6. давно́; 7. до́лго.
3 – 1. Вы уже́ давно́ рабо́таете в Мю́нхене? 2. Как до́лго вы не́ были на ро́дине? 3. Как до́лго вы бу́дете рабо́тать в Мю́нхене?

Lehrer(in): преподава́тель (ница), учи́тель (ница)

1 – 1. учи́тель (ница); 2. преподава́тель (ница).
2 – 1. учи́тельница; 2. преподава́телем (ницей); 3. учи́теля; 4. учи́тельницей; 5. учи́тель; 6. учителя́; 7. преподава́тель.

3 – 1. Вы (Ты) по́мните (по́мнишь) своего́ пе́рвого учи́теля? 2. Ско́лько лет ну́жно в Росси́и учи́ться, что́бы получи́ть дипло́м учи́теля? 3. Хоте́л(а, и) бы ты (вы) рабо́тать преподава́телем в ву́зе (университе́те)? 4. Вы (Ты) разделя́ете (разделя́ешь) мне́ние, что кни́га лу́чший учи́тель?

lernen: <вы́->учи́ть, занима́ться, изучи́ть/изуча́ть, <на->учи́ться, обучи́ться/обуча́ться

(A) 1 – 1. учу́сь; 2. учу́; 3. учу́сь; 4. учу́; 5. учи́ли; 6. учи́л(а); 7. у́чится; 8. учу́сь; 9. учи́ться.

2 – 1. учу́/изуча́ю; 2. вы́учить; 3. учи́ть; 4. учи́ть; 5. учи́ть; 6. вы́учить; 7. вы́учить/изучи́ть.

(B) 3

lernen	что?	чему́?	что де́лать?	как?	где?	у кого́?	как до́лго?	на кого́?	чем?	с кем?
<вы́->-учи́ть	×			×	×	×	×			×
<на->-учи́ться		×	×	×	×	×	×	×		×
обучи́ться/обуча́ться		×	×		×	×	×	×		×
изучи́ть/изуча́ть	×			×	×		×			×
занима́ться				×	×	×	×	×	×	×

4 – 1. у́чится; 2. у́чится/обуча́ется; 3. у́чатся/обуча́ются; 4. у́чится; 5. у́чатся/обуча́ются/занима́ются; 6. у́чатся/обуча́ются; 7. у́чатся/обуча́ются/занима́ются; 8. занима́ется.

5 – 1. у́чишься; 2. у́чишь/изуча́ешь; 3. учу́/изуча́ю; 4. у́чишь; 5. учу́; 6. учи́лись/обуча́лись; 7. изуча́ть; 8. занима́лся; 9. учи́ть; 10. научи́ться.

6 – 1. учу́; 2. у́чишься; 3. учу́; 4. учи́ть; 5. научи́лся; 6. занимайся.

Mädchen: де́вочка, де́вушка

2 – 1. де́вушка; 2. де́вочка.

3 – 1. де́вочек; 2. де́вочкой; 3. де́вочка; 4. де́вушкой; 5. де́вушка.

malen: <на->писа́ть, <на->рисова́ть

1 – 1. нарисова́л; 2. писа́л; 3. писа́л; 4. написа́л; 5. написа́л.

2 – 1. написа́ть; 2. нарисова́ть.

3

malen	кого́?	что?	чем?	на чём?	как?
<на->писа́ть		×	×		×
<на->рисова́ть	×	×	×	×	×

4 – 1. написа́л; 2. написа́л; 3. написа́л; 4. рисова́ть; 5. написа́л.

5 – 1. Я мно́го рису́ю. 2. Я люблю́ рисова́ть цветы́. 3. Я пишу́ акваре́льными или ма́сляными кра́сками. 4. Мой (моя́) люби́мый (-ая) худо́жник (ница) пи́шет .... 5. Он(а́) написа́л(а) карти́ну ... .

Mann: муж, мужчи́на, челове́к

(A) 1 – 1. му́жем; 2. муж; 3. муж; 4. муж; 5. мужчи́нами; 6. мужчи́ной.
(B) 2 – 1. мужчи́ну; 2. му́жа; 3. челове́к.
3 – 1. Кто э́тот мужчи́на на фотогра́фии? 2. Кем рабо́тает ваш (тво́й) муж? 3. Ско́лько лет ва́шему (твоему́) му́жу? 4. Ско́лько челове́к рабо́тает на ва́шем предприя́тии?

Markt: база́р, ры́нок

1 – база́р: ёлочный, кни́жный; ры́нок: вну́тренний, европе́йский, чёрный, де́нежный; труда́, а́кций.
2 – 1. база́р; 2. ры́нка/база́ра (*umgangsspr.*); 3. база́ре; 4. ры́нком.

modern: мо́дный, совреме́нный

1 – 1. совреме́нный; 2. мо́дный.
2 – мо́дный: га́лстук, оде́жда, пла́тье, причёска, ту́фли;
совреме́нный: го́род, де́вушка, дом, ме́тоды иссле́дования, те́хника.
3 – 1. мо́дная; 2. мо́дно; 3. совреме́нном; 4. совреме́нном.
4 – 1. Каку́ю оде́жду вы предпочита́ете носи́ть: класси́ческую и́ли мо́дную?/Вы предпочита́ете носи́ть класси́ческую и́ли мо́дную оде́жду? 2. В како́м магази́не мо́жно купи́ть мо́дные ве́щи? 3. В ва́шей кварти́ре совреме́нная обстано́вка? 4. Вас интересу́ет совреме́нное иску́сство? 5. Ва́ше предприя́тие име́ет совреме́нную те́хнику (оснащено́ совреме́нной те́хникой)?

müssen: до́лжен, на́до, необходи́мо, ну́жно, прихо́дится, сле́дует

(A) 1 – 1. необходи́мо; 2. необходи́мо; 3. необходи́мо; 4. необходи́мо; 5. необходи́мо.
2 – 1. Мне пришло́сь ра́но встать, ... 2. Мне придётся вы́звать ... 3. Нам пришло́сь сде́лать ... 4. Мне придётся ... 5. Ему́ пришло́сь согласи́ться ...
3 – 1. Мне на́до (ну́жно, придётся)/Я до́лжен (должна́) позабо́титься о ви́зе, купи́ть биле́т на самолёт. 2. Мне на́до (ну́жно)/Я до́лжен (должна́) купи́ть проду́кты. 3. Мне на́до (ну́жно)/ сле́дует/Я до́лжен (должна́) позвони́ть ему́. 4. Мне на́до (ну́жно)/Я до́лжен (должна́) купи́ть пода́рки ро́дственникам. 5. Мне на́до (ну́жно)/Я до́лжен (должна́) пойти́ к ней.

(B) 4 – 1. сле́дует; 2. сле́дует, необходи́мо; 3. сле́дует, необходи́мо; 4. сле́дует, необходи́мо; 5. сле́дует, необходи́мо.
5 – 1. на́до, ну́жно (необходи́мо); 2. необходи́мо (на́до, ну́жно); 3. прихо́дится (на́до, ну́жно); 4. сле́дует.

6 – 1. Мне необходи́мо (на́до, ну́жно) бы́ло пойти́/идти́ к врачу́. 2. Мне пришло́сь взять такси́, потому́ что я пропусти́л(а) авто́бус. 3. Мне необходи́мо (на́до, ну́жно) бро́сить кури́ть. 4. Мне на́до (ну́жно, необходи́мо, прихо́дится) регуля́рно принима́ть медикаме́нты. 5. Мне на́до (ну́жно, необходи́мо, сле́дует) бо́льше занима́ться спо́ртом.

nach: в, на, по, по́сле, че́рез

(A) 1 – в: Герма́нию, Кёльн, Росси́ю, Фра́нцию; на: восто́к, за́пад, се́вер, юг.

2 – 1. По́сле рабо́ты; 2. Че́рез; 3. По́сле на́шего разгово́ра; 4. по́сле войны́; 5. че́рез; 6. по́сле шко́лы.

(B) 3 – 1. в; 2. на; 3. на; 4. Че́рез три часа́; 5. По́сле прогу́лки; 6. Че́рез; 7. в.

5 – 1. По оконча́нии/По́сле оконча́ния учёбы я полечу́ в Росси́ю на две неде́ли. 2. В Москве́ я пробу́ду два дня, а пото́м пое́ду в Санкт-Петербу́рг. 3. Побыва́в в Санкт-Петербу́рге/По́сле э́того я пое́ду на юг, на Кавка́з. 4. Я верну́сь в Берли́н по́сле конфере́нции в Я́лте.

Name: и́мя, кли́чка, назва́ние, про́звище, фами́лия

(A) 1 – 1. назва́нием (Titel); 2. назва́ние; 3. и́мя (Name einer Person); 4. и́мя; 5. назва́ние; 6. и́менем (Ruf); 7. и́менем; 8. назва́ние.

(B) 2 – 1. фами́лии (Familienname); 2. оби́дную кли́чку (Spitzname); 3. Э́то про́звище; 4. по э́тому про́звищу; 5. фами́лию (Nachname).

3 – 1. фами́лию (Familienname, Nachname); 2. кли́чку (Rufname eines Tieres); 3. и́мя (Vor- bzw. Rufname); 4. про́звище (Spitzname); 5. и́мя (Name, Nachname); 6. и́менем (Ruf); 7. назва́ние (Titel, Name eines Stücks); 8. назва́нием (Titel).

Platz: ме́сто, площа́дка, пло́щадь, по́ле

(A) 1 – 1. пло́щади; 2. пло́щади; 3. площа́дки; 4. площа́дку.

(B) 2 – 1. Кра́сная пло́щадь; 2. ме́сто; 3. футбо́льное по́ле; 4. де́тская площа́дка.

3 – 1. пло́щадь; 2. ме́сто; 3. площа́дка.

4 – 1. ме́сто; 2. пло́щади; 3. мест; 4. футбо́льное по́ле; 5. волейбо́льная площа́дка; 6. пе́рвое ме́сто; 7. места́.

privat/Privat-: ли́чный, ча́стный

1 – 1. ли́чный; 2. ча́стный.

2 – 1. ча́стные; 2. ча́стной; 3. ли́чный; 4. ли́чный; 5. ли́чных; 6. ча́стному; 7. ча́стном.

3 – 1. Мно́го в Росси́и ча́стных предприя́тий? 2. Есть в Росси́и ча́стные кли́ники? 3. Могу́ ли я поговори́ть с ва́ми по ли́чному де́лу? 4. У вас есть знако́мые, де́ти кото́рых хо́дят в ча́стную шко́лу (посеща́ют ча́стную шко́лу)? 5. У вас есть знако́мые, у кото́рых есть ли́чный секрета́рь? 6. Вы хоте́ли бы рабо́тать на ча́стном предприя́тии?

Reise: поéздка, путешéствие

1 – 1. путешéствиях; 2. путешéствие; 3. поéздки; 4. поéздкам; 5. поéздок; 6. поéздку/путешéствие (*beide Varianten sind möglich*); 7. путешéствий.

2 – 1. путешéствий; 2. поéздку/путешéствие; 3. поéздки; 4. поéздкой; 5. поéздка; 6. своéй поéздке.

russisch: россúйский, рýсский

1 – 1. рýсский; 2. россúйский.

2 – 1. рýсский; 2. рýсский поэ́т (1799–1837); 3. на рýсском языкé; 4. критиковáл полúтику россúйского государства; 5. рýсскую литератýру, рýсский ... язы́к – считáется родоначáльником совремéнной рýсской литератýры и создáтелем совремéнного рýсского языкá; 6. рýсского нарóда – знáмя рýсской литератýры; сóлнце рýсской поэ́зии; 7. рýсских и рýсскую культýру – покáзывает дýшу рýсского нарóда; 8. россúйский посёлок городскóго тúпа Пýшкинские Гóры (Пскóвская óбласть); 9. россúйских – в знак глубóкого уважéния к Алексáндру Сергéевичу Пýшкину.

Sache: вещь, дéло

1 – 1. вéщи; 2. успéшное дéло, граждáнское дéло, перейтú к дéлу, дéло чéсти.

2 – 1. вéщи; 2. вещéй; 3. вéщи; 4. дéлу; 5. делáм.

3 – 1. вéщи; 2. дéло; 3. другóе дéло; 4. Вéщи.

schnell: бы́стрый, скóрый

1 – бы́стрый: бег, полёт, матч, футболúст, рост промы́шленности, темп рéчи; движéния, шагú, кóни;
скóрый: пóмощь.

2 – 1. Скóрой, бы́стро, бы́страя; 2. бы́стро, бы́стрый; 3. бы́стро, скóро, бы́строму.

schön: красúвый, прекрáсный

1 – красúвый < прекрáсный; óчень красúвый = прекрáсный; прекрáсный > красúвый.

2 – прекрáсный, красúвый, некрасúвый.

3 – красúвый: глазá, дéвушка, жéнщина, плáтье, рот, фигýра.
прекрáсный: день, вид, врéмя, погóда, эпóха, ýтро, пол, стихотворéние.

4 – красúвая: 2; 4; 6; прекрáсная: 1; 3; 5 (прекрáсно).

5 – **1** 1. красúвого; 2. красúвый; 3. прекрáсный; 4. красúвая; 5. прекрáсно.
2 1. прекрáсная; 2. красúвый; 3. прекрáсными; 4. прекрáсное; 5. прекрáсный; 6. красúвых.

Schule: учи́лище, шко́ла

1 – 1. шко́ла: нача́льная, се́льская, основна́я, вече́рняя;
2. учи́лище: торго́вое, реме́сленное, педагоги́ческое, вы́сшее техни́ческое.
2 – 1. шко́лу; 2. се́льскую шко́лу; 3. городску́ю шко́лу; 4. нача́льной шко́ле; 5. профессиона́льно-техни́ческое учи́лище; 6. э́того учи́лища; 7. вы́сшем техни́ческом учи́лище.
3 – 1. В како́м году́ вы пошли́/поступи́ли в шко́лу?
2. Каки́е общеобразова́тельные шко́лы вы посеща́ли?
3. Что нра́вилось вам в шко́ле бо́льше всего́?
4. Вы око́нчили учи́лище и́ли вуз?
5. Ско́лько лет вы учи́лись в учи́лище (ву́зе)?

Schüler(in): уча́щийся(-щаяся), учени́к(-ни́ца), шко́льник(-ница)

(A) 1 – 1. учени́к; 2. –; 3. учени́к/шко́льник; 4. учени́к/шко́льник; 5. учени́к; 6. учени́к/шко́льник; 7. –; 8. –; 9. учени́к/шко́льник.
(B) 2 – 1. уча́щийся/уча́щаяся, 2. учени́к/учени́ца, 3. шко́льник/шко́льница.
3 – 1. Ваш сын уже́ хо́дит в шко́лу? Ваш сын уже́ шко́льник?
2. Ско́лько ученико́в (уча́щихся) в его́ кла́ссе?
3. Каки́е языки́ у́чат уча́щиеся/ученики́/шко́льники в общеобразова́тельных шко́лах Росси́и?
4. Уча́щиеся те́хникумов изуча́ют информа́тику?
5. Как, по-ва́шему, шко́ла хорошо́ гото́вит уча́щихся/ученико́в/шко́льников к жи́зни?

schwer: тру́дный, тяжёлый

1 – 1. тру́дную; 2. тру́дных; 3. тру́дно; 4. трудна́.
2 – 1. тяжёлой; 2. тяжёлого; 3. тяжёлые; 4. трудна́; 5. тру́дно; 6. тру́дно.

sehen: <по->смотре́ть, <у->ви́деть

2 – 1. посмотре́ли; 2. ви́дели; 3. смотре́ть; 4. смотре́ли/смо́трите; 5. уви́деть.
3 – 1. Я пло́хо ви́жу без очко́в. 2. ...я смотре́л ... 3. ... я ви́дел ...; 4. посморе́л/ви́дел мно́гие достопримеча́тельности, ви́дел знамени́тые пирами́ды; 5. уви́деть/посмотре́ть э́ти пирами́ды.
4 – 1. Вы мо́жете ви́деть без очко́в?
2. Вы уже́ посмотре́ли фильм „Тита́ник“?
3. Вы лю́бите смотре́ть фи́льмы о катастро́фах/про катастро́фы?
4. Вы ви́дели знако́мых в кинотеа́тре?
5. Вы мно́го смо́трите телеви́зор?
6. Каки́е переда́чи вы предпочита́ете смотре́ть?

Spiel: игра́, матч

1 – 1. Олимпи́йские и́гры/И́гры до́брой во́ли; 2. матч по футбо́лу; 3. игра́ на виолонче́ли.

2 – 1. и́гры; 2. игр/ма́тчей; 3. ма́тчи; 4. э́той игры́; 5. интере́сным был футбо́льный матч; 6. Матч зако́нчился; 7. игры́/ма́тча; 8. понра́вилась игра́.

3 – 1. футбо́льный матч; 2. э́тот матч; 3. интере́сная игра́/интере́сный матч; 4. э́тот матч.

4 – 1. Вчера́ я смотре́л(а) по телеви́зору футбо́льный матч ме́жду сбо́рными Герма́нии и Росси́и.
2. Матч состоя́лся в Мю́нхене.
3. Мне осо́бенно понра́вилась игра́ Ла́рса Ри́кена/... как игра́л Ларс Ри́кен.
4. Матч зако́нчился со счётом 2:1 в по́льзу сбо́рной Герма́нии.
5. Я интересу́юсь та́кже други́ми спорти́вными и́грами.
6. Я зна́ю мно́го насто́льных игр.

Sport: спорт, физкульту́ра

1 – вид спо́рта, лы́жный спорт, люби́тельский спорт, преподава́тель физкульту́ры, профессиона́льный спорт, уро́к физкульту́ры, зачёт по физкульту́ре.

2 – 1. физкульту́рой; 2. физкульту́рой; 3. –; 4. –; 5. –.

3 – 1. спорт; 2. физкульту́ра; 3. физкульту́ры; спо́рта; 4. лы́жным спо́ртом; 5. спо́ртом.

still: споко́йный, ти́хий

1 – 1. ти́хий; 2. споко́йный; 3. споко́йно.

2 – 1. Ти́хого; 2. Ти́хом 3. ти́хие; 4. ти́хие; 5. ти́хих.

3 – 1. споко́йные/ти́хие; 2. ти́хого; 3. ти́хому; 4. Ти́хом; 5. споко́йные/ти́хие.

Straße: доро́га, у́лица, шоссе́

(A) 1 доро́га в лес, доро́га в гора́х, влия́ние у́лицы, у́лица Дру́жбы, доро́га в лесу́, доро́га на по́чту, у́лица Пу́шкина, шоссе́йная доро́га, доро́га в по́ле.

(B) 2 – 1. у́лица, 2. шоссе́, 3. доро́га.

3 – a) 1. кака́я доро́га; 2. у́лице.
– b) 1. како́й доро́ге; 2. гла́вному шоссе́; 3. шоссе́йную доро́гу; 4. у́лица; 5. у́лица.

4 – 1. Прости́те, пожа́луйста, как дойти́/дое́хать до у́лицы Толсто́го?
2. Куда́ мне ну́жно сверну́ть с гла́вной у́лицы?
3. Куда́ ведёт шоссе́/шоссе́йная доро́га?
4. Ско́лько киломе́тров по шоссе́ до ближа́йшего го́рода?

studieren: изучи́ть/изуча́ть, учи́ться

(A) 1

studieren	что?	по чему́?	как?	где?	у кого́?	как до́лго?
изучи́ть/-ать	×	×	×	×		×
<на>учи́ться		×	×	×	×	×

2 – 1 1. учи́ться; 2. изуча́ть; 3. изуча́ть; 4. у́чатся; 5. учи́ться.
2 1. у́читесь; 2. изуча́ете; 3. учи́ться.
3 – 1. у́читесь; 2. у́читесь; 3. у́читесь; 4. изуча́ете; 5. у́чатся; 6. учи́ться.

Studium: изуче́ние, учёба

1 – 1. изуче́ние; 2. учёба.
2 – 1. учёба; 2. учёбу; 3. изуче́нием; 4. изуче́нии; 5. учёба.
3 – 1. Мне нра́вится моя́ учёба в университе́те в Мю́нхене.
2. Изуче́ние иностра́нных языко́в тре́бует мно́го вре́мени и сил.
3. Учёба (те́сно) свя́зана с пра́ктикой.
4. Че́рез два го́да я око́нчу учёбу.
5. По́сле учёбы я бу́ду рабо́тать перево́дчиком/перево́дчицей.

Tier: живо́тное, зверь

1 – 1. зверь: пушно́й, царь -е́й, укроти́тель -е́й;
2. живо́тное: дома́шнее, млекопита́ющееся, отко́рмочное.
2 – 1. –; 2. зве́ри; 3. звере́й; 4. зверь; 5. опа́сный зверь.
3 – 1. живо́тных; 2. живо́тные; 3. живо́тным/зверя́м; 4. живо́тные; 5. живо́тных/звере́й.

und: а, и, (мы) с

(A) **1** – 1. а; и; 2. и; а; 3. а; и; 4. и; а; 5. и; а.
2 – 1. и; 2. а; 3. и; 4. а; 5. а.
(B) **3** – Мы с друзья́ми приглаша́ем вас к себе́.
Снача́ла мы пои́жинаем, а пото́м пойдём на конце́рт.
Мы встреча́емся у меня́ до́ма, а не в рестора́не.
Моя́ сестра́, мой брат и мои́ друзья́ бу́дут ра́ды вас ви́деть.
Моя́ сестра́ у́чится в университе́те, а мой брат в те́хникуме.
Конце́рт начнётся уже́ в 20 часо́в, а не в 22 часа́.

unter: под, при, среди́

(A) **1** – 1. Среди́ мои́х госте́й; 2. под откры́тым не́бом; 3. Под руково́дством; 4. среди́ них; 5. под столо́м.
(B) **2** – 1. при; 2. под; 3. среди́.
3 – 1. При Горбачёве; 2. Среди́ ру́сских; 3. под ло́зунгом; 4. при Ста́лине; 5. среди́ них; 6. под заголо́вком.

sich unterhalten: <по->бесе́довать, разгова́ривать, развле́чься/развлека́ться

(A) **1** – 1. побесе́довать; 2. разгова́ривает; 3. разгова́ривали/бесе́довали; 4. бесе́довали.
(B) **2** – 1. развлекли́сь; 2. разгова́ривала; 3. развлечёмся; 4. бесе́довать.

vor: до, (тому́) наза́д, от, пе́ред

(A) 1 – 1. Пе́ред Рождество́м; 2. до пра́здника(ов); 3. Пе́ред пра́здником (ами); 4. пе́ред Рождество́м; 5. до Соче́льника.

2 – 1. до; 2. пе́ред; 3. beide Varianten möglich: пе́ред (са́мым) полётом/(незадо́лго) до полёта; 4. до; 5. beide Varianten möglich: пе́ред (са́мой) Па́схой/(незадо́лго) до Па́схи.

(B) 3

	Ort	Zeit	Grund
G.		до	от
D.			
A.		(тому́) наза́д	
I.	пе́ред	пе́ред	
P.			

4 – до: откры́тия вы́ставки, нача́ла диску́ссии;
наза́д: год, пять лет;
от: волне́ния; ра́дости;
пе́ред: гости́ницей, (са́мым) откры́тием вы́ставки, рефера́том, аудито́рией, (са́мым) нача́лом диску́ссии.

5 – 1. наза́д; 2. От ра́дост<u>и</u>; 3. пе́ред мо<u>и́м</u> перее́зд<u>ом</u>; 4. наза́д; 5. до Тро́иц<u>ы</u>; 6. пе́ред вокза́л<u>ом</u>; 7. до перестро́йк<u>и</u>.

wählen: вы́брать/выбира́ть, избра́ть/избира́ть; набра́ть/набира́ть

(A) 1 – 1. выбира́ют/избира́ют (*offiziell*); 2. выбира́ют/избира́ют (*offiziell*); 3. выбира́ет/избира́ет (*offiziell*); 4. выбира́ют/избира́ют (*offiziell*); 5. выбира́ем.

(B) 2 – 1. вы́брать; 2. набра́ли; 3. набира́ла; 4. набра́ть; 5. вы́брала/избрала́ (*bevorzugt wird in der Umgangssprache die 1. Variante*); 6. вы́брали/избра́ли (*bevorzugt wird in der Umgangssprache die 1. Variante*); 7. избра́л/вы́брал (*bevorzugt wird die 1. Variante: hoher Stil*).

warum: заче́м, почему́

1 – 1. Заче́м; 2. –; 3. Заче́м; 4. –.

2 – 1. Почему́; 2. Заче́м; 3. почему́; 4. Почему́/Заче́м.

3 – 1. Заче́м; 2. Почему́; 3. Почему́/Заче́м; 4. Почему́/Заче́м; 5. Заче́м; 6. Почему́.

Werk: произведе́ние, тво́рчество

1 – 1. произведе́ние; 2. произведе́ний/тво́рчества; 3. тво́рчеством; 4. тво́рчество.

2 – 1. произведе́ния; 2. тво́рчеством; 3. произведе́ние; 4. тво́рчестве.

3 – 1. Есть ли в ва́шем ассортиме́нте компа́кт-ди́ски с за́писью произведе́ний Чайко́вского?

2. Вы зна́ете произведе́ние Чайко́вского „Италья́нское капри́ччио“?

3. Каку́ю литерату́ру вы посове́товали бы прочита́ть, что́бы бо́льше узна́ть о жи́зни и тво́рчестве э́того ру́сского компози́тора?

4. Како́е произведе́ние Чайко́вского вы счита́ете лу́чшим (... вам бо́льше всего́ нра́вится)?

Wettbewerb: конкуре́нция, ко́нкурс, соревнова́ние

(A) 1 – 1. Соревнова́ние: конькобе́жцев, на ку́бок шко́лы, по волейбо́лу, фигури́стов. Ко́нкурс: красоты́, на лу́чший сцена́рий, скрипаче́й, музыка́нтов-исполни́телей и́мени Чайко́вского, ю́ных тала́нтов.
2 – 1. соревнова́ния; 2. соревнова́ниям; 3. соревнова́нии; 4. соревнова́ниях; 5. ко́нкурсе; 6. ко́нкурса.
3 – 1. Ко́нкурс красоты́; 2. Соревнова́ния по лёгкой атле́тике; 3. Ко́нкурс пиани́стов.
(B) 4 – 1. ко́нкурс; 2. конкуре́нция; 3. соревнова́ние.
5 – 1. Ко́нкурс; 2. Соревнова́ния; 3. ко́нкуре́нции; 4. Ко́нкурс; 5. Соревнова́ния; 6. конкуре́нции.

wirtschaftlich: хозя́йственный, экономи́ческий, экономи́чный, эконо́мный

(A) 1 – хозя́йственный: руководи́тель, жизнь, о́рган, администра́ция;
– экономи́ческий: потенциа́л, кри́зис, свя́зи, строй, сотру́дничество, усло́вия.
2 – экономи́чный: автомаши́на, о́браз произво́дства, ме́тод;
– эконо́мный: челове́к, хозя́ин, хозя́йка, расхо́дование электроэне́ргии.
(B) 3 – 1. хозя́йственный; 2. эконо́мный; 3. экономи́ческий; 4. экономи́чный.
4 – 1. экономи́ческий; 2. экономи́чно; 3. хозя́йственная; 4. экономи́ческие; 5. хозя́йственный, экономи́ческое; 6. экономи́чные; 7. эконо́мные/хозя́йственные.

Zahl: ци́фра, чи́сленность, число́

(A) 1 – 1. числа́; 2. ци́фры.
2 – ара́бские цифры: 3; 8; 12; ри́мские цифры: I; IV; це́лые чи́сла: 3; 8; 12; дро́бное число́: ½; десяти́чное число́: 1,5; однозна́чные чи́сла: 3; 8; двузна́чное число́: 12; чётное число́: 8, 12; нечётное число́: 3.
3 – число́: приба́вить число́ к су́мме, раздели́ть число́ на шесть, умно́жить число́ на три.
– ци́фра: зачеркну́ть ци́фру, написа́ть ци́фру курси́вом, раскра́сить ци́фру.
(B) 4 – 1. чи́сла; 2. чи́сла; 3. ци́фрами; 4. ци́фрами; 5. чи́сла; 6. ци́фры; 7. чи́сел; 8. чи́сел; 9. две ци́фры; 10. тако́м большо́м числе́; 11. чи́сленности; 12. чи́сленности; 13. число́м.

zahlen: <за->плати́ть, оплати́ть/опла́чивать

1 – 1. оплати́ть; 2. заплати́ть.
2 – 1. оплати́л; 2. заплати́ли; 3. заплати́ть: 4. опла́чивать; 5. заплати́ли; 6. оплати́ли.
3 – 1. Я оплачу́ счёт. 2. Мне на́до заплати́ть штраф за то, что мой автомоби́ль (моя́ маши́на) стоя́л(а) в запрещённом для стоя́нки ме́сте. 3. За кни́ги я заплати́л(а) 80 ма́рок. 4. Я заплачу́ (оплачу́) че́ком (по че́ку).

Zimmer: кабине́т, ко́мната, но́мер, пала́та

(A) 1 – 1. ко́мнату; 2. удо́бном но́мере; 3. ко́мнату; 4. ко́мнату; 5. э́ту ко́мнату; 6. ко́мнату.

(B) 2 – 1. ко́мната; 2. но́мер; 3. пала́та; 4. кабине́т.

3 – 1. кабине́т: дире́ктор, нача́льник; 2. ко́мната: жило́й дом, кварти́ра; 3. но́мер: гости́ница; 4. пала́та: больни́ца, поликли́ника.

4 – 1. своём кабине́те; 2. пала́те; 3. друга́я пала́та, о́кна кото́рой; 4. кабине́т; 5. но́мера; 6. но́мер; 7. ко́мнат; 8. ко́мнаты; 9. на́ша о́бщая ко́мната; 10. моя́ ко́мната; 11. рабо́чий кабине́т; 12. моéй ко́мнатой; 13. ко́мната.

5 – 1. Вы заказа́ли (Ты заказа́л(а)) для меня́ но́мер в гости́нице „Москва́"? 2. Ско́лько ко́мнат в ва́шей (твое́й) кварти́ре? 3. У вас (тебя́) есть рабо́чий кабине́т? 4. В како́м отделе́нии и в како́й пала́те лежи́т больно́й? 5. Где нахо́дится кабине́т гла́вного врача́?

Index der deutschen Stichwörter

Index der russischen Stichwörter